희망과 헌법

KIBO TO KENPO by Naoki Sakai

Copyright © 2008 by Naoki Sakai

All rights reserved.

Original Japanese edition published by Ibunsha Co., Ltd., Tokyo.

This Korean edition published by arrangement with Ibunsha Co., Ltd., Tokyo

in care of Tuttle-Mori Agency, Inc., Tokyo through Shinwon Agency Co., Seoul.

트랜스 소시올로지 25

희망과 헌법 : 일본국 헌법의 발화주체와 응답

발행일 초판1쇄 2019년 7월 1일

지은이 사카이 나오키 | **옮긴이** 최정옥

펴낸이 유재건 | **펴낸곳** (주)그린비출판사 | **주소** 서울시 마포구 와우산로 180, 4층

전화 02-702-2717 | **팩스** 02-703-0272 | **이메일** editor@greenbee.co.kr | **등록번호** 제2017-000094호

ISBN 978-89-7682-549-0 93300

이 도서의 국립중앙도서관 출판시도서목록(CIP)은 서지정보유통지원시스템 홈페이지(http://seoji.nl.go.kr)와 국가자료
공동목록시스템(http://www.nl.go.kr/kolisnet)에서 이용하실 수 있습니다.(CIP제어번호: CIP2019019533)

철학이 있는 삶 **그린비출판사** www.greenbee.co.kr

트랜스 소시올로지
Trans Sociology

025

희망과 헌법

일본국 헌법의 발화주체와 응답

사카이 나오키 지음 / 최정옥 옮김

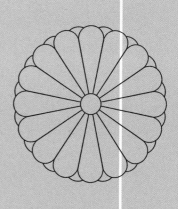

그린비

들어가며

일본국 헌법은 아시아 태평양전쟁의 역사에서 태어났다. 왜냐하면 이 헌법은 독립한 국민국가를 주재하는 일원화된 국민주권의 표출이 아니고 주권을 상실한 점령체제하에서 초안이 잡히고, 심의되고, 공표된 기괴한 역사의 산물이기 때문이다. 그것은 하나의 제국주의가 패배하고, 또 하나의 제국주의가 패권을 선언하는 과정에서 태어났다. 헌법에 얽혀 있는 내력을 잊고 싶은 사람들에게, 이 헌법은 불가피하게 내부 분열을 품고 있기에 통합된 하나의 민족, 하나의 국민, 하나의 인민의 목소리로 말할 수 없는 것도 그다지 놀랍지 않다. 이 헌법 안에는 제국을 상실한 일본 국민 공동체의 비틀림이 보이기 때문이다. 이중의 의미에서 피로 물들었던 제국적 국민주의의 산물인 이 헌법은 분명히 국민주권에 의한 정통성에서 일탈하고 있는 것처럼 보인다. 그런데 국민주권의 정통성으로부터의 일탈은 오히려 우리를 희망으로 유혹하는 것처럼 보인다. 즉 이 헌법은 '하나'가 아니고 '다수'를 향해 열려 있는 것이 아닐까, 두 개의 혀가 아니라 일찍이 에메 세제르(Aimé Césaire)가 식민지 상황하의 지식인에 대해서 말했듯 이른바 갈라진 혀로 이중삼중으로 말하고 있는 것은 아닐까라는 희망.

그런데 갈라진 혀로 말한 언어를 정확히 그 다의성에서 수신하기 위해서는 이 헌법에 계속 희망을 투자하지 않으면 안 된다. 일본국 헌법은 우리의 희망에 의해서 다양하게 읽을 수 있기 때문이다. 다만 여기서 말하는 '우리'(私たち)를 즉각적으로 '일본 민족'이나 '국민'이라고 규정하지 말자. 일본국 헌법에서 언표된 '우리'(われら)와 희망을 투자하는 '우리' 사이의 어긋남이야말로 이 헌법을 미래로 향해서 열리도록 해주기 때문이다. 그러나 희망과 '우리'라는 공동체를 결부시키기 위해서는 보편주의의 문제를 통과하지 않으면 안 된다.

일본국 헌법에 관해서 이제까지 많은 의견이 진술되어 왔다. 그러나 그 대부분은 일본 국민에 의한, 일본 국민을 위한 헌법론이었다. 이 헌법의 의의나 문제성이 일본사에 자리매김되는 일은 시도되었지만, 일본 국민 이외의 사람의 입장에서 고찰되는 일은 의외로 적었다. 헌법이라는 글의 성격상, 이것은 부득이하다고도 말할 수 있다.

일반적으로 헌법 혹은 헌장은 국가 또는 조직, 협회, 단체, 법인 등 통치의 자기제약의 체계이다. 통치는 자의적인 것이 아니라 원리에 기반한 어떤 일관성을 가진 것이며, 그런 한에서 정통성을 갖는다는 뜻이 여기에는 함의되어 있다. 그러니까 '헌법'에 의해 우리는 근대국가의 헌법은 물론이고 주식회사의 정관, 국제연합의 헌장, 거기에다 여러 가지 협회나 법인의 회칙 등등을 이해할 수 있다. 원래 헌법은 통치의 원리적인 일관성을 의미하므로 그런 한에서 수행적인 성격을 갖고 있어, 성문화된 문장으로 제한을 둘 필요는 없다. 그러나 그것은 일반적으로 국가가 그 통치 체계의 원리를 문장으로 표명한 것으로 이해되는 경우가 많다. 국가의 통치가 무릇 자의적인 것(예외 상태에 있는 것)인지에 대해서는 일단 내버려 두자. 오히려 근대국가의 헌법의 경우는 국가에 의해 통치되는 인구에 대한 사회계약의 언명이라고 생각되는 일이 많다. 이때 국가에 귀속한다는 의식이 옅은 사람의 경우, 국가와 사회계약을 갖는다는 의식이 적은 것도 당연하다. 그러니까 국가에 의해 통치되는 인구 중, 국가의 국민 또는 민족의 일원이라고 느끼는 일이 적은 사람들에게 헌법은 인연이 없는 글일 뿐이다.

예를 들어 필리핀에서 일본으로 돈을 벌러 온 외국인 노동자의 경우, 일본 헌법을 자기와 일본 사이의 관계를 가장 기본적으로 규정하는 원리라고 느낄 수 없는 것은 당연하지 않은가. 일본에 귀속한 일본인이라면 그 혹은 그녀와 일본의 관계가 일본국 헌법에 의해 규정받고 있다고 느낄 수 있다. 하지만 일본인이 아닌 필리핀에서 온 노동자나 재일한국인, 재일조선인에게 그런 감상을 기대하기란 쉽지 않다. 일본국 헌법은 일본인의 것이고, 일본인 이외의 사람에게는 관계가 없는 것처럼 느껴진다.

그러나 일본 국적을 갖지 않은 외국인 노동자나 재일한국인, 재일조선인 등이 일본국 헌법과 관계가 없다고 말하는 것도 잘못이다. 상황이 완전히 뒤바뀌어 일본은 이들에 대해서 통치의 폭력을 자기제약할 필요가 없기 때문에, 도리어 이들에게 기본적인 인권을 보장하지 않는 일마저 일어나는 것이다. 이들은 일본 국가의 통치의 자의성에 노출된다. 확실히 그 때문에 이들은 기본적 인권에 관하여 가장 민감하게 반응하지 않을 수 없다. 이들이야말로 일본 국가와 그들 자신의 관계를 적나라하게 느낄 수밖에 없는 장소에 놓이기 때문에, 일본국 헌법의 존재 의의를 가장 예민하게 살아낸다. 일본에서 태어나 자란 불법체류자를 생각해 봐도 좋다. 또는 국적이 없다는 이유로 재입국 보증도 없이 일본을 떠나야 했던 재일한국인, 재일조선인, 그리고 국가에 귀속하는 병사라는 자격을 박탈당했기 때문에 제네바 협정에 의한 전투원 대우를 받지 못하고 관타나모 강제수용소에 수용된 '테러 용의자'에게 시점을 돌려 보자. 이렇게 국가주권으로부터 '잔여'의 위치에 놓인 사람들이야말로, '헌법'의 부재가 무엇을 의미하는가를 가장 예민하게 느끼는 자들이다. 여기에는 단순히 하나의 국가에 귀속될 수 없을 뿐만 아니라, 다른 국가에도 귀속될 수 없는 자들이 포함되어 있다. 요컨대 뒤에서 말하겠지만 '국제세계'로부터 배제된 사람들인 것이다. '잔여'로 배제되어 있음에도 불구하고 여전히 투자되어야 할 희망이란 무엇일까. 이 희망은 어제에서 오늘, 그리고 내일로 구성되는 세계 내 시간, 과거·현재·미래의 구조 속에서만 그 의미를 획득하는 희망이라고 생각해서는 안 될 것이다. 부동산 시장이 끊임없이 변동하고, 주가가 상승하거나 하락하는 세계의 시간 속에서 전개되는 희망과는 다른 희망을 생각해야 한다. 하지만 그런 희망을 생각하는 것은 정말로 가능할까. 물론 다른 희망에의 배려는 다른 역사에 대한 희구이기도 한 것은 말할 필요도 없다.

'잔여'의 시각에서 역사는 국민사라는 실천계를 근본적으로 바꾸는 것, 게다가 국민사가 아닌 역사의 실천계를 모색하는 것을 목표로 한다. 다만 복수(複數)의 국민사를 조합함으로써 국민사를 개정할 수 있다거나 지금까지의 일본사에 한국사, 북한사나 중국사를 더한다고 해서 새로운 역사의 실천 조건이 완성되는 것도 아니다. 내가 모색하고 있는 것은 국민 혹은 민족이라는 역사의 기체(基體) 그 자체를 분석하면서 해체해가는 일이다. 민족국가라는 공상의 구성을 분석함으로써, 민족이나 국민으로부터 배제되어 은폐된 자의 사회성을 기초에 놓고 역사를 다시 쓰는 것이다.

이 책은 공상을 상상력(혹은 구상력)의 일부로 다루지 않고 상상과 구별해서 사용하고자 한다. 상상력이 대상을 그 부재에서 현전시키는 마음의 능력이라고 한다면, 공상은 보다 한정된 것이다. 공상은 부재의 대상을 현전시킬 뿐만 아니라, 과거나 혹은 미래의 사건을 에피소드로서 제시하는 능력인 것이다. 그것은 이미지 일반에 관한 능력이라기보다도 과거나 미래에 일어나는 것을 이야기의 형식으로 제시하는 것이다. 공상이야말로 역사(historie 혹은 history)가 이야기(historie 혹은 story)인 가장 강력한 이유이다. 공상은 종종 실제로 일어난 사건과는 다른 식으로 전개하려는 욕망이나 소원을 표명하는 에피소드라는 의미를 갖는다. 설사 그것이 과거의 시점에서 상정되든 미래의 시점에서 상정되든, 또한 사실의 보고든 허구의 제시든 간에 에피소드의 성격을 갖고 이야기 혹은 말하기(narrative)의 형식을 밟는다는 점에서 공상을 고려하지 않은 채 역사를 고찰할 수는 없다.

지금까지 20년간 나는 아시아 태평양전쟁 이후의 천황제나 일본국 헌법, 일본문화론, 미일관계 등에 관해 몇 차례 글을 써 왔다. 그때마다 주제에 초점을 맞춰 의견을 전개시켜 왔는데, 물론 큰 그림이 없었던 것은 아니라 언젠가 공상의 문제를 정면에 두고 이러한 논점들을 정리하는 일이 필요하지 않을까 하는 생각은 줄곧 하고 있었다. 시간이 흐르고 있기 때문에 각각의 주제에 관해 내 의견은 변하기도 했지만 국민사와는 다른 그림에서 이 주제들을 계속 파악하고자 노력해 왔다. 그러면서 항상 큰 그림 그 자체를 어떻게 제시하면 좋을지에 대해서 신경을 써왔던 것이다.

지금까지 나는 민족이나 언어라는 민족·언어 통일체(ethno-linguistic unity)의 역사화라는 작업을 통해서 국민사의 생성 조건을 모색해 왔다.[1] 또 최근에는 『일본, 영상, 미국: 공감의 공동체와 제국적 국민주의』[2]에서 아시아 태평양전쟁 이전의 제국의 기억이 일본 제국의 상실과 연합국에 의한 일본 점령 이후 어떻게 재편되어 왔는지를 살펴보았다. 그리고 그 과정이 미국의 정책 결정자와 일본의 보수 이권 간의 공범 하에서 공상의 재-편제와 집단적인 망각 장치가 수립됨으로써 이뤄졌음을 살펴보았다. 『일본, 영상, 미국』에서는 영상 이야기를 중심으로 공상과 역사의 문제를 추적했다. 마찬가지로 이 책에서도 민족이나 국민을 역사의 분석 개념이라기보다 분석해야 할 통합체, 그리고 고찰해야 할 기제로서 일관해서 파악했다.

또 이 책에서는 낡은 '민족국가' ── 1920년대부터 1930년대에는 빈번하게 사용된 ── 를 국민국가와 거의 동의어처럼 사용하고 있지만, '민족'이나 '국민' 및 '근대적 주권국가'는 개념상 서로 독립된 것으로 보지 않는다. 즉, 민족도 국민도 모두 근대적 주권국가에 선행해서 존재하는 것은 아니다. 민족이 국민보다도 더 원초적이라는 강한 믿음을 나는 가능한 한 피하고 싶었던 것이다. 민족도 국민도 근대적 주권국가의 이를테면 종속변수라고 생각하는 편이 좋다. 아마도 우리가 살아가는 동안, 국민이나 민족이 그 압도적인 위력을 상실하는 일은 일어나지 않을 것이다. 하지만 그럼에도 불구하고 국민이나 민족과는 다른 공동성의 존재 방식에 대한 관심을 방기해서는 안 된다. '우리'라고 말할 때 그것을 곧바

---

1) Naoki Sakai, *Voices of Past: the Status of Language in Eighteenth-Century Japanese Discourse*, Cornell University Press, 1991(『過去の声 : 一八世紀日本の言説における言語の地位』, 以文社, 2002)[사카이 나오키, 『과거의 목소리 : 18세기 일본의 담론에서 언어의 지위』, 이한정 옮김, 그린비, 2017].

2) 酒井直樹, 『日本/映像/米國 : 共感の共同體と帝國的國民主義』, 青土社, 2007[사카이 나오키, 『일본, 영상, 미국 : 공감의 공동체와 제국적 국민주의』, 최정옥 옮김, 그린비, 2008].

로 민족이나 국민의 '우리'라고 믿는 습관에서 벗어나야 한다. 이 책의 작업은 민족과 국민과 사람들의 공동성 사이에 쐐기를 박는 작업이다. 이런 점에서 이 책을 『일본, 영상, 미국』의 자매편으로 봐 주신다면 감사하겠다.

차례

| 일러두기 |

1 이 책은 酒井直樹, 『希望と憲法 :日本国憲法の発話主体と応答』, 以文社 , 2008를 완역한 것
이다.

2 본문의 주석은 모두 각주로 표시했으며, 옮긴이 주는 주석 뒤에 '—옮긴이'라고 표시했다.

3 원서에서 권점으로 강조한 것은 본문에서도 동일하게 권점으로 표시했다.

4 신문·잡지 등의 정기간행물, 단행본, 전집 등에는 겹낫표(『 』)를, 기사·논문·단편·영화·노래
제목 등에는 낫표(「 」)를 사용했다.

5 외국 인명이나 지명, 작품명은 2002년에 국립국어원에서 펴낸 '외래어 표기법'을 따르되, 관
례가 굳어서 쓰이는 것들은 관례를 따랐다.

희망과 헌법

1장 _ 헌법의 발화자와 그 응답관계

제국적 국민주의와 작위로서의 국민

일본국 헌법은 보편적인 이념을 내세운 하나의 제국적 국민주의가 파괴되고 다른 제국적 국민주의가 자신을 독점적인 보편주의로서 자기확인하는 과정에서 생겨났다. 물론 제국적 국민주의가 주장한 보편주의는 피로 물든 것이고, 식민지 지배나 인종주의에 깊이 가담해 있다. 그러나 어마어마한 살육과 파괴 뒤에 왔던 것임에도 불구하고, 이 헌법은 기본적인 인권과 전쟁의 폐기라는 희망을 놀랄 정도로 전투적인 보편성의 언어로 말하고자 했다. 일본국 헌법과 아시아 태평양전쟁의 역사를 잇는 기묘한 역설의 핵심에서 이렇게 보편주의가 잉태한 양의성을 발견할 수 있다. 그리고 보편주의의 양의성이야말로 우리에게 이 헌법을 역사적으로 검토하라고 압박한다. 이럴 경우 역사적으로 검증한다는 것은 헌법의 다의성을 풀어헤치는 작업이다.

제국주의 세력을 양분한 연합국과 추축국 간의 전쟁이었던 아시아 태평양전쟁은 영국이나 일본 등에 의한 식민지 지배에 저항해 중국이나 인도네시아, 필리핀 등의 인민들이 벌인 전 지구적인 규모의 반란의 전쟁이기도 했다. 15년에 걸친 아시아 태평양전쟁의 결과, 대일본제국은 패배했고, 연합국은 일본 점령의 일환으로써 대일본제국헌법 대신 일본국 헌법을 1946년 11월 3일에 반포했다. 그리고 헌법은 1947년 5월 3일에 시행되었다. 헌법 초안 작성을 담당한 미국 점령군 총사령부의 헌법 초안 담당자가 어느 정도로 아시아 민중의 역사를 의식하고 있었는지는 알 수 없다. 하지만 이 전쟁으로 깊은 상처를 입은 아시아, 유럽, 아메리카의 민중에게 있어서 일본국 헌법은 대일본제국의 붕괴에 이르는 15년 동안의 살육과 저항의 역사와 분리해서 생각할 수 있는 것이 아니다.

일본국 헌법은 확실히 국민주권을 언명하고, 국민주권의 범위를 일본 국민과 일본 국가의 영토에 한정한다고 표명하고 있다. 또한 식민지의 대부분을 잃은 후의 국민국가로서의 일본을 자명한 전제로 삼고 있는데, 패전 이전에 선전한 동아공동체나 대동아공영권의 구상과 비교해 보면 국민국가라는 역사적 구성체에 대한 내재적인 물음이 희박하다. 왜냐하면 이론적으로 대폭 후퇴한 민족관이나 국민관이 전제되어 있는 것처럼 보이기 때문이다. 민족이나 국민이라는 공동체 의식이 식민지 폭력에 의한 자의적인 선긋기의 결과에 다름 아니라고 강조하는 논의는, 국민주의가 인위적으로 허구로 만들어졌다는 점을 드러낸다. 따라서 이러한 각성된 역사적 고찰은 식민지체제에 의해 기정사실화된 민족이나 국민의 동일성을 유동화(流動化)하는 결과를 낳는다. 모든 민족적 혹은 국민적인 '아이덴티티'가 인위적인 구성체임을 제국주의자는 잘 알고 있다. 제국주의자는 '아이덴티티'를 만들어 조작함으로써 통치하기 때문이다. 일단 '동일성을 통해서 인민은 지배당한다'고 말해 두자. 그런데 피지배자가 제국주의자의 비밀을 알아채지 못하도록 하는 방법으로 민족이나 국민의 '아이덴티티'를 자연화하는 것 외에는 다른 효과적인 방법이 없다. 대동아공영권이라는 구상이 성립하기까지, 일본 지식인이 일찍이 그만큼 훌륭하게 주체성의 이론과 동일성에 관한 철학적인 고찰을 고안할 수 있었던 까닭은, 그들이 진정으로 이런 의미에서의 제국주의적인 지배의 기술자였기 때문이다.

그런데 한편에서는 훌륭한 국민주의자도 실은 제국주의자와 같은 견해를 암암리에 공유하고 있었다. 왜냐하면 그들은 민족적 주체나 국민적 주체를 반식민지 투쟁을 통해서 제작하지 않으면 안 되었기 때문이다. 국민주의자는 있지도 않은 민족이나 국민을 날조하려는 자이다. 그것을 위해서 그들은 민족이나 국민이라는 허구의 미래에 도박을 걸었던 것이다. 이광수와 같은 작가가 했던 일을 보면 이를 잘 알 수 있다. 그에게 있어서 소설 집필은 조선의 민족 주체를 제작하는 실천 이외의 다른 어떤 것도 아니었다. 근대에 '문학'이 특권성을 가진 까닭은 '문학'에 부여된 민족 주체 제작이라는 의의를 무시하지 않았기 때문이다. 이렇게 국민국가의 제도화와 더불어 제작되어야 할 국민이 자연화되면서 물신화하는 일이 일어났다. 국민이 '만들어져야' 할 것에서 '만들어진' 것으로 미끄러져 간 것이다. 국민 혹은 민족의 주체성이 미래의 양태에서 과거의 양태로 후퇴한다. 가령 일본인의 기원을 고대로부터 영속하는 민족 문화에서 구하려는 신화적인 사고가 지배적이게 된 까닭은 민족공동체가 과거의 양태에서 물신화되었기 때문이다. 그때 '일본인임'은 '일본인이 됨'에서 가능하지 않고, 다만 이른바 즉자적으로 '일본인임'이라는 것에서 발견된다. 민족공동체가 과거의 양태에서 물신화되기 전의, 즉 제작으로서의 국민이라는 목적의식이 유지되는 단계에서의 국민주의자를 '제국적 국민주의자'라고 부르자. 실은 근대적인 제국주의자는 반드시 국민에 대한 충성이라는 의식을 강렬하게 갖고 있기 때문에, 제국주의자는 동시에 국민주의자이다. 근대적인 제국주의와 전근대의 제국을 나누는 것은, 제국 엘리트의 이러한 국민의식이라고 말해도 좋다. 아시아 태평양전쟁이 종결되기 전에 활약했던 철학자, 가령 미키 기요시(三木清)나 다나베 하지메(田邊元), 사회학자인 다카다 야스마(高田保馬)나 신메이 마사미치(新明正道)에서 당시의 젊은 사상사가(思想史家)였던 이에나가 사부로(家永三郎)나 마루야마 마사오(丸山眞男)에 이르기까지, 애국의 지정(至情)에 불탔던 그들은 정말로 제국적 국민주의자였고, 국민에게 충성심을 가졌던 제국적 지배의 기술자였다. 그러나 그들 중 전후에 살아남은 자들은 끝내 국민이나 민족이라는 통일체를 물신화하는 담론에 말려들었다. 그들은 '제국적 국민주의자'임을 그만두고 단순한 국민주의자로 되돌아갔다. 다만 에드윈 라이샤워(Edwin Reischauer)나 로버트 벨라(Robert Bellah) 등 미국의 일본 연구자들은 '제국적 국민주의자'임을 그만두지 않았다.

'제국적 국민주의'라는 용어에는 제국주의도 국민주의도 모두 국민국가의 주권을 전제로 한다는 이해가 포함되어 있다. 근대의 제국주의는 은밀한 국민주의이고, 국민주의는 잠재적인 제국주의이다. 굳이 '제국적 국민주의'라는 용어를 채용한 까닭은 제국주의와 국민주의를 즉각적으로 양자택일의 대립으로 보는 상식에 이의를 제기하기 위해서다. 국민주의가 제국주의에 대한 저항이 될 수 있으려면 일정한 조건이 있어야 하는데, 아시아 태평양전쟁 이후 태평양횡단정치에서는 그 조건이 점차 후퇴해 갔다. 내가 말하는 '제국적'이라는 말은, 국민국가의 배치에서 명확하게 일탈한 주권의 존재 방식을 보이는 네그리(Antonio Negri)와 하트(Michael Hardt)의 『제국』과는 다른 계열의 발상이다. '제국적'이라는 단어에 관해서만 말하자면, '제국'이라는 주권이 국민국가로부터 완벽히 벗어나 있다고 할 수 없기 때문이다. 다만 분명한 것은 아시아 태평양전쟁 이후, 국민국가의 주권은 후퇴했다. 내가 국민국가의 주권이 후퇴하는 가운데 태어난 국민주의에 초점을 맞추는 까닭은 바로 이 때문이다.

일본 지식인이 다민족국가를 통치하기 위한 기술자임을 그만두고 미국 점령지의 위탁관리자가 되었을 때, 이들은 국가주권의 후퇴와 새로운 국민주권의 창출이 필요하게 된 조건하에서 민족이나 국민의 '아이덴티티'를 자연화하는 논리를 만들어야 했다. 따라서 일본국 헌법의 문장은 그러한 상황을 굴절해서(왜냐하면 헌법은 위탁관리자 지식인에 의해 창안된 것이 아니라, 지배자 지식인이 피지배자 지식인의 입장에서 제정되었다는 측면을 부정할 수 없기 때문이다) 반영하고 있기 때문인지, 메이지유신 이래 급속도로 확대된 영토와 병합의 경위를 부정하기라도 하는 듯, 일본 국민과 일본국의 영토가 흡사 주어진 자연처럼 당연시되었다. 메이지유신 이래로 '일본인'의 범위는 확대됐는데, 그때까지 일본 국민으로 자신을 확정한 적이 없는 사람들까지도 일본 민족 안으로 끊임없이 포섭하고자 했다. 일본국 헌법의 문장은 포섭운동에 흡사 쐐기를 박으려는 것처럼 쓰여 있다. 그 후의 일본국 헌법의 해석은 일본 국내의 미디어나 학술계뿐만 아니라 해외의 일본 연구나 보도에서도 현재에 이르기까지, 대개 일본 국민과 일본의 영토를 영속적으로 주어진 것으로 보는 전제에서 행해졌다. 헌법이 반포되기 바로 15개월 전까지 일본 정부는 보편주의적인 다민족통합의 주장을 펼치고 있었고, 제국의 신민 대다수가 그러한 다민족통합주의에 대해 적어도 공적인 장면에서는 이견조차 보태지 않았다는 사실은 마치 거짓말처럼 보인다. 적어도 일본제국의 서민은 보편주의적인 이념 속에서 살아갈 것을 강제당했던 것이리라. 가령 '황국소년'(皇國少年)은 그러한 보편주의적인 이념 속에서 살았던 하나의 실존적 삶의 형식이라고 말해도 좋을 것이다. 많은 역사적인 자료가 보여 주듯, '황국소년'이란 어떤 보편주의적인 이념에 자신을 던짐[投企]으로써 만들어진 실존이어서, 요시모토 다카아키(吉本隆明)나 미시마 유키오(三島由紀夫) 등은 전중(戰中) 세대의 보편주의를 향한 목숨을 건 비약마저 부인하는 전후 일본에 대한 의분을 잘 보여 주었다. 이런 의미에서 1930년대에서 1940년대(일본제국이 붕괴된 후까지도 포함해서)에 다나베 하지메의 철학이 가진 중요성을 부정할 수 없다.

보편주의와 일본국 헌법의 보편성

개인이 일정 가치에 가탁(假託)하는 태도와 그러한 태도로 가치에 가탁하는 개인으로 규정된 집단이 존재하는 방식은 다양하다. 보편주의는 그러한 방식의 하나이고, 종종 특수주의적인 것과 대비되어 논해졌다. 더구나 보편주의가 반드시 일률적으로 이해되었던 것은 아니다. 역사적으로 봐도 같은 보편주의라는 주장이 식민지 관계를 정당화하는 데에 사용되거나, 거꾸로 식민지주의의 탄핵에 사용되기도 했다. 그러나 한 민족 한 국민에 한정되지 않은 보편적인 가치를 향한 가탁이 이 헌법에는 확실히 구가되어 있다. 일본국 헌법에서 문제가 되고 있는 보편성의 내용과 이 헌법하에서 정부 — 연합국최고사령부와 독립 후에는 일본 정부 — 의 정책에서 보편주의가 어떻게 구현되어 왔는가, 혹은 구현되지 않았는가를 검토하는 작업은 일본국 헌법과 우리의 미래를 생각할 때 피할 수 없는 작업이다. 이 점에 덧붙여 미국이나 대일본제국은 어떻게 보편주의를 주장했고, 그리고 이러한 제국적 국민주의에 의해서 보편주의 주장과 일본국 헌법은 어떻게 달라졌는지, 혹은 어떻게 달라지려고 했는지에 대해서 음미하고자 한다. 이 책을 집필하게 된 주요 동기 중 하나가 바로 제국적 국민주의의 보편주의와 일본국 헌법이 시사하는 보편성이 어떻게 다른가를 해명하는 일이기 때문이다.

게다가 종교사나 사회학 및 일본 연구나 미국 연구에서도 가치나 이념에 대해 보편성과 특수성이 지금까지 종종 이야기되어 왔다. 이 분야에서 보편성과 특수성의 개념적인 관계는 어떻게 파악되어 왔을까. 아시아 태평양전쟁 이후, 미국이나 서유럽의 아시아 연구자는 일본 사회나 일본 문화에 대해서 항상 '특수주의적'이라는 진단을 내려 왔다. 이러한 진단이 내려지고 받아들여지기까지 보편성과 특수성에 관해서 어떤 논리적인 전제가 있어야 할까. 보편성과 특수성을 분간해서 가려 쓰는 작업은 식민지 지배의 권력관계에 어떻게 가담해 왔던 것일까. 또한 아시아 태평양전쟁 종결 이후의 동아시아의 역사를 생각하는 데 굳이 식민지주의라는 용어로 행해야 하는 이유는 무엇인가.

고전기(古典期) 지중해 식민지나 명청제국의 조공속국과는 달리, 특히 18세기 이후로 발전한 근대의 식민지주의에서는 식민지와 종주국과의 관계를 현지인의 주권 상실과 종주국의 주권 확대라는 틀로 이해하는 것이 일반적이다. 프랑스령 인도네시아, 영국령 인도, 네덜란드령 동인도, 미국령 필리핀, 나아가 일본령 조선에서는 종주국의 주권이 식민지에 적용되었다고 생각되어 왔다. 종주국이 충분한 주권을 가진 국민국가임에 비해서 식민지는 그러한 주권을 잃었고, 따라서 독립운동을 통해서 주권을 다시 가져옴으로써 국민주체를 제작하고자 한다고 말이다. 식민지주의를 주권을 가진 현재적(顯在的)인 국민국가(종주국)와 주권을 잃은 잠재적(潛在的)인 국민국가(식민지)와의 관계로 생각하는 한, 아시아 태평양전쟁 종결 이후의 동아시아에서 보자면(홍콩이나 마카오를 제외하고) 식민지체제는 과거의 것으로 생각될 수밖에 없다. 특히 일미관계에 한정해서 보더라도 당사자인 미국이나 일본에서 식민지주의가 의제가 되는 일은 거의 없다. 연합국에 의한 점령이 일단락되어 연합국최고사령부의 권한이 일본 정부에 얼마쯤 이양된 후로, 일본이 미국의 식민지로 간주되는 일은 거의 없었다. 이것이 바로 1952년 연합국에 의한 점령의 종료가 '독립'이라고 불린 이유이다.

그러나 현재 진행 중인 미국에 의한 이라크 점령에 대해서 지금도 논의되고 있듯이, 당초 '독립'은 미군의 철수를 전제로 해서 발의되었다. 그럼에도 불구하고 현재까지 일본 영토 내에서 보자면 미군의 군사기지가 존속하고 있다. 뿐만 아니라 일본 정부가 경영하고 일본 국민의 병사로 이뤄진 자위대라고 불리는 군대도 기본적으로 미국의 명령체계에 편성되어 있어, 실질적으로는 어떻게 생각하더라도 식민군이라고 볼 수 있다. 게다가 군사재편을 거쳐 일본군 병사로 이뤄진 자위대라는 군대는 미군에 '봉합선 없이'[1] 통합되었다. 현재 미국(명목상으로는 연합국으로 되어 있다)의 군대는 이라크인민을 외적(外敵)으로부터 보호하기 위한 것이 아니라, 이라크에서의 미국의 권익과 괴뢰정권을 지키기 위해 주둔하고 있다. 이와 꼭 마찬가지로 미국(이 경우도 명목상은 연합국)의 주둔군은 주로 일본에서의 미국의 권익과 괴뢰정권을 지키기 위해 일본에 주둔하고 있다. 물론 한국전쟁 발발 이전에는 일본과의 평화조약 체결을 거쳐 주둔군을 대폭적으로 삭감하도록 되어 있었지만 이뤄지지 않았다. 그때 미국의 정책 결정자는 미국의 지배체제에 대한 반란이 일어날 것이

---

1) 武藤一羊, 『アメリカ帝国と戦後日本国家の解体』, 社会評論社, 2006, p. 75.

라고 감지했음이 틀림없다. 그러니 '경찰예비대'의 창설은 '반란의 예감'에 대한 회답에 지나지 않는다. 이 책 뒷부분에서 중요하게 논의할 부분이지만 여기에서 잠시 미국 정책 결정자가 '경찰예비대'에 관해 어떻게 생각했는지 살펴 두자.

1950년 6월 25일 한국전쟁 발발 직전인 6월 6일, 미국 국무장관 존 포스터 덜레스는 「각서」에서 "일본에서 간접적인 공격, 즉 반란이 일어날 위험이 있고, 그러한 긴급사태에 대처하기 위해 강력한 경찰대가 창설되지 않으면 안 된다"고 기술했다.[2] 명분으로 보자면 그것은 일본인민을 외적으로부터 보호하기 위해서이지만, 명확히 일본에서의 미군이나 자신들의 이권을 일본인민으로부터 보호하기 위해 구상된 것이다. '경찰예비대'의 총구는 해외에서 건너올 가상적인 적이 아니라, 일본인민을 향하고 있었다. 그 후 '보안대'를 거쳐 '자위대'가 되는 '경찰예비대'의 창설은 반영구적으로 일본을 미국의 식민지라는 지위에 고정시켰다. 이는 당시 점령군 관료나 일본 정부의 지도자들에게도 명료하게 인식되었다. 1952년 '독립'을 준비하는 단계에서 연합국최고사령부, 미국의 트루먼 정권 및 일본 정부의 관계자 사이에는, 미국의 군사기지를 일본 영토 내에 반영구적으로 남기는 일이 '일본의 식민지화'의 징표라고 확실하게 이해하고 있었다. 마이클 샬러에 의하면 한국전쟁이 발발하기 이전 단계에서 요시다 시게루(吉田茂)가 미국대사관원에게 "일본이 미국의 식민지가 되는 것은 먼 미래를 내다보면 일본이 강해지는 일이다"라고 농담을 했다고 한다. 이미 이 단계에서 후에 자위대가 될 '경찰예비대' 구상이

---

2) Frederick S. Dunn, *Peace-Making and the Settlement with Japan*, Princeton University Press, 1963, p. 100.

검토되고 있었던 것이다.[3] 또 '덜레스각서'는 재일미군기지의 임시 존속을 인정하고 있었는데, "강화조약체결 후에 일본은 '극히 단기간'에 국제연합에 가맹할 수 있을 것이니, 따라서 기지를 지속하는 것도 단기간이다"[4]라고 예상했던 것이다. 그러나 반세기를 거치고 나서야 미군 재편이 이야기됐으며, 방위청은 방위성으로 격상되었다. '자위대'는 여전히 기본적으로는 식민군이었다. 명백하게 일본국의 주권 아래에 존재하지 않음에도 불구하고 헌법 개정이 이야기될 때마다 '자위대'를 '국군'으로 승격시키자는 논의가 이뤄졌다. 하지만 놀랍게도 '자위대'와 국민주권 간의 모순에 대해서 일본 매스컴이 지적하는 일 따위는 전혀 없었다. 일본에서 '식민지주의'라는 말이 쓰이지 않는 까닭은 전후 일본 매스컴에 내면화된 자기검열 때문만이 아니다. 바로 고전적인 '식민지주의'의 정의에 중대한 결함이 있기 때문이다.

일본과 미국 두 나라 간에 새로운 종속 의존 관계가 생겼지만, 고전적인 식민지주의 사고방식에서 말하자면 일본이 미국의 식민지 지배를 받고 있다고는 생각할 수 없다. 의회는 국민선거로 선출된 국회의원으로 구성되고, 미국 정부가 입법 과정에 직접적으로 개입하는 일도 없기 때문에 고전적인 의미에서의 식민지 지배는 '독립'과 더불어 끝났다고 생각하는 편이 타당하다. 그럼에도 불구하고 일본에 허용된 주권은 제한된 것이고, 일본지식인 대부분은 일본이 '보통의 국가'가 아니라는 불만을 거듭 표명해 왔다. 흡사 식민지 독립운동에서 작동하는 국민주의처럼, 일본인은 '보통의 국가'가 되도록 노력해야 한다는 논의가 지금까지도

---

3) Michael Schaller, *The American Occupation of Japan*, Oxford University Press, 1985, p. 257.
4) 兒島襄, 『講和條約：戰後日米關係の起點』, 7券, 中央公論社, 1997, p. 294.

힘을 떨치고 있다. 그런데 일본 국내의 국민주의가 고양되면 고양될수록 종속과 의존의 관계는 강해지고, 국제사회에서 일본 국가의 자율성은 잃게 된다. 여러 외국(다만 여기서 말하는 '여러 외국'이란 19세기라면 국제세계의 '바깥'에 놓인 중국이나 한국, 페루 등이라는 점을 주의해 두자)을 향해서 '의연한 태도'를 보이면 보일수록, 일본 정부의 외교는 일본과 다른 국가 간의 이해를 조정할 능력을 잃고 도리어 미국 의존도가 증가한다. 이런 이유로 다카하시 데쓰야, 강상중 등 일부 지식인은 이런 일본의 국민주의를 '기생적 내셔널리즘'이라고 부르는 것이다.

식민지체제와 새로운 국민국가

군사면이나 경제면에서의 종속과 의존 관계만이 아니라 문화적인 표상이나 국민적 주체의 형태에서도, 미국의 국가주권과 일본의 국가주권 사이에는 상호 규정 관계가 만들어져 있으며 태평양을 넘어 익찬체제가 작동하고 있는 것은 아닐까 하고 나는 생각한다. 나는 이러한 상황을 새로운 식민지체제라고 부르고자 한다. 다만 여기서 작동하는 식민지주의의 지배를, 주권국가와 주권을 빼앗긴 식민지 간의 타동사적인 관계 —— 종주국(주격)이 식민지(보어)를 지배한다(타동사) —— 로 보는 것이 아니라 공범성의 관계로 볼 필요가 있다. 식민지주의 개념 배후에 있는 근대국가주권의 망령을 좇아내고, 그런 다음 새로운 국민국가에 통합되는 것과는 다른 주권의 현실화 형식으로서 식민지체제를 고찰하려는 것이다. 왜냐하면 아시아 태평양전쟁 이후의 태평양 횡단적(transpacific)인 정치에서 보자면, 이미 고전적인 식민지주의 개념뿐만 아니라 고전적인(19세기적인) 국민국가관도 시대에 뒤처진 것이 되었기 때문이다. 특히 중요한 것은 이렇게 파악된 식민지체제와 국민국가의 네트워크에서 국민주의 혹은 민족주의가 식민지체제에 대한 저항의 계기를 잃어버렸다는 점이다. 식민지체제는 진화를 달성해, 국민주의를 초극해 버렸던 것이다.

그럼에도 불구하고 일본에도 미국에도 고전적인 국민국가관은 여전히 살아 있고, 사람들의 공상을 계속해서 만들어 내고 있다. 2006년, 수습 곤란한 일들로 확실하게 판명나기까지 미국 정책 담당자만이 아니라 의회의 야당대표조차 누차 연합국에 의한 일본 점령을 인용하면서[5] 대(對) 이라크 정책을 주장했다. 즉 법제를 제정한 뒤 이라크 정부를 강화해서 최후에는 '이라크 국민'에게 주권을 돌려주자고, 이것이 미국의 장기적인 이라크 정책이라고 주장했던 것이다. 이라크 점령이 제국주의적 지배가 아니라는 증거로 미국이 끝까지 우긴 것은 '이라크 국민'에게 주권을 반환한다는 것이었다. 그런데 그들은 '이라크 국민' 따위가 즉자적으로 존재한다고 진심으로 생각하고 있었던 것일까. '이라크 국민'이 살해당하는 사실을 더 이상 묵살할 수 없는 상황에 이르러서도, '이라크 국민'을 상정한다는 것은 경험적 근거가 부족하다는 증거이다. '이라크 국민'에게 그 정통성을 구하는 이라크 국가의 주권은 미국 정책 결정자들의 기회주의적인 고안품이라는 사실을 사람들은 알고 있었다. 이것은 고전적인 국민국가관의 타성 위에서 운위되는 전형적인 논의이다. 2006년 이전 단계에도 이러한 조잡한 논의에 실망하여 단념한 사람이 없었던 것은 아니지만, 이러한 수사(修辭)를 이상하게 느끼지 않는 사람도 많았다.

1952년의 '독립' 이래로 점령이 '교묘하게' 이뤄지던 일본에서는 고전적인 국민국가관의 타성이 더 확대되는 추세였다. 패전 후의 논단에서

---

5) 상세한 것은 酒井直樹, 「占領と國民主義」, 『文學』, 9/10月号, 2003, pp. 50~53 참조.

각광받은 것은 주로 좌익 지식인에 의해서 제기된 19세기 자유주의적인 국민국가론으로의 회귀였다. 여기에서 주의해야 할 것은 연합국의 일본 점령 기간 동안 이른바 우익은 국민주의의 담당자가 될 수 없었다는 점이다. 게다가 냉전체제가 강화되어 감에 따라서 '친미반소'를 외친 전전 (戰前)의 우익 ── 사사카와 료이치나 고다마 요시오 등 일본제국주의의 비합법 기관으로서 아시아 태평양전쟁 중에 활약했던 자들 ── 이 부활했는데, 그들은 명확히 국민주의자로서는 실격이었다. 국토를 점령한 지배자에게 '친화'의 감정을 표명한 국민주의자 따위는 골계에 지나지 않기 때문에, 미국의 동아시아 점령체제를 지탱하는 비합법활동을 담당하는 형태로만 그들은 일본 정치에 영향력을 발휘할 수 있었다. 그들은 '제국의 더러운 일'을 담당한 식민지 점령정권의 하수인에 불과했다. 따라서 오로지 좌익이 반식민지 지배의 깃발을 치켜든 고전적인 국민주의를 담당해야 했다.

1960년 일미안전보장조약 갱신이 뜨겁게 제기되던 시기에, 동아공동체(東亞共同體)에서 전후 미국으로 전향한 전 A급 전범 기시 노부스케에 대한 국민주의적인 반발이 일본 국내정치를 석권했다. 하지만 국민주의를 둘러싼 정치는 그 뒤로 차차 커다란 변화를 보이기 시작했다. 졸저 『일본, 영상, 미국』에서 이미 분석했듯이, 패전 후 15년이라는 기간 동안 제국의 기억이 조직적으로 삭제되었고 집단적인 공상의 실천계에 대폭적인 교체가 일어났다. 그리고 '일본인론'으로 대표되는 국민성 연구가 유행했고, 이와 더불어 '제국적 국민주의'의 발상을 완벽하게 망각한 새로운 식민지체제를 내면화한 국민주의가 나타났다. 바로 아시아 태평양전쟁 중에 미국 정책 담당자나 일본 전문가가 준비한 정책이 차례로 효과를 보기 시작한 시기이자, 에드윈 라이샤워가 주일대사로 취임하는 것으로 상징되듯 태평양 횡단적인 공범성에 기반한 식민지체제 속에서 작동하는 국민주의가 일본에서 그 모습을 드러낸 시기였다.

그러면 이러한 냉전하에서의 태평양 횡단적인 공범성이 만들어지기 전의 일본국 헌법은 어떤 것이었을까.

헌법의 '우리'와 국민주권

국민에게 주권을 인정하는 일본국 헌법의 형식상의 발화자는 '일본 국민'이고, 일본 국민은 이 헌법 속에서 스스로를 '우리'(われら)라고 부른다. 다만 이 '우리'를 곧바로 헌법 초안자로 간주할 수는 없다. 새롭게 제정된 헌법 등의 문장에서 형식상의 발화자와 초안의 발기자가 일치하는 일은 있을 수 없기 때문에, 이 불일치를 모순이라고 부를 수는 없다. 그러나 지금까지 몇 번이나 지적되어 왔듯이 역사를 거슬러 살펴봐도 발기자를 일본 국민의 대표로 간주할 수 없다. 패전 직후에 조각(組閣)된 시데하라 기주로(幣原喜重郎) 내각의 심의 및 추밀원과 제국의회의 승인이라는 형식적인 절차를 거쳤다고 해도, 일본 국가는 점령하에 있었다. 그렇기에 주권을 갖지 못한 시기에 쓰여진 이 초안의 발기자가 일본 국민의 대표일 리 없는 것이다. 직접 사전에 문의했다고 보는 것은 지나치다고 하더라도, 연합국 최고사령관인 더글러스 맥아더와 그가 지휘하는 사령부 민정국원이 초안의 발기자라고 생각할 수 있다. 요컨대 권리상으로도 이 문장의 발화자는 일본 국민이 아니고 점령 행정을 담당한 군인과 관료였던 것이다.

그런데 헌법 등에서 누가 누구를 향해 발화하는가는 실은 수행적으로 결정된다. 헌법의 내실은 헌법의 조문 해석에 관한 판단(사법)과 헌법의 이념적 부연(입법이나 사회운동), 나아가 헌법조문의 구체화 곧 제도화(행정)와의 관련선상에서 끊임없이 변화해 간다. 헌법의 언어수행적인 현실화는 국민으로서의 일본인이 국민주체로서 자신을 제작하면서 쉼없이 변화해 가며 대응하고 있다고 생각해도 좋은 것이다. 헌법초안자가 점령 행정을 담당한 군인이나 관료였다는 논점은 헌법에서 누가 누구를 향해서 발화하는가를 고려할 때, 실은 이차적인 문제에 지나지 않는다. 뒤집어서 시데하라 기주로 등 일본 측 정부관계자가 발안했다는 주장에 대해서도 같은 말을 할 수 있다. 굳이 말한다면 그것은 헌법의 초안을 누가 정초했는가, 혹은 누가 복사해서 일본 정부관계자에게 돌렸는가라는 사무적인 절차상의 문제와 같은 수준에 있는 사항이기 때문이다. 과거와 미래에의 구조적인 연관을 굳이 무시한다면, 헌법의 발화자와 그 청자가 영속적인 존재로서의 민족의 대표여야 할 필연성은 어디에도 없다. 왜냐하면 연합국 최고사령관 맥아더와 그의 지휘하에 있는 사령부 민정국원이 아니라 당시 일본 정부의 관료나 정당대표가 초안을 썼다고 하더라도, "발화자가 일본인을 대표한다고 말할 수 있는 근거가 어디에 있는가"라는 똑같은 문제가 일어나기 때문이다. 그것은 헌법과 같이 근거가 되거나 창시적인 텍스트가 항상 잉태하고 있는 문제이다. 게다가 독립 후의 일본 정부가 애초부터 일본인을 대표해 왔는가, 혹은 어떠한 의미에서 일본인을 대표해 왔는가 등의 문제와도 관련되어 있다고 볼 수 있기 때문이다.

주권재민의 국민국가에서 국민에 대한 충성은 무엇보다도 헌법에 대한 충성이다. 궁극적으로 헌법이 행정부·사법부를 제약하기 때문에, 헌법을 위반하거나 무시하는 일은 국가에 대한 반역이다. 그건 그렇다 치고 전후 일본에서 반역죄로 물어도 하등 이상하지 않을 것 같은, 다시 말해 헌법의 일부를 자의적으로 무시한 수상이나 외무대신이 배출된 이유는 무엇일까. 최고재판소가 헌법에 기반해서 재판한다는 역할을 방기한 까닭은 무엇인가. 나아가 조약을 변경하지도 않고 임의로 주둔군의 지위를 변경하는 사태가 일어난 까닭은 무엇인가.

우리가 답을 모색할 경우 주의해야 할 것이 있다. 정권 담당자나 최고재판소는 일본국 헌법을 무시하는 행동을 종종 취했는데, 그것은 어떠한 문맥에서 어떻게 선택적으로 이뤄졌던 것일까. 게다가 20세기 후반의 국제정치에서 국민주권이 작동하는 조건은 어떤 것이었을까. 우리는 이 문제를 끊임없이 주의해야 한다. 우리의 고찰을 국민주권이 사문화되어 왔다는 사실에만 고정시켜서는 안 된다. 국민주권의 실천에 대한 장해물이나 국민주권을 방해하는 악이 제거된다면, 주권이 국민의 손으로 돌아올 것이라고 말할 수 없기 때문이다. 주권 개념이 갖는 문제성, 게다가 패전 후의 국민국가에서는 단지 국민주권만 후퇴하는 것이 아니라, 국가주권도 후퇴한다는 사실을 잊어서는 안 된다. 이런 점에 주의하지 않는다면, 전후 일본 정부가 미국 정부에 영합한 자세를 도덕적으로는 탄핵할 수 있을지 모르지만, 그럴 경우 '보통의 국가'를 주장하는 논자처럼 사람들은 19세기에 이념으로서 제시되었던 국민국가를 흡사 초역사적인 현실로서 21세기에도 무조건 타당한 것처럼 생각하는 잘못을 범할 수 있다. 식민지 지배의 방식이 변천하듯이 국민국가나 국민주권의 존재 방식도 변한다. 식민지주의에서의 탈출이 반드시 국민국가로서의 민족독립으로 결정(結晶)된다고 말할 수 없다. 한 민족이 국가주권을 회복하였다고 할지라도 식민지 지배로부터 자유롭다고 말할 수 없는 역사적 상황도 나타나는 것이다. 국민국가가 역사화되어야 하듯, 탈식민지주의도 역사화되지 않으면 안 된다. 그렇기에 일본국 헌법의 보편적인 현실화를 둘러싼 물음은, 국민국가와 탈식민지주의 양자의 역사화라는 문맥에 놓여야 할 것이다.

이렇게 말한 까닭은 전후 일본국 헌법의 무엇이 일본인의 본래성에서 유래하고, 무엇이 바깥에서부터 강요되었는가 하는 구별 그 자체에 깊이 주의해야 한다고 생각하기 때문이다. 민족의 본래성이나 전통이라는 관념은 거짓된 자명성을 가지고 있다. 사람들이 무엇을 민족의 본래성이라고 감지하고, 혹은 무엇을 민족의 전통이라고 간주하는가는 정치적인 조작의 하사품[賜物]일 뿐으로, 헤게모니의 중요한 효과이다. 그래서 공상의 기제를 분석하는 작업이 중요하다. 요컨대 개인의 수준에서 발현하는 감상(感傷)이 집단적인 운동과 어떤 연관을 갖는지 고찰하는 작업 말이다.

상정된 '국민'과 역사적 책임

우선 역설적인 논점을 제시해 두자. 역사적으로는 어떻게 생각하더라도 일본인이라는 국민 혹은 민족의 범위는 자의적이고 우연적이다. 본래적인 일본인도, 초역사적인 일본 민족의 존재도 가정할 수 없다. 그럼에도 불구하고 과거와 미래의 구조적인 연관에서 일본국 헌법을 고찰할 때, 다시 말해 역사적으로 헌법을 고찰할 때, 전후 동아시아의 헤게모니 속에서 기능해 온 보편주의와 특수주의의 공범성을 문제화하면, 영속적인 민족적 존재로서의 일본인의 책임에 관한 물음이 환기된다. 과거와 미래에의 역사적인 연관에서 일본국 헌법을 고찰하기 위해서, 흡사 과거의 책임을 짊어져야 하는 국민이 영속적으로 존재하고 있는 것처럼 상정할 필요성이 생겨난다는 것이다. 일본인의 본래성도 초역사적인 일본 민족의 존재도 헤게모니의 효과라는 인식은 과거에 책임을 지기 위해서는 국민의 영속적인 존재를 상정할 필요가 있다는 판단과는 다른 차원에 속한다. 이 두 개의 차원을 혼동해서는 안 된다.

근대법의 상식에 따르면, 아시아 태평양전쟁 시기에 일본 국가가 저지른 학살이나 비인도적인 행위에 대해 전쟁 시기에 미성년이었던 일본인이나 전후에 태어난 일본인에게 그 법적인 책임을 물을 수 없다. 같은 가족일지라도, 아버지가 저지른 범죄의 책임을 아들이 져야 하는 일은 불가능하다. 하물며 과거에 대한 현재 책임의 영속성을 묻는 근거가 가족이 아니라 국민이라면 더더욱 그렇다. 국민, 민족은 끊임없이 변용하는 집단이고, 역사적으로도 최근 1, 2세기에 만들어진 제도이다. 일본의 국민국가도 1868년의 메이지유신 이래로 계속해서 변질되고 확대되어 왔다. 일본인이라는 국민도 영토의 병합이나 이주를 통해서 끊임없이 변모해 왔다. 나아가 1945년 대일본제국의 붕괴와 더불어 군사점령이나 위탁령을 제외한 상태에 한정해서 보더라도, 일본 국가가 영유권을 갖고 있었던 영토 면적의 4할 이상이 새롭게 국제연합의 신탁통치령이 되거나, 다른 국가의 영유로 귀속되었다. 류큐열도는 미군정(United Sates Civil Administration of the Ryukyu Islands)의 영토가 되었다. 1945년부터 1952년이라는 기간 동안, 일본 국민이었던 자의 적어도 3할이 일본인이기를 그만뒀거나, 혹은 강제로 일본인이 아니게 되었다. 국민국가로서 일본이 성립되어 온 19세기 후반부터 21세기 현재에 이르기까지 '일본인이란 누구인가'라는 물음에는 항상 '어느 시점에서?' 라는 의문 부사구가 덧붙여져야 한다.

그럼에도 불구하고 나는 전후에 태어난 일본인일지라도 전쟁 중 일본인이 저지른 행위에 대한 역사적인 책임에서 도망칠 수 없다고 생각한다. 그래서 비전투원의 학살이나 비인도적인 행위를 저지른 자들이 죽으면 전후 세대의 일본인은 책임을 면제받는다는 식으로 말해서는 안 된다. 그것은 이른바 독일인이라고 간주된 사람들이 지금까지도 과거 나치즘에 의한 학살이나 인종주의에 대한 역사적 책임에서 도망갈 수 없는 것과 다르지 않다. 그것은 백인이라고 자기를 규정하는 사람들이 과거의 식민지주의나 노예제에 대한 응답 의무에서 도망갈 수 없는 것과 같다. 기묘한 일이지만 국민, 인종, 민족 혹은 종교와 같은 자기획정의 범주를 둘러싼 역사적인 책임에 관한 문제에 대해서는 연좌제가 타당한 것처럼 보인다. 인종 차별을 정당화하는 갖가지 법률이나 국가제도가 거의 폐지된 1970년대 이후 미국에서 태어난 백인일지라도, 설령 그들이 노예제에 대한 법적인 책임을 갖진 않더라도 역사적인 책임에서는 벗어날 수 없다. 인종주의를 정당화하는 법률이나 국가제도의 폐지는 인종주의가 폐지되는 것과 완전히 다른 사태이다. 인종주의를 정당화하는 국가제도가 무엇을 가리키는지에 대해서는 간단하게 한정지을 수 없다. 하지만 여기에서는 일단 국정과 지방정치에 참가할 참정권, 교육을 받을 권리, 징병제 등을 인종주의가 제도적으로 명시된 국가의 영역으로 생각해 두자. 말할 필요도 없지만 참정권, 교육, 징병 등에서 평등한 처우를 받는다고 해서 인종주의의 현실이 안개처럼 흩어지는 것은 아니다. 마찬가지로 1945년 8월 1일 이후에 태어난 일본인일지라도, 이들은 '종군위안소'나 일본군이 저지른 학살에 대한 역사적인 책임을 묵살할 수 없다.

이런 상황을 상정하면 역사적인 책임과 자기 정체성의 관계가 쉽게 풀릴지도 모르겠다. 예를 들어 가령 나는 연합국(영국)에 적을 두고 있지만 외할머니가 1930년대에는 일본 국민이었다고 치자. 이러한 배경의 내가 야스쿠니 신사를 참배하는 일본 수상을 비난하는 중국인 지인과 중국에서 만났다고 하자. 그 친구는 나를 일본인이라고 확고하게 생각하고 있고, 일본인의 전쟁범죄 책임을 나에게 힐문한다. 그럴 경우 나는 어떻게 대응하면 좋을까.

여기에서 나는 몇 가지의 선택지를 갖는다. 모든 선택지를 빠짐없이 열거하기는 어렵기에 일단 그 가운데 세 가지만 들어 보겠다. (1) 나는 일본 국적을 갖고 있지 않기 때문에 책임이 없다며 친구의 힐문을 무시한다. (2) 감정적인 논의는 쓸데없으며 불쾌한 일이기 때문에 그 장소를 떠난다. (3) 상대의 힐문을 우선은 받아들인다.

나는 역사적인 책임이 (1)도, (2)도 아니고, 우선 (3)의 대응 속에 있다고 생각한다. 설사 틀린 지명이었다고 해도, 친구의 물음에 응해서 나는 일본인이라는 입장을 받아들이지 않을 수 없다. 일단은 나는 일본 국민으로서 자기 정체성을 갖는다. 일본 국민으로 자기를 규정한다는 것은, 이 상황에서 보자면 대화를 중단하지 않기 위한 필요조건이다. 이와 동시에 이 선택은 도미야마 이치로(富山一郎)가 「고향은?」에서 야마노구치 바쿠(山之口獏)의 동명의 시를 인용하면서, 다음과 같이 서술하고 있는 '폭력의 예감'(보다 상세한 설명은 4장 참고)과 관련된 검증의 절차를 통과하고 있다.

> 우선 "고향은?"으로 시작하는 일련의 물음이 으름장이 깃든 울림을 갖고 있음을 듣지 않을 수 없다. 이 으름장에 의해 '나'는 물음이 기대하는, 그렇다기보다는 기대하고 있다고 '내'가 생각하는 자기상(自己像)을 마지못해 자신의 내부에서 발견하지 않으면 안 되는 것이다.[6]

---

6) 앞의 책, p. 12.

상대의 힐문을 받아들인 다음, 자신이 일본 국가의 신민이라는 의미에서 보자면 일본인이 아님에도 불구하고 일본 국민이라는 혐의를 받더라도 어쩔 수 없는 혈연을 갖고 있다는 사실을, 나아가 과거의 죄업을 범한 것은 조부 세대의 일본인이고 범죄가 범해진 시점에서 나는 이 세상에 존재하지 않았음을 중국인 친구에게 설명해야 한다. 그것이 응답 의무를 달성한다는 의미에서의 역사적 책임의 첫걸음이다. 내가 '어쨌든 일본인'이라는 사실을 받아들이는 까닭은 그렇게 해야 응답가능성의 회로가 만들어지기 때문이다.

뒤에서 서술하겠지만, '폭력의 예감'을 통과하지 않는 한, 보편성의 문제는 추상적인 채로 그치고 만다. 물론 이렇게 열린 상대와의 대화 영역은 그저 실마리에 지나지 않는다. 대화에는 상대방이 있다. 그러나 현재 역사적인 책임이 물어진 다양한 국면을 생각할 때, 국적, 민족, 인종, 종교 등의 지표와 연관된 자기 정체성 문제는 피할 수 없다. 단지 국적, 민족, 종교와 같은 세 가지 지표에만 한정하더라도, 유대계 프랑스인에게 힐문당하는 독일계 미국인, 아르메니아계 미국인에게 힐문당하는 터키계 독일인, 파키스탄계 영국인에게 힐문당하는 인도계 오스트레일리아인 등등의 만남을 생각할 수 있다. 각각의 힐문의 배후에는 역사적인 비극이 있을 터이다. 이러한 착종된 국적, 민족, 종교의 동일성을 포함해 대화 상황 속에서 역사적 책임이 물어진다. 일본 국민의 역사적 책임도 이러한 만남에서 예상된다. 힐문하고 있는 타자가 있기 때문에 나는 역사적 책임에 직면한다. 나는 잠재적으로 역사적 책임을 힐문해 오는 타자가 사는 세계에 던져져 있고, 그러한 타자와 공생한다는 사실이 나의 역사적 실존에서 보자면 무엇으로도 바꿀 수 없는 실재성인 것이다.

다만 여기서 유의해야 할 점은 다음과 같다. 역사적 책임을 떠맡는다는 것은 과거에 국민, 인종 혹은 민족이 집단으로 저질렀던 범죄를 즉각적으로 개인의 죄로서 자신이 유죄라고 인정하는 일이 아니다. 역사적 책임을 진다는 것은 죄를 받아들이는 일이 아니다. 그것은 개인으로서의 응답의 의무를 받아들이는 것이고, 응답의 발화행위의 주체로서 그러한 집단 속에 일단 자기를 확정하는 일이다. 더구나 이러한 집단에 자기 정체성을 확정짓는 것은 일정하게 구조화된 상황을 요청하는 '장'(場)이 나름 구비되어 있지 않으면, 개인의 자기확정은 '빗나가게' 될 것이다. 우선 그 장은 일본인이 아닌 자를 포함하며 응답의 발화행위가 일본인이 아닌 사람들에게 말을 건네는(address) 것처럼 구조화되어 있어야 한다. 가령 '종군위안소'나 '난징대학살' 등 일본군이나 일본 국가가 저지른 범죄에 대한 고발에 응하며, 응답의 발화행위의 주체로서 '일본인'으로 자기를 규정하는 일에는 '일본인'이 아닌 사람들에게 말을 건다는 계기가 반드시 포함되어 있다(게다가 제3자 혹은 증인이 요청되는데, 논의를 복잡하게 만들지 않기 위해 여기서는 언급하지 않겠다). 사실상 응답의 상황에 외국인이 없었다고 하더라도, '일본인'으로 자기 정체성을 세우기 위해서는 비'일본인'이라는 가상적 존재가 요청된다. 정체성의 범주로서 일본 국민이 드러나기 위해서는 일본 국민이 아닌 사람들이 임재(臨在)하지 않으면 안 된다. '말을 걸' 수 있으려면 잠재적으로 누군가가 '거기에 있어'야 하기 때문이다.

다만 이렇게 '거기에 있어' 준 '중국인' 힐문자를 단지 내가 '일본인'이기 위한 상호인정의 대조항으로 취급해서는 안 된다. 단순한 상호인정을 위해 소비된 타자의 사례는 아주 쉽게 찾을 수 있다. 자신이 편견 없는 일본인임을 과시하기 위해서 참조된 "나는 자이니치(在日)의 친구"라든가, '서양인의 남성성'을 확증하기 위해 노리개가 된 '동양의 여성성'을 상징하는 '나비부인'이라든가, 뒤에서 에토 준(江藤淳)의 담론을 분석할 때 보겠지만 '일본인'의 아이덴티티를 보증하기 위해 정립된 '미국인' 등을 들 수 있다. 요컨대 거기에 있는 것은 '중국인' 이상의 누군가이다. 이 인물과 나 사이에는 '중국인'과 '일본인'이라는 대비 이상의 다른 구도로 잠재적으로 열린 관계가 예상되어야 한다. 힐문하는 자와 힐문받는 자, 양자 모두 국민이나 민족이라는 입장이 아닌 별도의 관계로 이행할 수 있을 때에만 우리는 역사적 책임을 정면에서 직시할 수 있다. 역사적 책임이 나를 민족·국민적 아이덴티티에서 해방시켜 주기 때문이다. 그래서 역사적 책임은 미래를 향한 변혁과 관련된다.

여기에서 응답과 전달을 혼동해서는 안 된다. '응답'은 말 걸기(address), 즉 상대를 겨냥한 발화행위이고, 전달은 하나의 위치에서 다른 위치로 이어진다거나 분리된 항목이 같은 매체를 공유하는 사태를 가리킨다. 전파나 정보가 하나의 터미널에서 다른 터미널에 이르는 것처럼 전파나 정보는 전달이다. 그런데 '응답'에는 화자의 발화 표현이나 메시지의 수신이 포함되어 있지 않다. '응답'은 '말 걸기'의 일종이어서, '말 걸기'에는 전달의 불확실성이 전제되어 있다. 즉 '응답'에는 전달이 보증되어 있지 않기 때문에, '응함'이 상대에게 전달되지 않을 때도 있고 전달될 때도 있다. 따라서 현전하지 않는 사람들을 향해서 응하고자 하는 일도 가능하다. '지금은 돌아가신 어머니'에게 응하는 것도, '죽은 전우'에게 응하는 것도, '살육 주민'에게 응하는 일도 가능하다.[7] 응답은 우연히 성립되는 것이다.

---

7) '말 걸기'(address)와 '전달하기'의 차이에 대한 더 상세한 논의는 酒井直樹, 『日本思想という 問題 : 翻訳と主体』, 岩波書店, 1997의 서론을 참고하기 바란다.

전쟁 책임과 식민지 책임

우리가 명심해야 할 것은 일본 국민의 역사적 책임을 이야기할 때 그 응답의 상대로 일본 국민이라고 자기 정체성을 확정짓고 있지 않은 자까지 반드시 포함해야 한다는 점이다. 일본인이 아닌 자에게 말을 걸고 있지 않는 한, 그것은 역사적 책임에 관한 응답이라고 간주할 수 없기 때문이다.

역사적 책임에 대해 일본국 헌법은 헌법 전문(前文)에 '다시는' 전쟁의 참화를 일으키지 않겠다는 미래를 향한 약속을 간접적이지만 명확하게 표명하고 있다. 일본국 헌법을 일괄해서 하나의 발화행위로 볼 때, 헌법은 과거에의 역사적 책임과 미래에의 투자를 종합한 일본 국민의 자기획정의 언어행위이다. 물론 여기서 말하는 역사적 책임의 대상이 어떤 사실과 어떤 사건을 가리키는지, 또한 책임을 질문 받은 일본인을 어떻게 한정하는가와 같은 문제가 남아 있다. 천황의 신민이었던 조선이나 타이완 등의 식민지인들도 '일본인'에 포함해야 하는가. 그들 중 많은 사람들은 일본인으로서 지원하게끔 강제당했거나 징병당했고, 그들 중 또 얼마는 전사하거나 전쟁범죄인으로 처형당했다. 이들은 이미 일본 국가에 가담한 대가를 치렀다. 그런데 일본 국민으로서 전쟁에 협력한 자는 역사적인 책임에서 도망칠 수 있을까? 무릇 전쟁 협력자가 아닌 일본 신민은 존재할 수 있는 것일까? 전쟁 협력자는 아니지만 '일본인일' 수 있는 개연성은 어느 정도 존재하는 것일까? '비국민'이면서도 '국민'이라는 사실에서 볼 수 있는 것은, 자기획정의 대상으로서의 민족과 국민 및 자기 인지의 대상으로서의 민족이나 국민 사이의 흔들림이고, 민족 개념과 국민 개념 간에 있는 판별 불가능한 애매한 영역이다. 이른바 내지의 일본인도 일본인으로서 지원하게끔 강제되거나 징병을 당했기 때문에, 전쟁협력에 대해서 '의지'와 '동원'을 간단하게 구별할 수는 없다.

국민주체의 제작은 '동원'을 '의지'로 전위(轉位)하는 것과 깊은 관련을 맺고 있다. 『노 노 보이』가 주제로 삼고 있듯이,[8] 강제수용소에 수감된 일본계 청년이 미군 병사가 되어 '나라를 위해서'라는 명을 받들고 훌륭한 미국 국민이 되고자 한 일화는 국민주체의 제작을 가장 잘 보여 주는 구체적인 예이다. 미국 국민국가 헤게모니의 핵심은 '국민주체의 제작'을 미국의 '국민주체를 욕망하도록' 만드는 것이다. 그것은 일본의 국민국가에서도 마찬가지이다. 조선 반도나 타이완 신민에 있어서도 '국민주체가 되게 하는 것'은 '국민주체 되기를 지원하는 것'이고, '일본인임'은 '일본인이 되고자 욕망하는' 일에 다름 아니었던 것이다. 그러면 제국을 상실한 후에 일본인으로서 정체성을 갖지 않게 된 사람들을 전쟁 중에 말로써 설득하거나 을러대면서 전쟁에 가담('동원'으로서의 국민주체의 제작을 '의지'에 의한 국민주체의 제작으로 다시 속이는 작업)시켰던 자들은 어떤 책임을 져야 하는가? 이렇게 설득과 을러댐으로 전쟁에 가담한 자들 가운데 전후 일본 국적을 갖지 못하게 된 자들이 있다면 전쟁(및 식민지 지배)에 대한 그들의 정치적인 책임은 어떠한 것일까. 일본인이 저지른 전쟁 책임에는 식민지인을 일본인으로 만들었던 책임과 나아가 일본 국가의 신민으로서 전쟁에 협력시켰던 식민지 책임이 겹쳐져 있다. 따라서 일본의 전쟁 책임을 식민지 주민을 차별하면서 일본 국가에 통합시켰던 책임과 변별하는 것은 대단히 어려운 일이다.

---

8) 酒井直樹, 「遍在する国家 ─ 二つの否定 : 『ノー・ノー・ボーイ』を読む」, 『死産される日本語・日本人』, 新曜社, 1996.

일본 국가의 주권하에 놓였던 개인 중 어떤 이를 '일본인'이라고 인지하고, 어떤 이를 '일본인'으로 인지하지 않는가. '일본인'이라는 동일성은 국가와의 관계에서 개인이 어떤 권력을 갖고 어떤 권력을 갖지 못하느냐라는 형식적 평등상의 구별(차별) 문제이다. 뿐만 아니라 '일본인으로서 인정받고 싶다' 혹은 '일본인이고 싶다'는 욕망의 문제이기도 하다. 가장 응축해서 표현한다면, 국민국가란 개인에게 국민이 되고 싶다는 '자기획정의 욕망'을 환기하고 재생산함으로써 개체와 전체 간에 성립하는 권력관계의 형식이다. 그래서 '국민이 되고 싶다' 혹은 '국민으로서 인정받고 싶다'는 자기 인지에의 욕망의 차원에서 식민지 지배의 문제를 고찰하지 않으면 안 되는 것이다.

아시아 태평양전쟁을 주권국가와 주권국가 간의 전쟁으로만 고찰할 경우 결정적인 결락이 있게 된다. 전쟁 책임과 식민지 책임은 분리하기 힘들 정도로 서로 교직하여 짜여 있기 때문이다.[9] 전쟁 책임과 식민지 책임을 분리한 다음 식민지 책임을 간과하는 논의는 기만적이다. 그 기만성에 대해서는 몇 번이라도 계속해서 지적해야 한다. 왜냐하면 소수자의 통합을 꾀하지 않고 총력전을 수행하기란 불가능하기 때문이다. 총력전이란 국민 전체를 동원하는 전쟁이자, 국민을 통합함으로써 국민의 전체성을 현실화하는 전쟁이기 때문이다.

우리는 일본국 헌법이 식민지 책임을 묵살하고 있는 것을 잘 읽어 내고 있는가, 거기서 문제가 되고 있는 전쟁 책임 속에 식민지 점령이나 지배에 대한 책임까지도 함축되어 있음을 읽어 내고 있는가. 해석의 차

---

9) 이 점에서 시사적인 논문으로 板垣龍太, 「植民地支配責任を定立するために」, 岩崎稔·大川正彦·中野敏男·李孝德 編, 『繼續する植民地主義』, 靑弓社, 2005, pp. 294~315이 있다.

원에서 보자면, 헌법의 발화행위에 대한 역사적인 의의는 크게 변해 왔다. 발기자의 대표성과 국민의 역사적 책임이라는 점만을 생각한다면 종종 친미 국민주의자가 내뱉는 "헌법 초안이 미국 관료에 의해 쓰여졌기 때문에 그 글귀를 일본 국민의 의사 표명으로 읽을 수 없다"는 주장을 전체적으로 무시할 수도 없다. 그 역사적인 의의에 초점을 맞춰 볼 때, 나는 일본국 헌법은 일본 국민이 일본 국민뿐만 아니라 일본 국민 이외의 사람들을 향한 역사적인 선언으로 해석되어야 할 텍스트라고 생각한다. 메이지 헌법에서 전후 헌법으로의 이행은 군주제에서 공화제로의 확실한 이행이 아니었다. 왜냐하면 메이지 헌법하에서 총람자(總攬者)로 지명된 쇼와천황의 전쟁 책임이 간과된 채 전후 헌법에 국민 통합의 상징으로 채용되고 있기 때문이다. 즉 이는 헌법에서 발기자와 발화자의 어긋남을 숨겨 두고 있기 때문에 생겨난 문제이다.

일본 국민 이외의 사람들에 대한 역사적인 선언으로 읽을 수 있는 까닭은, 일본국 헌법에는 한 입으로 두 말을 하거나 심지어 세 말까지 하는 성격이 있기 때문이다. 그것은 당시 미국과 일본의 정권 담당자의 곤혹스런 상황을 말해 주고 있다. 일본국 헌법에는 전쟁 책임과 식민지 책임이 분리되지 않은 채 표현되어 있는데, 식민지 책임까지도 받아들인다는 식으로 전쟁 포기가 선언되어 있다. 미국이나 중국을 제외한 연합국에서 볼 때, 전쟁 포기는 다른 국가의 주권을 군사적으로 침범하지 않겠다는 서약이다. 중국이나 아시아인들에게 있어서 그것은 일차적으로 군사력을 이용한 식민지화 정책의 포기를 의미할 것이다. 그런데 적어도 미국과 일본의 정권 담당자의 입장에서 보면, 전후 동아시아의 질서는 전쟁 책임과 식민지 책임의 분리, 혹은 전쟁 책임에서 식민지 지배의 문제를 소거할 수 있다는 명목에 기반을 두고 수립되어 왔다. 왜냐하면 미국과 일본의 정권 담당자가 이 헌법이 부메랑처럼 돌고 돌아서 미국을 공격할 수 있음을 알게 되었기 때문이다. 즉 일본국 헌법이 미국의 극동 정책에 불협화음을 가져왔던 것이다.

일본국 헌법의 다의성

제2차 세계대전이 종결되기 이전부터 미국 지도자들은 전후 국제사회에서 소비에트 연방이 미국에 군사적으로 대항할 수 있는 세력으로 대두할 것이라고 예상했다. 히로시마와 나가사키에 원자폭탄을 투하하도록 결정한 데는 명확히 전후 국제정치를 의식한 정책적인 고려가 있었다. 사회주의에 대한 뿌리 깊은 반감은 교회나 자본가 가운데 항상 존재하고 있었는데, 동맹국 소비에트 연방에 대한 반감은 전쟁 중에는 간신히 억제되어 있었다. 미국 미주리 주에서 있었던 윈스턴 처칠의 유명한 「철의 장막」 연설(1946년 3월 5일) 등 대중의 반공의식을 고무하는 반소 선전이 아직 미국의 국내 여론에 뿌리내리지 않은 시기에 이미 일본국 헌법이 발의되었음을 간과해서는 안 된다. 미국이 세계의 일극지배의 가능성을 아주 조금이나마 꿈꿨던 시기에 발의된 이 헌법의 배후에서 당시 미국 지도자들이 미국을 중심으로 그린 세계질서의 밑그림을 읽어 낼 수 있다. 이미 1942년 9월에 에드윈 라이샤워가 국방성(戰爭省)에 보낸 「대일정책에 대한 각서」(권말 참고)나 국방성의 전략사무국(Office of Strategic Services)이 준비한 대일본정책 「일본계획」 등에서도 알 수 있듯이,[10] 제

---

10) タカシ・フジタニ, 「ライシャワー元米國大使の傀儡天皇制構想」, 『世界』, 2000年 3月号를 참조하기 바란다. 또 「일본계획」에 대해서는 タカシ・フジタニ, 「戰下の人種主義 : 第二次大戰

2차 세계대전 곧 아시아 태평양전쟁에 참가한 직후부터 미국의 정책 담당자는 일본 점령과 전후 세계의 구도를 생각했던 것이다. 예를 들면 에토 준 등이 상정하고 있었던 것보다 훨씬 이전부터, 더구나 줄곧 미국 정책 담당자나 관료는 미국을 중심으로 제2차 세계대전 후의 세계질서를 어떻게 만들어야 하는가에 대해서 조직적이고 지속적으로 생각했다. 에토 준은『폐쇄된 담론공간: 점령군의 검열과 전후일본』[11]에서 1944년 11월 12일에 태평양·아시아 지역에서 정책적으로 민간을 검열하자고 요구했다. 에토가 고찰한 '점령'은 오히려 단순화된 것이었고, 확실히 말해 그의 '권력관'은 나이브한 것이었다. 그 안에는 미국의 일본 점령을 새로운 식민지체제의 시작으로 보는 시각이 완벽하게 결락되어 있었는데, 이는 에토가 미국과 공범적인 담론 속에서 말하고 있었기 때문이다. 이 점에 대한 상세한 설명은 6장에서 하도록 하자.

미국의 일극지배는 소비에트 연방 붕괴 이후 1990년대 냉전체제가 후퇴하고 국제연합의 승인 아래서 걸프만 전쟁이 미국에 의해서 수행되고, 조지 부시(아버지) 대통령에 의한 '세계 신질서'가 선언되기까지 기다려야 했다. 하지만 미국이 전 세계를 통합하는 주권으로서 행동할 수 있는 조건은 그때까지 만들어지지 않았다고 말해도 좋다. 미국과 소련 간의 긴장이 고조됨과 더불어 1947년에는 반공 캠페인이 효과를 드러내기 시작했는데, 이를 따라 연합국 최고사령부의 정책은 우선회(右旋回)

期の'朝鮮出身日本國民'と'日系アメリカ人',『近代日本の文化史』, 8巻, 岩波書店, 2002, pp. 235~280을 참조하기 바란다. 또 「일본계획」은 加藤哲郎,『象徴天皇制の起源』, 平凡社新書, 2005이 상세하다. 후지타니 씨에 대해서는 T. 후지타니나 후지타니·타카시 등으로 표기하는데, 여기서는 タカシ·フジタニ로 통일했다.

11) 江藤淳,『閉ざされた言語空間:占領軍の檢閲と戰後日本』(1982~1986), 文藝春秋社, 1994.

했다. 중국을 공산주의에게 '도둑맞았고', 유럽뿐만 아니라 동아시아에서도 냉전체제가 만들어지자 아시아의 유일한 '근대화된 공업사회'인 일본을 '자유주의 진영'에 묶어 두는 일이 미국의 극동정책의 금과옥조가 된 것이다. 그래서 일본의 경제 성장을 어떻게 확보할 것인가가 미국의 극동정책의 중심 관심사가 되었던 것이다.

그 후 조금씩 미국의 극동정책은 동아시아 각지에 잔존한 대일본제국의 식민지체제의 유제(遺制)와 접목하면서 점차 대일본제국의 기술관료에 의존하는 체질로 변모되고 강화되어 갔다. 한국의 박정희정권은 일찍이 일본의 식민지 관료제가 미국 반공주의의 식민지체제의 지주가 된 전형적인 예일 것이다.[12] 일찍이 만주국을 만든 혁신관료이자 전후 A급 전범으로 스가모 형무소에서 3년을 보낸 기시 노부스케가 수상에 취임했을 때, 재일미국 대사 더글러스 맥아더 2세가 다음과 같은 발언을 해도 결코 이상하지 않을 정도로 전전 일본의 아시아정책과 전후 미국의 아시아정책 간에는 정책 면에서, 인맥에서, 그리고 식민지체제에서 연속성이 수립되어 있었다. "대동아공영권의 원칙이나 그 전체로서의 목적에는 특히 잘못된 것은 없다고 생각합니다. 이는 유럽 통합의 이념 그 자체에 잘못된 점이 없는 것과 다르지 않습니다. 우리(미국 정부)가 대동아공영권이나 유럽통합에 반대한 이유는 히틀러나 일본의 군국주의자가

---

12) 일본의 제국주의와 전후 미국의 제국주의가 중층적으로 한국의 전후사를 규정해 왔다. 근대화론은 식민지 지배의 문제를 근대화의 문제로 해소하고, 그 대신 식민지 지배의 문제계 그 자체를 무시하고자 한다. 이 점을 비판적으로 다룬 최근의 논고는 다음과 같다. 朴根好, 「ヴェトナム戦争と'東アジアの奇跡'」, 山之内靖・酒井直樹 編, 『總力戰體制からグローバリゼーションへ』, 平凡社, 2003, pp. 80~120; 韓洪九・高崎宗司 監訳, 『韓洪九韓國現代史』, 平凡社, 2003; 朴根好, 「戦時體制と開發獨裁」, 『アジア・太平洋戦争』 8卷, 岩波書店, 2006, pp. 207~232.

그 목적을 위해 이용한 방법을 수용할 수 없었기 때문입니다."[13] 이렇게 냉전하에서 미국의 광역 지배는 서서히 일본의 식민지체제의 유제를 계승했고, 대동아공영권의 구상은 미국의 집단방어체제 속에서 살아남을 수 있었다. 미국의 국제정책 담당자나 정치가는 비밀리에 대동아공영권의 구상을 참조하면서 미국의 아시아정책을 고려했던 것이다.

그럼에도 불구하고 반공선언이 압도적인 억압을 부과하기 이전의 시기, 즉 일본국 헌법이 발의될 당시 미국의 정책 담당자는 국제연합의 발상에서 가장 잘 드러나듯, 자신의 역할이 갖는 제약이나 또한 그들의 사상 신조의 한계였다고 해도, 그때까지의 아시아 태평양전쟁과 제2차 세계대전의 아픈 경험을 헌법 안에 반영하지 않을 수 없었다.

미국 정부는 1950년 경찰예비대를 설치한 이래로, 거의 일관해서 일본국 헌법의 개정 특히 그 9조의 파기 혹은 대폭적인 교체를 목표로 극동정책을 생각해 왔다. 1953년에 일본을 방문한 부통령 리처드 닉슨은 이 점을 놀라울 정도로 솔직하게 말하고 있다.

---

13) 인용문은 직접 번역. 물론 미국대사의 비공식 발언인 이상 외교상의 임기응변이나 과장을 고려해야 겠지만, 고노 이치로와의 회화에서 재일 미국대사 더글러스 맥아더 2세는 이렇게 서술했다고 기록되어 있다. 원문은 이하와 같다.

'Nothing' the ambassador stressed, was "wrong with the principle and the overall objective of the Greater East Asian Co-Prosperity Sphere, just as there was nothing wrong with the idea of European unification." Washington only opposed "the methods which Hitler and the Japanese militarists employed"(Memorandum if conversation between MacArthur and Kono, March 28, 1957. Michael Schaller, *Altered States : the United States and Japan since the Occupation*, Oxford University Press, 1997, p.106).

마찬가지로 존 다워도 다음과 같이 말했다. "전전 일본인이 침략에 사용한 것과 기본적으로 같이 아시아를 위한 해방, 민족자결, 그리고 공영의 슬로건을 전후 미국 정책 결정자는 이용하고 있다. 그뿐만 아니라 극히 최근에 일본인을 재판한 '휴머니즘(人間性)에 대한 범죄'를 이번은 미국인 자신이 확대해서 범하고 있는 것이다."(John Dower, "Introduction on 'E. H. Norman, Japan and the Uses of History'", *Origins of the Modern Japanese State and selected writings of E.H.Norman*, Pantheon Books, 1975, p.87)

1946년의 시점에서 일본의 비무장이 바른 선택이었다면, 1953년의 시점에서 비무장은 왜 틀리는가. 나아가 1946년의 비무장은 올바른데 1953년에는 틀렸다고 한다면, 왜 미국은 실책을 범했다고 인정하지 않는 것일까. 생각건대, 내가 지금부터 하고자 하는 것은 공적으로 책임 있는 지위에 있는 자라면 행하지 않으면 안 되는 의무이다. 이로부터 나는 지금 여기서 확실히 인정한다. 미국은 1946년에 잘못을 저질렀다고.[14]

비무장을 노래한 일본국 헌법을 수립한 것은 미국의 실책이었다고 국가의 대표가 일본 국민 앞에서 인정했던 것이다. 반세기 이상이나 미국 정부가 일본국 헌법 개정 작업을 대일정책의 주요 목표로 삼았다는 점에 한에서 보자면, 일본국 헌법은 미국 극동정책의 실책으로서 역사에 남았던 것이다. 따라서 일본열도나 동아시아를 광역적으로 지배하는 체제를 체계적으로 건설하고자 한 미국의 정책발안자들의 당초 의도와는 달리, 일본국 헌법은 미국의 세계정책의 정합성을 저해하는 흡사 기분 나쁜 이물(異物)과 같은 존재가 되어 버렸다. 뒤집어 말하면, 미국의 제국적 국민주의(imperial nationalism)는 일본국 헌법이라는 돌부리에 걸려 넘어져, 미국의 국민주의가 잉태한 제국주의적인 성격을 끊임없이 드러내는 존재가 된 것이다. 바로 그렇기에 과거 60년에 걸쳐 미국 정부는 온갖 술수를 부려 일본 정부가 헌법을 개정하도록 노력해 왔던 것이다. 그리고 마침내 미국 정부가 팍스 아메리카나의 황혼을 볼 시기가 되자 헌법 개정의 목적이 달성되려고 하는 것이다.

---

14) John Dower, *Empire and Aftermath: Yoshida Shigeru and the Japanese Experience, 1978-1954*, Cambridge, Mass. Council on East Asian Studies, 1979, pp. 464~465.

미국의 광역 지배에 대한 저항을 일본국 헌법이 두 갈래, 세 갈래로 갈라진 혀로 말한다는 점, 그리고 식민지 지배에 종속하는 것처럼 보이면서도 모반을 꾀하는 식민지인의 만만치 않음에서 일본국 헌법의 다의성이 확연히 드러난다. 미국의 국가 지도자는 군사와 경제뿐만 아니라 미디어나 종교에서도 세계인들을 사회주의 진영에게 도둑맞지 않도록 방책을 만들어야 함을 알고 있었다. 따라서 에드윈 라이샤워 등의 학자들이 저서에서 공공연히 쓰고 있듯이, 아시아 태평양전쟁 이후에도 미국의 애국적인 학자들에 의한 '사상전'은 계속되었다.[15]

아시아 태평양전쟁 이후, 미국의 대학에서는 이른바 '지역 연구'가 학문으로 성립되었다. 그 까닭은 바로 이 '사상전'의 맥락에서다. 지식의 생산이나 유통에서 기능하는 헤게모니의 배분을 알기 위해서 지역 연구는 어떤 식으로든 고찰해야 하는 영역이었던 것이다. 지역 연구는 미국의 고등교육기관에 성립되어 있음에도 불구하고 동아시아뿐만 아니라 다른 아시아 지역이나 유럽, 아프리카나 오세아니아의 여러 나라에서의 동아시아에 관한 지식 생산을 제약했다.

1980년대가 되자 미국, 서유럽, 일본, 한국, 타이완, 싱가포르 등 냉전하에서 '자유주의 진영'으로 편입된 나라들에 유포되었던 아시아 태평양전쟁 이후의 역사는 그 대부분이 정말로 '사상전'의 전장이었고, 미국의 세계구상의 영향하에 있었다. 미국의 지역 연구를 참조하지 않

---

15) Edwin O. Reischaeur, *Wanted: an Asian Policy*, Knopf, 1955는 사상전의 실제 양상을 아는 데 대단히 참고가 되는 입문서로 읽을 수 있다. 또한 아시아 태평양전쟁 이후부터 베트남 전쟁에서의 패배에 이르는 미국 극동정책의 변천과 미국 내에서의 일본 연구의 변화를 비판적으로 고찰한 기념비적인 논문이다. 존 다워의 앞의 논문 Dower, "Introduction on 'E. H. Norman, Japan and the Uses of History'"을 들어 둔다.

고 동아시아의 국민사나 국민문학연구를 생각하는 일은, 미국의 헤게모니를 묵인하고 그 위에서 국민의 아이덴티티를 긍정하는 것과 같다. 훗날 풀브라이트 유학생 프로그램이 된 점령지역 구제자금(GARIOA: Government Appropriation for Relief in Occupied Areas Fund) 프로그램이나 문화교류 정책도 사상전의 일환이었다. 나아가 이 지역들에서 쓰인 역사의 대부분은 미국의 일극지배를 정통화하는 역할을 했고, 이와 동시에 미국의 제국적 국민주의가 직면한 모순을 교묘하게 은폐하는 역할도 했다(여기에서 내가 생각하는 전후사는 단순한 광역적 역사뿐만 아니라 각국의 국민사까지 포함하고 있음에 주목해 주기 바란다). 각국의 국민사는 미국의 광역지배하에서 미국을 직접 절찬하지는 않아도 미국판 '자본주의'를 높이 외치고 '사회주의'나 자본주의 비판을 배척한다는 점에서 광역지배를 정통화하기 위해 쓰였다.[16] 게다가 미국의 근대화론은 마르크스주의의 역사를 부정하기는커녕 횡령하고자 했다. 그뿐이 아니다. 광역지배의 중요한 지주(支柱)는 민족이나 국민으로서의 아이덴티티[同一性]를 국민에게 이야기를 통해서 부여하는 것이다. 전쟁 중의 문화형태학과 전후 지역 연구 사이에서 연속성을 볼 수 있는 까닭이 바로 이런 문맥에서이다. '전쟁 책임과 식민지 책임'을 말한 부분에서 서술했듯이, 국민사의 틀에서는 전쟁 책임이 식민지 지배에 대한 역사적 책임으로 파악되는 일이 없다. 역사적 책임의 억압은 동아시아의 '자유주의 국가'가 미국의 지배체제를 익찬하는 위성국으로 편성된 사실과 깊은 관계를 맺고

---

16) 근대화론은 미국화와 자본주의 발달을 동일시하는 데 큰 역할을 했다. 잘 알려져 있듯 아래의 저작이 그 전형적인 것들이다. Walt Whitman Rostow, *The Stages of Economic Growth, a Non-communist Manifesto*, Cambridge University Press, 1960(木村健康・久保まち子・村上泰亮 訳, 『經濟成長の諸段階：一つの非共産主義宣言』, ダイヤモンド社, 1961).

있다. 전후 전쟁 책임론 속에서 국민의 자기확정 문제가 누락된 것도 이 때문이라 보편주의와 특수주의의 공범성을 물을 수 없는 것도 당연했다.

그런데 최근 10여 년 동안 한국에서 보여 준 여러 작업들, 가령 반공 이데올로기의 생성 과정을 역사화하는 작업이나 일본군의 종군위안소 제도와 아시아 각지에서 조직적으로 발전한 미군용 매춘시설에 관한 연구에서 보이듯, 일본 제국주의에서 미국 제국주의로의 이행을 (반미 민족주의에 대한 갈채가 아니라) 계속되는 식민지 지배에 내재하는 조직으로 해석하면서 대상화하려는 시도가 태평양 주변의 몇 군데 학계에서 싹을 틔우기 시작했다.[17] 즉 아시아 태평양전쟁 이후의 동아시아에서 미국의 지배를 주어진 틀로 짜 왔던 역사를 묻기 시작한 것이다. 우리는 이 전후사를 대상화하는 시도를 가장 앞으로까지 밀고 나가지 않으면 안 된다.

그렇기 때문에 미국의 광역지배가 어떤 조건을 우리의 역사 서술에 부여해 왔는가를 주제적으로 물을 필요가 생기는 것이다. 그 조건을 열거함으로써 주어진 역사의 문맥 속에서 일본국 헌법이 잉태한 이념적인 과격함과 이 헌법에 내재해 있는 미래의 역사를 향해서 상황을 뚫고 나아갈 잠재성을 생각해 보고자 하는 것이다. 그것은 일본국 헌법을 초안의 발기자의 '상정된 의도'를 거슬러서 다시 읽어 내는 것과 다르지 않다.

---

17) 대표적인 작업으로 Katherine H. S. Moon, *Sex Among Allies*, Columbia University Press, 1997; Tessa Morris-Suzuki, *The Past Within Us*, Verso, 2005; テッサ・モリス-スズキ, 『邊境から眺める：アイヌが經驗する近代』, みすず書房, 2000; 駒込武, 『植民地帝國日本の文化統治』, 岩波書店, 1996; Geoffrey M. White and Lisa Yoneyama eds., *Perilous Memories: the Asia Pacific War(s)*, Duke University Press, 2001. 여기서 테사 모리스 스즈키의 저작을 언급하는 까닭은, 그의 저작이 전후 동아시아에서의 미국 헤게모니와 밀접하게 결부된 '지역 연구'의 근본적인 재편성 속에서 이뤄지고 있기 때문이다.

2장 _ 팍스 아메리카나의 황혼

미국이 세계질서 그 자체를 대표하고 있다고 주장할 수 있는 시대는 이제 끝나가고 있다. 한편에는 미국의 국가주권이 그대로 전 세계에 미치는 주권인 양 주장하는 미국의 국민주의자들이 있다. 다른 한편에는 미국의 국가정책은 점점 그 유효성을 잃고 있으므로 오만한 국민주의자가 초조해한다. 최근 15년 동안, 팍스 아메리카나의 황혼은 그 어둠을 점점 심화시켰다. 이 경향이 미국 일극지배의 종막을 고하는 것일까, 아니면 새로운 보다 폭력적인 지배구조의 징조일까, 그것은 알 수 없다. 그러나 우리가 지금 지구 규모의 권력 네트워크가 재편되는 상황에 입회하고 있는 것만은 확실하다.

1945년 8월 제국일본이 붕괴한 이후, 연합국에 의한 일본 여러 섬의 점령과 동아시아 지배에 관한 역사적인 의미를 명확히 볼 수 있는 가장 시의적절한 때가 바로 현재이다. 아마 현재를 피한다면 앞으로 이 호기는 찾아오지 않을 것이다. 점령과 그 역사적인 의의를 다시 볼 기회는 한국전쟁 정전(停戰) 후에도, 1960년 안보투쟁시기에도, 베트남전쟁에서 미국이 패배했던 때에도, 소련 연방이 붕괴해서 냉전체제가 종언됐던 시기에도 있었을지 모른다. 하지만 지금처럼 일본 점령이 갖는 역사적인 의미가 잘 보이는 역사적 순간은 없을 것이다. 일본 국내에서 사회적 비판의식이 후퇴했음을 고려하면, 일본 국내의 언론계에서 보자면 이것은 최후의 호기인지도 모른다.

9·11과 일본 점령

이 수년간만큼 일본 점령 논의가 국제적인 뉴스망을 떠들썩하게 했던 적도 없다. 1980년대부터 1990년대 초두에 걸쳐서 일본의 버블경기 시대에는 '일본 때리기'(Japan Bashing)나 '수정주의자' 논의에서부터 일본산 비디오게임이랑 애니메이션에 관한 화제가 매스컴을 떠들썩하게 했다. 하지만 그 이후 국제적인 미디어에서 유통되는 일본에 관한 뉴스는 그 양이 계속 하강곡선을 그렸다. 분명 중국이 일본을 대신해 가고 있다. 그런데 2001년 9월 11일, 뉴욕시 국제무역센터와 워싱턴 특별구의 펜타곤 건물에 대한 특공 공격이 있었던 이래로 '가미가제'와 '진주만'과 더불어 일본에 대한 참조가 돌연 증가했다. 미국을 중심으로 하는 영어권 미디어에서는 미국의 이라크 침략이 감행되자마자 '일본 점령'을 참조하는 경향이 심해졌다. '가미가제특공대', 선전포고를 하지 않은 기습공격, 그리고 '자살을 마다하지 않는 광신적인 공격성' 등 이제까지 일본인의 전매특허라고 생각된 틀에 박힌 이미지가 범람했다. 미군이 이라크에 진주하자 이번에는 '일본 점령'의 기억이 되살아났다.

　필시 일본의 매스컴은 이 위험한 토픽을 주의 깊게 검열했을 것이기에 해외정보에 강한 전문가와 보도관계자, 지식인 이외에는 아마도 이 일을 눈치 챈 자가 없을 것이다. 검열이 어떤 전략을 따르고 있는가는 이 책에서 행하는 '전후 천황제 담론'을 해석하는 데 중요한 고리이지만, 유사법제와 자위대의 이라크 파병으로 국민적 합의를 만들고 싶어 하는 정부 여당은 미국 정부 내에서 일본 점령과 이라크 점령이 평행하게 논해지는 현실을 일본 국민에게 알리는 일 따위는 생각지도 못했을 것이다. 이것은 자고 있는 어린이를 깨우는 일일 뿐만 아니라, 고이즈미 정권의 정책 담당자도 실은 자고 있었다는 사실을 쉽사리 드러내는 일이기 때문이다.

물론 국제적인 뉴스망이라고 해도 영미계의 대자본이 관리하는 미디어의 일이고, 국제연합 총회로 상징되는 국제여론 네트워크가 즉자적으로 존재하는 것은 아니다. 그 '국제적인' 뉴스망에서 일본 점령이 각광을 받은 까닭은 미국 및 그다지 많지 않은 동맹국 사이에서 이라크 점령의 방향을 규정하고, 정당화하고, 게다가 정당화의 근거를 예시하기 위해서였다. 비기독교 국가였던 독재국가가 '민주국'으로 변신할 수 있음을 증명하기 위한 역사적인 미담으로서 일본 점령이 인용된 것이고, 일본 점령은 미국의 이라크 점령에서 이념의 역할을 담당한 것이다.

그러나 부시정권이 일본 점령에 관련된 역사적 미담을 이용하는 방법이 너무나도 기회주의적이었기 때문에, 마침내 미국이나 일본을 포함한 태평양지역의 영어 사용권 내의 일본 점령에 관한 전문가들은 2003년 1월 24일 도쿄의 외국 특파원 클럽에서 항의성명을 발표하기에 이르렀다. 그 항의성명에도 많은 문제가 있지만, 이 책에서는 이 문제들을 일일이 다룰 수 없기 때문에 별도의 기회에 하기로 한다. 다만 다음의 점에 대해서는 지적해 두고자 한다.

항의성명은 미국에 의한 일본 점령과 이라크 점령을 실증적인 역사적 사실의 측면에서 동일시할 수 없음을 일관되게 주장하고 있다. 확실히 1945년 단계에서 일본이 처한 역사 조건과 2003년 이라크의 그것은 전혀 다르다. 게다가 미국의 정책 담당자는 그때까지 존재했던 사담 후세인의 국가체제를 이라크 진주 후의 단계에서 해체시키기로 했다. 그때까지 독재자 사담 후세인을 체포하고 처형시키겠노라고 국제적으로 공언하고 있었던 것이다. 그리고 마침내 이라크 육군의 해체를 결정했다. 그런 뒤에 미국의 진주군은 이라크에 새로운 민주적인 국가를 수립할 것을 목표로 했다. 분명히 일본 점령을 이라크 점령과 같은 선상에서 논하는 것에는 문제가 많다. 그러나 일본 연구자들의 항의성명에는 '일본 점령'이 미국의 세계전략의 일환으로 구상되었고, 또한 그 세계전략을 정당화하기 위한 근거로 사용되어 왔다는 인식이 일관되게 빠져 있었다.

예컨대 이런 일본 연구자들과 정치적 입장을 달리하는 에토 준은 점령군의 검열을 연구한 작업에서 "맥아더의 지휘하에서 행해져야 할 '민간검열'은 전 세계를 둘러싸고 있는 연합국 검열 네트워크의 '불가결한 일부분'이 되어야 한다"[1]고 지적했다. 제6장에서 상세하게 서술하겠지만, 에토 준의 검열 개념은 분명히 말해 초보적인 것이고, 검열을 지배와의 관계에서 파악하는 데까지는 그의 고찰이 미치지 않았다. 게다가 그의 해석은 기묘하게 굴절된 애국심에 동기부여된 것이어서, 미국은 검열을 통해 일본의 사상과 문화의 '섬멸전'을 계획했다고 되어 있다.[2] 결국 그는 점령군이 방대한 자원과 인재를 이용해 행했던 검열의 이유를 '미국인의 악의'에서 찾았다. '미국인'은 이만큼의 돈과 노력을 소비할 정도로 일본인의 사상과 문화에 흥미가 있었던 것일까? 무릇 일본의 사상과

---

1) 江藤淳, 『閉ざされた言語空間 : 占領軍の檢閱と戰後日本』(1982~86), 文藝春秋社, 1994, p. 27.
2) 앞의 책, p. 155.

문화를 섬멸하기 위해서 이만큼의 인간과 시간을 소비할 정도로 그들은 시간적 여유가 있었던 것일까? 에토 준의 '문학적' 통찰을 존경하고 싶은 마음은 굴뚝같지만, 그의 검열관뿐만 아니라 그의 권력이나 지배에 관한 이해는 너무나도 '문학적'이다. 단적으로 말하면 유치하다.

그런데 항의성명에는 에토 준 정도의 지식과 지배에 관한 고찰조차도 빠져 있었다. 성명서의 성격상 문장을 깊이 읽는 것은 피해야 하겠지만, 동아시아 연구의 성립과 일본 점령 간의 연관성, 일본 점령이 실증적인 사실의 차원뿐만 아니라 지식의 생산을 통한 미국의 세계전략, 나아가 제국주의적인 구도의 일환으로 고찰되어야 한다는 인식이 전적으로 빠져 있었다. '미국인의 악의'를 폭로함으로서 에토 준이 자신의 연구를 정당화할 수 있다고 믿었던 것처럼, 항의성명에 서명한 전문가들은 미국의 민주주의 전통에 충성을 표명함으로써 자신들의 '선의'의 연구를 정당화할 수 있다고 생각한 듯싶다.

그런데 독일 점령과 함께 일본 점령은 미국이 제2차 세계대전 후의 세계를 어떻게 지배할 것인가라는 관점에서 구상되었던 것이고, 일본 점령은 미국 지배의 정통성을 구축하는 작업의 둘도 없이 중요한 일환으로 간주되었다. 역사적인 조건이 다르기 때문에 이라크 점령은 일본 점령만큼 잘 되지 않을 것이라고, 그 항의성명에 서명한 일본 연구 전문가는 경고한다. 그런데 일본 점령이 누구에게 '교묘했던가'는 전혀 묻지 않았다. 그것은 일본 국민에 있어서인가, 동아시아인들에게서 있어서인가. 흡사 인류 일반의 정의를 실현하는 작업인 양 미국의 일본 점령과 동아시아 지배를 말하는 것 자체가 새로운 식민지체제의 정통성 수립이라는 것을 목표로 하는 것이 아닐까. 일본 점령이 잘 됐다는 이야기는 무엇보다도 우선 미국 국민의 나르시시즘을 부추기는 것이 아닐까. 그것은 미국의 국민주의의 자기 위안의 서사가 아니었을까. 미국 국민의 자기 위안이 인류 일반의 희망과 자동적으로 일치한다는 따위의 생각을 해체하는 것, 이것이 바로 이라크를 둘러싼 상황이 의미하는 바가 아닐까.

항의성명에 서명한 일본 연구자는 결코 미국의 체제에 영합한 보수적인 학자들이 아니다. 그들은 기꺼이 CIA의 첩보원이 되고자 하는, 미국의 대학에서 종종 볼 수 있는 비판력을 잃은 지역 연구자가 아니다. 서명한 자들 중에는 일찍이 지역 연구에서 주류를 이루고 있던 근대화론을 비판하고, 미국의 동아시아연구와 제국주의정책 간의 의존 관계를 탄핵한 '양심적인 아시아연구자'도 포함되어 있다. 하지만 그들은 지역 연구라는 지식의 생산과 유통 제도가 제국적 국민주의에 의한 지배의 공범성 통로를 만들어 내고 있다는 사실을 당연하게 생각했다. 그들이 과시하는 양심은 실은 이미 제국적인 국민주의에 말려들어 있었던 것이다.

나는 제국일본의 붕괴가 역사에서 일어난 소수의 정의 실현의 하나라고 여겨도 좋다고 생각한다. 하지만 제국일본의 붕괴를 상찬하는 일이 곧바로 미국의 광역지배를 환영하는 것은 아니다. 하물며 미국 국민주의를 시인한다는 일은 있을 수도 없다. 이 성명에서 보이듯, 미국민의 나르시시즘에 영합하는 무비판적인 태도에는 수년간 미국의 매스미디어에서 횡행한 부끄러움을 알지 못하는 국민주의적 광란을 용인한 것과 바닥에서 통하는 바가 있다고 느낀다. 더욱이 여기에는 지배나 권력에 관한 안이한 전제가 검토조차 없이 묵인되어 있다.

과거 반세기 동안 미국의 정권 담당자나 근대화론자들이 그려 온 국제사회에서 일본 점령은 이상적인 역할을 완수해 왔음은 널리 알려져 있다. 한국전쟁을 계기로 해서 일본 경제가 급속도로 재건되고 동아시아에서 반공의 교두보로서 일본의 지위가 확보되자, 일본 사회는 '근대화'

와 '민주화'의 모델로써 비서양세계로 수출할 수 있는 미국 전략의 성공 사례로써 다뤄지게 되었다. 왜냐하면 미국의 세계전략이 도달하고자 한 목표의 구체적인 이미지가 일본의 성공으로 마련되었기 때문이다. 즉 노골적인 식민지주의에 의거하지 않아도 자신들의 국가가 직접 통치하는 영토의 바깥에 있는 지역에서도 보다 효과적인 지배체제를 만들 수 있다고, 전후 일본은 이른바 살아 있는 증거로써 말해져 왔던 것이다. 특히 1952년 독립한 후, 국제사회에서의 일본 정부의 행동은 많은 점에서 주권을 가진 국민국가의 행동보다는 위성국의 행동처럼 보였다. 독립국가의 체제를 취하고 있지만 그 실질은 피지배국의 행동을 취하는 모델로서 일본 국가가 전시되어 온 것이다. 이러한 추이는 일본에만 한정된 일이 아니다. 우리는 반세기에 걸쳐서 많은 국가들이 점점 일본과 닮은 위성국의 행동을 취하고 있는 것을 봐 왔다.

새로운 식민지체제와 고전적 국민국가관의 한계

점령 상태를 벗어나 스스로 비용을 부담하는 국민군을 갖고 국민적 이해를 냉철하게 계산하여 그것을 기초로 해서 정책을 결정하는 것이 주권국가인데, 일본은 이에 아직도 도달하지 않았기 때문에 종속적인 것일까. 도대체 고전적인 의미에서의 주권국가는 지금 세계에서 어떤 식으로 존재할 수 있을까.

다카시 후지타니가 논했고[3] 또 나도 몇 번이나 언급해 왔듯이,[4] 일본 점령을 위한 미국 정부의 계획은 이미 진주만 공격이 있은 다음 해부

---

3) タカシ・フジタニ, 「ライシャワ─元米國大使の傀儡天皇制構想」, 『世界』 2000年 3月号.

터 가다듬어졌다. 제국일본의 동아시아 지배 구상을 횡령이나 하듯이, 당시 소장 동아시아학자 에드윈 라이샤워는 국방성으로 보낸 「대일정책에 대한 각서」(이 책 권말 수록)에서 천황제를 기축으로 한 일본 점령을 다음과 같이 구상하고 있다. "일본에서 주의 깊게 계획된 전략을 통해서 사상전에서 승리하는 일을 우리는 기대할 수 있겠지요. 당연한 말이지만 그 첫걸음은 기꺼이 협력할 집단을 우리 쪽으로 전향시키는 일입니다. 그런 집단이 단지 일본인의 소수파를 대표할 경우, 우리에게 기꺼이 협력하는 집단은 이른바 괴뢰정권이 되겠지요. 일본은 몇 번이나 괴뢰정부 전략에 호소해 왔습니다만, 이렇다 할 만한 성공을 거둘 수 없었습니다. 왜냐하면 그들이 썼던 꼭두각시가 역부족이었기 때문입니다. 그런데 일본 그 자신이 우리의 목표에 가장 적합한 꼭두각시를 만들어 주고 있습니다. 그것을 우리 측으로 전향시킬 수 있습니다. 뿐만 아니라 중국에서 일본의 꼭두각시가 항시 결여해 왔던 훌륭한 권위의 무게를 그 자신은 갖고 있습니다. 물론 우리가 말하고자 하는 것은 일본의 천황입니다." 꼭두각시로 이용하기 위해서 히로히토 천황에게 전쟁 책임을 귀속시켜서는 안 된다고, 1942년의 단계에서 라이샤워는 이미 주장했다. 일본 점령을 원활하게 진행시키기 위해서는 쇼와 천황이 계속 자리를 유지해야 한다고 주장하고 있는 것이다. 다른 말로 하자면, 연합국의 일본 점령에서 가장 필요한 조치는 바로 '국체의 수호'였다. '국체의 수호'를 간절히

---

4) 酒井直樹, 「誰が'アジア人'なのか」, 『世界』 2001年 1月号. 이 논문은 원래 싱가포르에서 개최되었던 국제회의 'We Asians'를 위해 준비되었던 원고를 줄인 것으로, 원래 원고는 이하에서 발표되었다. Naoki Sakai, "'You Asians': On the Historical Role of the West and Asia Binary", *The South Atlantic Quarterly*, vol. 99, no. 4, 2000 Fall(葛西弘隆 訳, 「あなた方アジア人」, 『總力戰體制からグローバリゼーションへ』, 平凡社, 2003, pp. 236~271).

바란 것은 전후 동아시아 점령에 책임을 져야 했던 미국의 정책 담당자였던 셈이다.

지금까지도 일본의 보수 논객은 천황제 존속이 일본 국가의 패전에도 불구하고 그 연속성의 유지와 전후 일본인의 국민적 긍지의 근거가 되었다고 종종 논했다. 예를 들면 패전 직후(1946년)에 발표된 와쓰지 데쓰로(和辻哲郎)의 일련의 헌법론에서 상징천황제는 일본인이라는 국민의 역사적 연속성과 그 통합성을 상징하는 것으로서, 그릇된 군국주의적 총람자로서 내린 천황의 정의로부터 본래의 천황제로 회귀하는 것으로 전후 천황제를 정당화하고 있다.[5] 또한 앞에서도 거론했듯이 에토 준은 1970년대부터 1980년대에 걸쳐 『잊은 것과 잊혀져야 했던 것』이나 『닫힌 담론공간: 점령군의 검열과 전후일본』[6] 등에 수록된 논문에서, 점령기의 자료를 검토해서 미국 점령정부에 의한 검열을 폭로하고 일본은 결코 '무조건항복'을 하지 않았음을 입증하고자 했다. 그의 논의의 중심에는 "일본 국가는 국체를 수호했다"는 판단이 있고, 거기서부터 에토 준은 무조건항복이라는 입장을 부정할 수 있다고 생각한 것이다.

와쓰지의 경우도 에토의 경우도, 천황이 상징하는 국민의 전체성은 즉자적으로 존재한다. 즉 그들은 '국민'으로서 자기를 구성하는 인구를 국가의 주권 아래 통합하는 정치과정이 없다면 일본인이라는 주체도 존재할 수 없다는 것을 전혀 이해하지 못했다. 그들에게는 '주권'의 문제 그

---

5) 和辻哲郎, 「封建思想と神道の協議」(1945.1.), 『和辻哲郎全集』 14卷, 岩波書店, 1962, pp. 319~328; 和辻哲郎, 「國民全體性の表現者」(1948.7.), 『和辻哲郎全集』 14卷, pp. 329~354. 와쓰지의 천황제론에 대한 상세한 논의는 酒井直樹訳, 「西洋への回歸/東洋への回歸」, 『日本思想という問題』, 岩波書店, 1997, pp. 97~142를 참조하기 바란다.
6) 잡지 『쇼쿤』(諸君)에 연재된 후, 각각 1982년 및 1989년에 분게슌주샤(文芸春秋社)에서 간행되었다.

자체가 존재하지 않았던 것이다. 그들은 '주권'의 문제 그 자체를 소거하고자 했다. 따라서 그들이 생각하는 국민은 자연적인 존재가 되고, 인종 개념으로서의 민족과 다르지 않게 된다. 그들의 국민주의가 인종주의로서의 일본주의에 다름 아니었던 까닭은 바로 이 때문이다. 여기서 라이샤워가 1942년에 왜 국체수호를 제창했는지에 대해서 생각해 보자. 이점을 생각함에 있어 현재의 이라크 상황은 실로 적절한 사례를 제공해주고 있다.

누가 봐도 치안 상태가 악화되기 전부터 부시정권의 정책 담당자는 일단 민주적인 정권이 성립한다면, 초기의 일본 점령에서 말해졌듯이 주권은 '이라크 국민'에게 반환될 것이라고 말해 왔다. 사담 후세인 독재정권으로부터 민주적인 절차를 거쳐 국민주권으로 되돌린다는 시나리오가 제출되었다. 미국에 의한 이라크 점령은 독재제도에서 국민주권을 내건 민주주의로 이행하는 과도적인 과정으로서, 미국과 그 동맹국에 의한 이라크 점령은 식민지화가 아니라 국민국가의 재생이라는 연극의 한 막이다. 그런데 이라크 점령에는 일본 점령과 다른 점이 있다. 일본에서는 그때까지 국가주권의 통합성의 상징을 온존시켰지만(국체수호), 이라크에서는 독재자를 체포해서 마침내 사형에 처했다. 때문에 나의 세미나에 참가하고 있는 소장학자의 말을 빌려 말하자면, '상징천황'이 아닌 '상징독재자'가 등장하는 일은 없어진 것이다.

부시정권의 정책 담당자는 와쓰지나 에토와 비슷한 수사적인 오류를 범한 것처럼 보인다. 그들은 '이라크 국민'이 즉자적으로 존재한다고 생각했다. 교육, 복지, 군사, 정보, 국가의례, 선거, 의회, 신화, 종교, 가족, 제사 그리고 다양한 공상의 기제에 의해 끊임없이 재생산되지 않을 때 '이라크 국민'이란 존재할 수 없다는 것을 그들은 보려고 하지 않았던 것이다. 한두 번 총선거를 실시한다고 해서 국민주권이 우후죽순처럼 자라나는 건 아니다. 국민제작의 기제를 통해서 국민은 끊임없이 재생산되어야 한다. 점령하는 자에게 실로 긴급한 과제는 '국민'으로서 자기를 구성하는 인구를 국가의 주권하에 통합하는 정치과정이다. 이 정치과정이 작동하지 않아 국민제작의 기제가 파괴되면, 그들은 국민의 단편화와 내전 상태의 출현에 직면한다. 근대정치이론에서 주권개념이 요청된 까닭은 '만인에 대한 만인의 전쟁'을 방지하기 위해서 폭력수단을 독점적으로 관리함으로서 지배질서를 정통화하기 위해서가 아니었던가. 이 4년 간 점차 명확해진 것은, 이라크는 내전 상태이며 이라크의 괴뢰정권은 주권을 가질 수 없고, 그리고 이 지경이 되어서도 '이라크 국민'이라는 허구가 바로 이라크 주민의 공상을 통해서 생산된다는 사실을 파악하지 못했다는 것이다. '이라크 국민'이라는 허구가 쓸모없다는 사실이 판명되었을 때, 미국 정책 담당자는 정치 통합을 위해 어떠한 허구를 발명할 것인가. 이러한 질문을 던졌을 때, '일본 점령'이 왜 이만큼 중요한 모델인지 알게 된다.

말할 것도 없지만, 라이샤워 등 정책발안자가 도래할 전후의 일본 점령에 대해 가장 두려워한 것은 내전 상태가 출현할지도 모른다는 위험성이었다. 다시 말해 그들이 가장 두려워한 것은 일본 지배층 일부를 전향시켜 점령군 측으로 넘겼을 때 다른 일부가 점령군에 반항하는 것, 즉 점령군에 종속된 부분과 종속되지 않은 부분 사이에서 군사적인 폭력이 생기는 일이었다. 1930년대 동아시아의 정세를 관찰하는 데 있어서 그의 고찰은 특별히 독창적이지도 예리하지도 않았다. 일본의 중국 점령을 생각해 봐도 좋다. 당시 중국은 국민당, 중국공산당, 군벌, 일본의 괴뢰정권으로 파편화되어 내전은 갈수록 진흙탕 같은 상태였다. 바로 이런 이유로 일본 체제 측 지식인은 수렁 상태에서 탈출할 수 있는 희망을 중국의 국민주의자에게 비밀리에 걸었다. 지배하기 위해서는 지역 주민이 국민적 통합을 바라지 않으면 안 되는데, 국민적 통합과 일본에 의한 식민지 지배를 매개해 주는 정권을 이들은 끝내 중국에서 수립할 수 없었다. 라이샤워가 말한 것처럼 "일본은 몇 번이나 괴뢰정부 전략에 호소해 왔지만, 대단한 성공을 거둘" 수 없었다. 왜냐하면 "꼭두각시가 역부족이었기" 때문이다. 군사적으로 타당하고, 그렇게 타당한 적을 점령하고 통치하기 위해서는 점령하의 인구를 통합하고 점령정권에 종속시키는 작업이 필요하다. 그것을 위해서는 국민통합이 가장 먼저 고려되어야 했다.

일반적으로 말해, 국가가 어떤 영역의 주민을 지배할 때 국민통합이 반드시 필요한 것은 아니다. 국가를 구성하는 사회와 국가에 의해 지배되는 사회가 같은 구성원이기를 기대하지는 않는다. 가령 메이지유신 이전의 막부체제에서 국가의 무장 관료인 사무라이는 국가의 피지배집단인 평민과 분리되어 있었다. 동일한 민족이나 국민으로 귀속되는 일은 적어도 정치체제의 구성 원리로 요청되지 않았다. 요컨대 막부체제에서는 국가의 성원과 국가에 의해 지배되는 주민을 함께 포섭하는 민족이라는 통일체가 상정되지 않았다. 물론 소수의 지식인에 의해 민족·언어 통일체가 몽상된 적은 있어도, 국가지배의 원리로서 '일본인'은 아직 존재하지 않았다. 국민국가 혹은 민족국가의 도래는 국가 지배질서를 크게 변화시켰다. 국가의 성원과 국가에 의해 지배된 피지배자의 성원이 같은 사회에 귀속되도록 요구되어 왔던 것이다. 물론 '동일한 사회'가 지배 정통성의 요건이 될 때, '동질성'의 정의뿐만 아니라 '사회'의 정의도 크게 변한다. '사회'가 사회적 교섭으로 만들어진 관계성의 묶음임을 대신해 일정한 영토성으로 한정되고 그리하여 안과 밖으로 구별되는 공간적 표상에 독점되는 것은 바로 민족국가가 도래한 결과이다.

　　민족국가 혹은 국민국가가 통치의 정통성에서 독점적인 비유가 될 때, 식민지 혹은 식민지 지배를 생각하는 그 틀 자체에 근본적인 변환이 생긴다고 지적해 두자. 식민지 지배가 "다른 민족으로 구성된 국가가 다른 민족으로 이뤄진 주민을 통제한다"는 등의 함의를 획득하는 것이다. 식민지 지배는 국민과 그 피지배자가 동일한 사회에 귀속되어 있지 않다는, 정통성이 결여된 것의 가장 전형적인 사례가 된다. 지금까지 민족국가의 전제를 과거에 투영한 일은 종종 있어 왔다. 그러나 원(元) 제국을 몽골 민족이 한족을 식민지로 삼아 지배했다고 보는 것이 시대착오적이듯이, 막번 체제를 사무라이에 의한 평민의 식민지 지배로 보는 것도 오류이다. 이런 국가체제는 민족 혹은 국민이라는 정치원리가 성립하기 전에 수립되었기 때문이다.

　　일본이 중국을 침공했을 때, 일본 정부의 정책 담당자는 민족국가의 역사성에 충분히 민감하지 않았다. 그러나 일본을 점령할 때 미국은 일본 정책 담당자가 간과한 민족국가의 역사적 조건을 고려했다. 제국적 국민주의자는 경쟁상대의 실패로부터 많은 것을 배운다. 이 점에서 그들은 국제자본가와 하등 다르지 않다. 배우지 않는 자는 패배하고 소멸되어 갈 뿐이다.

　　미국 정책 담당자가 일본 점령(동아시아 점령)이라는 책무에 직면했을 때 가장 먼저 생각해야 했던 것은 기존의 권력관계를 어떻게 이용해서 국민통합을 성취할 것인가였다. 왜냐하면 국민통합은 주권의 제일의 요청이기 때문이다. 주권성(sovereignty)이란 주권자가 일정 신하(주체)에게 그 의지를 발휘하는 형식이다. 주권자가 왕권이든 국민주권이든 이 수준에서는 형식적으로 별반 차이가 없다. 주권이란 일정 인구에 대해

명령권을 갖는 입장에 있는 것이고, 그 인구가 통합되어 있지 않을 때 주권은 성립하지 않는다. 근대의 민족이라는 통합원리에서는 이 인구가 내재적으로 통합될 것을 기대한다. 내재적인 국민의 통합성은 자유주의 전통에서 국체(nationality)라고 불려왔다.

역사적으로 달랐던 두 개의 문맥을 하나로 해서 나는 '국체'라는 용어를 사용하고 있다. 하나는 고전적 국체관으로 영국 자유주의의 대표제 의회주의의 논의 속에서 개념화되었다. 이 국체관에 의하면 국체란 국민이 일체적인 감정을 갖는 것이고, 자신들은 운명공동체의 일원으로 귀속감을 가질 수 있다. 이 '국체의 정(情)'이야말로 국민통합의 현실태이다. 다른 하나는 만계일세(萬系一世)의 천황 계보와 사유 재산제의 조합으로 국체가 이해되었다. 전자의 '국체'관이 기본적인 것으로 여겨졌지만, 어쨌든 두 문맥은 '국체수호'로 보존되어 왔다.

'국민통합의 느낌'(국민 한 사람 한 사람이 국민 전체에 귀속되어 있다고 굳게 믿는 것)으로 국체(nationality)를 유지하는 것은 점령의 첫 번째 요건이었다. 그랬기에 미국은 '국체수호'를 필요로 했다. 국민통합은 점령권력의 제일의 요건이었던 것이다. 여기서 '국체수호'는 일본 보수파가 패전처리로 찾아 온 연합국과의 빠듯한 교섭에서 획득한 기득권에 관한 것이 아니라, 애초부터 미국의 점령정책에 편입되어 있었던 사항이었고 또한 실제로도 그렇게 계획되었다. 그런데 부시정권의 경우, 군사폭력을 행사해서 이라크정권을 타도했지만 이라크를 어떻게 통치할 것인가, 어떻게 폭력의 범람을 막을 것인가, 다시 말해 권력을 행사하는 회로를 주민들과 어떻게 열 것인가라는, 점령이라는 권력의 존재 방식을 충분히 계획하지 않았던 것으로 보인다. 그들은 군사적으로 바트당(黨)정권을 타도한다는 생각은 했어도 주권을 어떻게 이라크 점령지역에 수립할 것인가에 대해서는 거의 예습하지 않은 것처럼 보인다. 제2차 세계대전 중 라이샤워 등 미국 정책 담당자는 부시정권의 정책 담당자처럼 경솔한 실수를 저지르지 않았다. 그들은 먼저 일본열도를 중심으로 해서 동아시아에 어떠한 권력의 회로를 수립할까를 고찰했다. 그러기 위해서 내전을 막고 주권을 유지할 수단을 고안했다. 그들은 일본 사상이나 문화를 섬멸하려는 것 따위는 생각조차 하지 않았다. 분명히 에토는 미국의 제국적 국민주의를 얕보고 있었던 것이다. 일본 점령 기간 동안, 미국은 일본인으로부터 '일본인의 자각'의 기초가 되는 국민적 전통이나 국민문화 감각을 빼앗으려고 하지 않았고, 국민적 통합의 상징으로 '일본인은 모두가 하나(一體)다'라는 정서를 받쳐 주는 제도적인 보증으로 천황을 온존시켰다. 왜냐하면 미국의 일본 점령 구상에서 보자면, 일본인의 국민주의는 무엇보다도 점령을 위한 도구 역할을 완수할 수 있기 때문이다. 「대일본정책에 관한 각서」에서 라이샤워가 제언한 구상이 즉각적으로 미국의 점령정책이 되지는 않았지만, 그 후의 역사는 그것이 기본적으로 그의 구상과 모순되지 않게 전개되었음을 가르쳐 준다.

이렇게 이제까지의 일본 점령에 대한 이해는 고전적 국민국가관이 기반으로 삼고 있는 전제를 검토하지 않은 채로 수용하고 있음을 알 수 있다. 또한 이 전제들은 그릇된 인식을 초래하는 이상 수정하지 않으면 안 된다. 수정되어야 할 전제는 (1) '국민'으로서 자기를 구성하는 인구를 국가주권하에서 통합하는 정치과정은 식민지체제에서도 필요하므로, 국민통합이 결여될 때 점령은 내전 상태에 직면하게 된다. (2) '국민' 구성 그 자체가 반드시 식민지체제에 대한 반역이나 저항을 의미하는 것은 아니다. 19세기 고전적 국민주의에서는 국민을 만들어 내는 것이 식민지주의로부터의 독립과 국민주권의 수립을 의미했지만, 20세기 후반에는 국

민의 자율을 어느 정도 허용하는 식민지체제가 만들어졌다. (3) 설령 영
토적으로는 분리되어 있어도 한 '국민'과 별도의 '국민'을 항상 상호 외
재적인 두 개의 주권으로 이해할 수는 없다. 확실히 대한민국과 중화인
민공화국은 영토적으로 분리되어 있고, 각각의 국민주권은 서로 독립해
있다. 그러나 미국과 일본 사이에는 국경이 있고 영토관할권이 수립되어
있음에도 불구하고 미국주권과 일본주권을 상호 외재적인 두 개의 주권
으로 간주하기에는 주저된다. 일본 국민주권은 크게 제한되어 있기 때문
이다. 이와 비슷한 주권의 제약이 미국과 대한민국 간에도 존재한다.

　　서로 외재적인 두 개의 국가라는 상정 그 자체가 일정 기제의 산물
임을 잊지 말자. 국가를 그 영토성의 지도제작적(cartographic) 비유로
표상하는 것은, '사회'가 국경으로 둘러싸인 닫힌 영역으로 생각되듯 민
족국가를 통합원리로 삼는 시대의 특유한 현상이다. 즉 미국과 일본 혹
은 미국과 한국은 확실히 영토성에서 말하자면 상호 외재적으로 '분리
된' 두 개의 실체이지만, 지리적 분리를 곧장 통치 질서나 정보 분포에서
의 분리로 볼 수 없다.[7] 미국과 일본은 공간적으로 분리되어 있지 않다.
오히려 이 분리는 미국 내의 인종 분리 혹은 일본 식민지하의 내지인과
반도인의 분리에 해당한다. 이런 인종간의 분리나 식민지 계층의 분리는
사람들이 공생하고 서로 근방에서 생활하기에 일어나는 것이다. '분리'
는 사회적 접촉의 한가운데에서 끊임없이 공상되고 재생산된다. 그것은
오히려 아파르트헤이트(차별)이다. 차별은 사람들이 떨어져 있기 때문에
일어나는 것이 아니고, 사람들이 접촉하고 늘 교섭하기 때문에 생긴다.

---

7) 이 '분리'를 지탱하는 공상의 실천계에 대해서는 酒井直樹, 『日本/映像/米國』, 5章[사카이 나오
　키, 『일본, 영상, 미국』]에서 상세하게 설명했다.

미국과 일본이 마치 분리된 것처럼 표상되기 위해서는 사람들의 행동이나 공상 등 회로가 일정한 방식으로 조직되어야 한다. 이 회로와 행동(conduite)을 해석하는 작업이 이 책의 권력관계 고찰이라는 주제의 중심이다.

전후 일본에서 자라 온 국민주의를 고전적 선입견으로 재량할 수 없는 것은 이 때문이다. 이 새로운 국민주의는 식민지체제와 모순되지 않으며 새로운 광역지배체제와 공생한다. 지금까지의 국민국가관에서 보자면, 독립은 종속에 처한 민족이 이민족지배자를 물리치고 '자신들'이 정권을 선택하는 능력이다. 그러나 다음 장에서 '잔여'와 연관 지어 살펴보겠지만, 같은 민족과 '동료'를 어떻게 정의할 수 있을까. 자기 동료를 정의하는 것은, 영국 자유주의를 소개했던 후쿠자와 유키치가 '국체'(nationality)라고 부른 것이다. 국체야말로 식민지주의와 식민지주의로부터 민족의 독립을 정의하는 것이었다. 국체가 유지된 채라면 점령당해도 식민지화되지 않는다는 기기묘묘한 해석이 거리낌 없이 활개 치는 사정을 잘 생각해 보면, 논리적으로 당연한 귀결이다. 국민이나 민족을 실체시하는 국민주의는 새로운 식민지체제에서 작동하는 권력에 완벽하게 맹목적일 뿐만 아니라, 그런 식민지체제를 적극적으로 긍정하기 때문이다. 얄궂게도 '국체수호'는 이렇게 전후 일본의 국민주의를 훌륭하게 설명해 주고 있다.

고전적 국민국가관에서는 동일한 문화, 종교, 언어 등을 공유하는 공동체가 민족, 국민으로 상정되고, 민족·언어통일체가 국가의 기체(基體) 역할을 맡는다고 여겨졌다. 민족·언어통일체는 일종의 통제적 이념으로, 그 자체를 경험적으로 증명할 수 없다. 그것은 경험적인 것들에 관한 논쟁을 지탱하고 실증을 행하는 절차의 전제가 되고 있지만, 그 자체에 대해서는 실증적으로 긍정할 수도 혹은 부정할 수도 없는 논리적 요청이다. 미셸 푸코는 어느 시대의 일정 지식분야에서 널리 용인되는 통제적 이념을 '역사적 실정성(實定性)' 혹은 '역사적 아프리오리'라고 부른다. 이는 이른바 '문화적 동질성'으로 민족·언어통일체만큼(특히 근대 언어학이나 국어제도에서) 체계화되지는 않았지만, 민족·언어통일체의 통속판이라고 평해도 될 역사적 아프리오리이다.[8] 민족·언어통일체는 개념적으로는 실제로 애매하고 문제가 많음에도 불구하고, 독립을 보증할 논리적 조건인 '동질성'은 전후 일본의 국민주의에서는 우익과 좌익 똑같이 문제시된 적이 거의 없었다. 동질문화나 언어 등이 무릇 그 동질성을 어떻게 한정할 수 있을까? 이런 논점에 관해 나는 지금껏 논의를 반복해 왔기에 여기서는 하지 않겠다. 그것보다 제국을 상실한 후, 국민주의에서는 정권이 식민지적 지배체제에 자발적으로 종속될 때 독립의 내실이 어떻게 변하는지에 대해서 전혀 생각해 보지 않았음에 주의를 환기해 두자.

식민지체제와 공범 관계에 있는 국민주의

새로운 식민지체제와 국민주의가 서로를 배제하는 것이 아니라 공범 관계에 있다고 한다면, 그때 독립 개념을 어떻게 다시 생각해야 할까? 21세기에 국민국가의 주권을 상정하는 것은 전 지구적인 규모에서의 권력의

---

8) 언어·민족적 통일체와 통제적 이념에 대해서는 Naoki Sakai, *Voices of Past: the Status of Language in Eighteenth-Century Japanese Discourse*, Cornell University Press, 1991(酒井直樹, 『過去の声』)[사카이 나오키, 『과거의 목소리』]을 참고하기 바란다.

교섭을 이해한 다음에야 유효한 것일까? 독립은 국민이 점령국으로부터 주권을 탈환하는 과정이 아니라 오히려 권력을 이양하는 과정이지 않을까? 국내에 외국군이 상주해 있는데도 '독립'이라고 말할 수 있는 까닭은, 일본이 "보통의 국가가 아니었"기 때문이 아니라 국민주의 그 자체가 큰 변질을 겪었기 때문인 것은 아닐까? 분명히 일본 점령에서는 고전적인 국민국가관으로는 잴 수 없는 사태가 일어났다. '일본인의 자각'을 말하면 말할수록 광역지배체제에 흠뻑 젖어들어 버리는 조건이 필시 점령에 의해 그 토대가 마련된 것이다. 국민주의가 번성하면 할수록 위성국과 초강대국과의 관계는 강화된다.

의회대표제 정치에서 국민주권이 정책에 반영된다고 보증해 주는 것은 명분으로 보자면 헌법에 대한 충성이겠지만, 자위대의 합헌 여부를 국민의 총의에서 묻는 등 정치논쟁에서는 종종 행정부와 사법부마저도 헌법을 도외시해 왔다. 헌법에 대한 충성에서 정치논쟁이 최종적으로 판단되는 일은 없었다. 그 대신 국민의 자각은 정확히 점령체제의 상징인 천황제에 의해 감상적으로 제어될 것이고, 금후에도 천황제가 국민통합의 역할을 실효적으로 계속 완수할 수 있는가와는 별도로 천황제가 방기될 가능성은 거의 없다. 괴뢰체제는 점점 깊숙이 일본인의 자각의 기반이 되어 왔다. 이러한 국민주의를 본래의 국민주의가 아니라고 말해 보아도 소용없을 것이다.

우리는 여기서 일본 전후사만의 특이한 사태가 아니라 오히려 자본의 국제화와 군사력의 경찰화가 세계 각지의 국민주의의 융성에 수반되고 있다는, 우리가 글로벌리제이션의 징후라고 하는 상황이 이미 일본 점령에서 펼쳐졌던 것은 아닐까 하고 생각할 수 있다. 일본 점령은 초국가(superstate)를 생각나게 하는 새로운 '제국'이 모습을 드러낸 역사의 중요한 이정표였다. 그러므로 일본의 미국 의존을 일본의 국민주의가 미국정권에 지배되고 있기 때문이라고 즉각적으로 생각하는 것은 위험하다. 거기에는 자립한 국민주의를 자립하지 못한 국민주의로부터 구별할 수 있다는 전제가 남아 있고, 자립한 국민주의가 아직도 가능하다는 정치적인 노스탤지어의 여지가 남아 있기 때문이다. 미국이 주권에 의해서 대표되듯 일본도 똑같이 주권에 의해서 대표될 수 있다는, 제멋대로의 믿음이 지속되는 것이다. 다양한 권력의 작동 양상이 악의를 가진 '미국인'이 '일본인'의 사상과 문화를 파괴함으로서 '일본인'의 창조성을 억압하고 허구의 공간에 가둔다는, 현실성을 결여한 이야기에 의해서 설명되는 것이다. 이러한 감상적인 논리에 편승하여 1960년 이후 일본의 보수는 힘을 연장해 왔다고 말해도 좋다. 여기서 일부 논자가 사용하는 '일본 국민주의는 기생적인 국민주의이다'라는 표현을 나는 채택하지 않는다. 기생적 국민주의라고 해버리면 고전적인 오페라 「나비부인」을 각색한 영화 「M 버터플라이」가 훌륭하게 알레고리로 묘사해서 보여 준 것, 즉 두 국가 간 지배와 피지배의 상호의존 관계를 간과해 버리기 때문이다. 왜냐하면 일본의 국민주의뿐만 아니라 미국의 국민주의도 자율성을 잃고 있기 때문이다. '제국'이란, 국민국가 미국의 주권이 드러내는 것이 아니라 오히려 일본과 미국의 국민주의 간의 공범성으로 대표되는, 지구적인 규모로 확대된 상호의존 관계의 통괄기구의 문제이다. 일본 점령이 미국의 세계전략을 이념적으로 계속 규정짓는 것은 이 때문이다. 그리고 국민주의적인 감상을 불식하고 일본 점령의 문제를 연구하기를 바라는 것도 바로 이 때문이다.

그렇다 치더라도 20세기 후반의 아시아 태평양전쟁이 종결된 후의 동아시아 역사를 생각하는 데 굳이 식민지주의라는 용어를 도입해야 하는 이유는 무엇일까? 연합국에 의한 점령이 일단락되고, 연합국 최고사령부 권한의 일부가 일본 정부에 이양된 후에는 일반적으로 일본은 미국의 식민지로 간주되지 않았다. 그럼에도 불구하고 현재에 이르기까지 일본 영토 내에는 미군 기지가 있다. 뿐만 아니라 일본 정부가 경영하고 일본 국민이 병사인 자위대라고 불리는 군대가 이미 지적했듯이 기본적으로 미국의 명령체계에 들어가 있기에 실질적으로 자위대는 식민군이다.

군사면이나 경제면에서의 종속과 의존 관계뿐만 아니라, 문화적인 표상이나 국민적 주체의 형태에서 보더라도 미국의 국가주권과 일본의 국가주권 사이에는 상호규정 관계가 만들어져 있고, 태평양을 넘는 익찬 체제가 작동하고 있다. 나는 '체제익찬형 소수자'라는 표현을 써 왔는데, 요네야마 리사는 일본 국민의 지위가 미국 주권에서 독립한 다른 국가에 귀속하는 주체의 지위가 아니라 미국 내의 소수자의 지위와 유사하다고 논하고 있다.[9] 미국과 일본의 분리가 상상된 것임을 고려할 때, 이 발상은 참신하며 또한 설득력을 크게 갖고 있다. 일본의 (이른바 좌익을 포함한) 국민주의적인 지식인의 정치적인 발언을 '체제익찬형 소수자(model minority)'라는 관점에서 보면 익찬적인 소수자의 존재 방식이 잘 보일 것이다. 주권과 주권의 외재적인 관계를 기초로 일본 지식인의 입장을 표상한다면, 태평양 횡단적인 헤게모니 속에서 작동하고 있는 행동, 욕망의 회로가 보이지 않게 된다. 그러니 일본을 미국의 식민지로서 과감히 고쳐 생각해 보면 좋을 것이다. 패전 이전 조선이나 타이완의 지식인이 본토의 지식인에 대해 어떠한 태도를 채택했던가를 비교해 보아도 좋

9) 米山リサ, 「戰爭の語り直しとポスト冷戰のマスキュリニティ」, 『アジア·太平洋戰爭』 1卷, 岩波書店, 2005, pp. 315~357.

을 것이다. 에토 준이 고집하고 있었던 것처럼 보이는, 일본과 미국의 대등한 관계와 그 관계에서 일본을 대표하는 지식인으로서 발언하고 싶다는 '구애의 몸짓', 바로 이것이 체제익찬적인 소수자가 가진 자기 인지에 대한 욕망의 방식이었다. 『일본, 영상, 미국』에서 연애의 생권력에 관해 논한 것처럼, 이러한 '아이덴티티'에 대한 욕망이 이성애의 구도와 아무 관계도 없다고는 말할 수 없다.

요네야마는 '남성성'과 국제정치라는, 자칫하면 미세한 개인의 심리와 대규모 국가 간 정책 차원으로 나뉘어 동일한 시야에서 언급되지 않는 두 개의 사상 영역을 국민주의의 분석을 통해 접합하고자 한다. 지금까지 일본 정치의 급격한 우경화를 남성성의 위기로 보는 고찰은 거의 없었다. 뿐만 아니라 '국가의 품격'이라는 주제, 즉 공상의 영역을 고찰하지 않으면 거의 사회적인 의미를 찾을 수 없는 주제에 대해서도 일본 국민주의와 관계해 분석의 매스를 댈 수조차 없었음을 상기한다면, 요네야마의 논의는 금후 무시할 수 없는 시각을 확립했다고 말해도 좋다(여기에는 분석상의 주의가 필요하다. '남성성'은 그 상실로 인해 비로소 그 존재가 드러나는 어떤 것으로서, 항상적으로 존재한다고 생각되지는 않는다. 따라서 '남성성'은 '남성성의 위기'와 분리해서 고찰할 수 없다. 탈식민지화 문제를 생각할 때 '남성성'의 고찰을 피할 수 없는 이유도 바로 이 때문이다).

일본 국민을 미국 내 소수자와 비교하는 작업은 자칫하면 미국 내 자신을 소수자라고 자인하는 사람들로부터 반발을 받을지도 모른다. 말할 것도 없지만 '소수자'는 인구통계에 의거한 개념이 아니고 개인이 맡고 있는 사회성의 존재 방식을 표현하는 개념이다. 여기서 요네야마가 문제로 삼고 있는 것은 '소수자' 일반이 아니라 '체제익찬형 소수자'라는 것을 마음에 새겨 두자. '체제익찬형 소수자'는 자신들이 사회구조적으로 열세의 위치에 처해져 있음에도 불구하고 자신들의 열성(劣性)을 자신의 능력이나 자격이 없어서라고 오인하고, 열세의 위치를 체제영합적인 노력으로 극복할 수 있다고 생각한다. 그래서 이들은 '다수자'에게 인지받기를 원하고 또한 '건실한 국민'이 되고자 한다. 다만 체제익찬형 소수자의 심성이 식민지체제에서 열세에 놓였던 사람들에게서 흔히 볼 수 있는 정신구조이자 국민적 자기획정 기제의 당연한 귀결임을 미리 확인해 두자. 더구나 체제익찬형 소수자의 '심성'이라고 해도 그것은 심리적인 사태라기보다도 바로 권력관계여서, 우선 담론으로 해석되어야 한다. 명분상으로는 대등한 파트너십이라고 해도, 갖가지 국면에서 적나라하게 보이는 미국과 일본 간의 종속적 의존 관계를 완전히 무시할 수는 없다. 게다가 불평등의 사실을 분명히 말할 만큼 용기를 갖고 있지 않은 사람들을 '모델 마이너리티' 즉 체제익찬형 소수자라고 부르는 것은 틀린 말이 아니다. 구조적으로 열세의 위치에 있는 개인이 자신이 사회적으로 열등하다고 간주되고 있는 사실을 한편으로는 추인하고("그렇지, 일본인인 이상, 나는 실질적으로 열등하지") 다른 한편으로는 부인하면서("아니야, 일본과 미국은 대등해. 일본이 열세의 위치에 놓인 게 아냐") 대등한 입장에 있다고 스스로를 설득하려고 한다. 미국에 대해서 이러한 양가적 관계를 가진 체제익찬형 소수자 중에 아시아에 대한 가장 음습한 차별의식이 잔존한다는 것은 당연히 예상되는 것으로 전혀 놀랄 일이 아니다.

'전후 천황제 담론'과 태평양 횡단적 헤게모니

천황 히로히토나 기시 노부스케, 사사카와 료이치 등 A급 전범은 자신들이 아시아 태평양전쟁 패배의 당사자였으므로 전후 세계에서 살아남기 위해서 미국의 권위에 조금씩 다가갈 필요가 있었다. 그러기 위한 굴욕적인 연기는 당연한 일이었고, 그들은 변절자라는 나름의 일관성을 살리고 있었다. 그들은 도덕적인 판단을 도외시하고 전쟁의 패배가 초래한 현실을 냉철히 받아들였고, 개인으로서의 긍지를 걷어치우고 정치적 생명을 유지하기 위해서 어떠한 오욕도 마다하지 않았다. 그들은 패배자로서의 현실주의의 길을 걸었다. 그러니까 천황 히로히토나 기시 노부스케 및 사사카와 료이치 등을 체제익찬형 소수자에 포함시킬 수 없다. 그들에게는 '대등한 파트너십'이 군사적인 투쟁을 거치지 않은 채 획득된다는 환상 따위가 없었다. 전후 국제사회에서의 주권국가 간의 평등이라는 명분과 현실정치에서의 식민지적 종속이라는 현실을 구분하여 구사하는 데에 주저할 정도의 절도(節度)조차 그들에게 기대할 수 없었다. 필시 그들이 보기에 패배한 사람이 변절하는 것은 당연한 일이고, 변절했다고 보이고 싶지 않다면 이번은 이기고 있는 척하면 그만이기 때문이다. 그러나 무엇을 승리라고 하고 무엇을 패배라고 할지는 가변적이며 문맥에 의해 좌우된다. 태평양 횡단적 정치의 측면에서는 패배했더라도 극동에서는 승리할 수 있다. 전후 일본이 승자이기 위해서 그들은 미국의 극동 지배체제에 빌붙은 과정이나 스스로의 변절을 은폐할 필요가 있었다. 그러기 위해서 전전과 전중의 역사를 망각할 장치가 어떻게 해서든 필요했던 것이다. 미국의 지도자도 극동에서의 미국 지배를 정통화하기 위해서 일본계 이민 배제를 포함한 미국 내 인종주의 실천이나 필리핀에서의 식민지 폭력 및 그들 자신이 체현하고 있는 백인지상주의의 질서를 망각하는 일이 반드시 필요했다. 그렇기 때문에 미국의 지도자도 제국적 국민주의자로서 동일한 기만과 약점을 가지고 있음을 기시 등은 자신들의 체험에서 죄다 알고 있었다. 전후 미국의 식민지체제가 전전 일본의 식민지체제를 횡령하는 과정에서 완성된 헤게모니 연출에 그들은 적극적으로 참여했다. 지금까지 내가 이러한 일미관계에서 가장 효과적으로 기능하는 헤게모니를 '전후 천황제 담론'에 의한 것이자 담론편제로서 기술해 왔던 것은 바로 이 때문이다.[10]

그런데 전후 천황제 담론을 배우며 자란 전후 세대 대부분은 그것이 헤게모니라는 사실을 깨닫지도 못하니, 정말로 이 세대에서 '모델 마이너리티'가 배출되었던 셈이다. 체제익찬형 소수자들은 권력을 상호적인 회로로서가 아닌 외재적인 가해와 피해의 관계로서 이해한다. 이것은 말할 필요도 없이 언어의 패러다임을 뒤집은 것이고, 그것으로 인한 아이덴티티의 파괴이다. 이후 4년간에 걸친 CCD(Civil Censorship Detachment) 즉 민간검열부대의 검열이 일관되게 의도했던 것은 바로 이것이었다. 바꾸어 말하면 그것은 '사악'한 일본과 일본인을 사상과 언어를 통해서 개조하는 일이고, 더 나아가 일본을 일본이 아닌 나라, 내지는 한 지역으로 바꿔 일본인을 일본인 이외의 누군가로 만들고자 하는 획책이었다.[11] '분리'를 주어진 전제로 간주할 때, 태평양 횡단 헤게모니는 공범성의 효과가 아닌 가해와 피해의 멜로드라마로 그려진다. 우리가 주의해야 할 것은, 이처럼 미국에 대한 비판도 될 수 없는 비난은 현재의 태평양횡단 헤게모니에 대한 간섭도 되지 못하고 폭로도 되지 못한다는 점이다. 이런 발화는 '구애의 몸짓'을 넘을 수 없으므로, 또한 체제익찬적이 된다. 내가 에토 준을 체제익찬형 소수자의 전형으로 생각했던 까닭

---

10) Naoki Sakai, "'You Asians': On the Historical Role of the West and Asia Binary", pp. 789~818.
11) 江藤淳, 『閉ざされた言語空間』, pp. 182~183.

도 바로 이 때문이다. 이것은 '전후 천황제 담론'에 대한 저항이 아니라 일미 공범 관계의 치밀한 시인일 뿐이다.

공범성에 관한 심리적 해석을 피한다는 의미에서도 다음과 같은 점은 강조될 필요가 있다. 전후 미국의 식민지체제가 전전 일본의 식민지체제를 횡령하는 데에 가장 결정적인 조건이 되었던 것은 일본 근대사가 전적으로 국민사로서 말해졌다는 점이다. 중국이나 아시아의 나라들, 또 연합국과 싸웠던 아시아와 태평양에서의 전쟁이 전적으로 '일본 국민'의 역사로만 고찰될 때, 아시아인들도 연합국의 사람들도 역사의 서술자로서 등장하지 않는다. 전쟁 책임의 문제가 '일본사'의 틀 내에서 문제화되는 한 그것은 일본 국민에 대한 일본 국민의 책임의 틀에서 빠져나오지 못한다. 나는 지금까지 몇 번이나 전후 천황제 담론의 편제 원리의 하나로서 미국과 일본 간의 식민지주의적인 종속 의존 관계를 끊임없이 재생산하는 '보편주의와 특수주의의 공범성'을 논해 왔다. 공범성은 '담론' 사태이다. 때문에 직접 언어를 조작하는 저널리즘이나 교육, 학문적 저작이나 정령(政令)이나 법률 등의 언론 및 상품유통, 집단적인 감상이나 공상, 관습적인 행위 등 사회적 현실의 사태에도 널리 퍼져 있다.

체제익찬형 소수자가 살아가는 삶의 방식에서 우리는 '보편주의와 특수주의의 공범성'이 실제로 작동하고 있음을 여실하게 볼 수 있다. 고전적인 식민지 지배와 달리 전후 천황제 담론에서는 일본 국민에게 국민주권에 어울리는 자율성이 인정된다는 듯이 사람들은 행동한다. 그러나 새로운 식민지체제가 거기에 있다. 악의를 가진 미국인의 파괴로부터 '지키지 않으면 안 되는 일본인의 아이덴티티' 따위의 수사가 사람들 사이에서 통용되는 일에 주의를 기울여야 한다. 팍스아메리카나의 종언에 정확히 대처하기 위해서라도 국민국가의 구조 속에서 이해된 식민지주의와 '천황제 담론'으로서 기능하는 식민지체제가 어떻게 다른가를 사고할 필요가 있는 것이다.

백인지상주의가 미국 지도자의 행동에 짙게 남아 있음은 잘 알려진 사실이기에 새삼스레 다시 논증하는 일은 지면 낭비이다. 근대세계가 인종적 위계로 통제되는 세계라는 점은 메이지 초기부터 일본 지식인에게는 주어진 현실이었다. 1945년 일본제국의 붕괴에 의해 근대세계의 구조가 돌변했다고 믿어야 할 이유는 특별히 찾을 수 없다. 더글러스 맥아더가 태평양을 '앵글로색슨의 호수'(Anglo-Saxon's Lake)라고 부른 것은 잘 알려져 있는데, 여기에는 평범하지만 광범하게 받아들여졌던 인종질서 의식이 전형적으로 드러나 있다. 앵글로색슨은 태평양에서도 승리했고, 마침내 태평양을 자신들의 영토 내 호수로 간주하는 지경으로까지 세계를 정복했다고 말하는 것이다. 그럼에도 불구하고 제2차 세계대전과 아시아 태평양전쟁은 유럽과 동아시아 전선에서 무제한적인 백인지상주의를 유지할 수 없게 되었음을 가르쳐 주었다.

3장 _ 보편주의의 양의성과 '잔여'의 역사

포스트모던의 특징은 '거대 역사'가 그 유효성을 잃은 것이라고 말해져 왔다. 그러나 포스트모던의 '포스트'를 편년사적인 구분으로 보는 그릇된 견해를 지탄하기 위해서라도, 억지로라도 여기서는 제1차 세계대전에서 20세기 후반에 이르는 지구 규모에서 일어났던 사건의 연계 속에서 제2차 세계대전과 아시아 태평양전쟁을 위치 짓는 큰 서사를 사고해보고자 한다. 큰 이야기란 세계사의 틀과 같은 것이고, 이러한 틀 아래서 현대 세계에 관한 기본적인 이념, 가령 민주주의, 독립운동, 기본적 인권, 인종 평등, 경제 발전 등은 역사적인 의미를 부여받았다. 물론 아래에서 서술할 큰 이야기는 상호배제적이지만, 세부적으로는 상보적인 방식일 때가 많다. 왜냐하면 역사를 큰 이야기의 일관성 속에 모두 포섭하는 것은 불가능하고, 반드시 역사의 잉여라고 말해야 할 사건[事象]을 남기기 때문이다. 이미 널리 받아들여지는 이야기가 있음에도 불구하고 역사가 과거의 사건을 검증하는 데 몇 번이나 되돌아가는 것은 이 잉여 때문이고, 담론으로서의 역사 ─ 미키 기요시 식으로 말하자면 '로고스(logos)로서의 역사' ─ 뿐만 아니라 기술된 역사가 참조하는 지시항(레

퍼런트)의 역사, 즉 '존재로서의 역사'도 역사적으로 변해 간다. 역사는 반드시 역사를 갖는다.

전쟁의 거대 역사

우선 '제1의 이야기'를 요약해 두자. 제2차 세계대전과 아시아 태평양전쟁은 미국, 영국 그리고 소비에트 연방이 중심이 된 연합국이 승리하고, 독일, 이탈리아 그리고 일본이 중심이 된 추축국이 패배한 전 지구적 규모의 전쟁이었다. 제2차 세계대전 이후의 전후세계에서는 자유주의를 경제정책 원칙 및 정치 통합 원칙으로 내건 연합국이 민주주의에 대항하는 파시즘 제국(諸國)에 승리한 전쟁이라고, 제2차 세계대전과 아시아 태평양전쟁은 사후적으로 평가되었다. 물론 이 이야기에서는 연합국의 중요한 일원이었던 소비에트 연방을 어떻게 위치 지을 것인가, 또한 이러한 사후평가 자체에 이미 전후세계에 발흥한 냉전체제 구도가 반영되어 있는 것은 아닌가 하는 의문을 피하기 어렵다. 전후 일본의 국민사도 이런 틀이 갖는 주술의 속박을 피하는 것이 어렵다. 또 이 큰 이야기에 맞춰진 형태로 전쟁에 이르기까지의 전전(戰前)의 역사까지 고쳐 썼다.

'제2의 이야기'는 아시아에서 강대한 세력을 가졌던 제국주의체제가 붕괴된 전쟁이었다는 평가를 끌어낸다. 대영제국, 프랑스 그리고 네덜란드는 일본에 점령된 버마(미얀마) 동쪽의 식민지를 전후 회복했지만, 영국의 경제가 재정적으로 미국에서 독립할 수 없게 되고 미국의 보호 없이 영국은 식민지제국을 유지할 수 없다는 점도 명료해졌다. 당연한 일이지만 이미 제2차 세계대전 중 미국의 정책 담당자들은 전후의 세계질서를 어떻게 수립할 것인지, 나아가 대영제국과 대일본제국을 어떻게 계승할 것인지에 관해 심사숙고했다. 그리고 전후의 세계에서 영국이 미국의 위성국인 현실을 은폐할 수 없게 됨에 따라서 대영제국의 식민지는 차차로 독립했던 것이다. 1945년의 시점에서 가장 먼저 일본의 식민지가 해방되었다. 그 후 영국, 프랑스, 네덜란드의 식민지가 차차 해방되었다. 식민지의 해방은 1960년대의 아시아, 아프리카, 그리고 아메리카의 식민지 해방으로 이어졌다. 여기서 보자면, 제2차 세계대전과 아시아 태평양전쟁은 식민지주의의 종언이 시작됐음을 알리는 식민지주의 붕괴의 서막으로서 규정할 수 있다. 그리고 기묘하지만 이 이야기에서 미국은 식민지주의에 대항한 반식민지주의 세력을 대표하는 것처럼 묘사되는 일이 종종 일어났다. 물론 미국의 위치는 양의적이어서 미국이라는 국가는 식민지주의 측에 있다고 여겨지는 일도 빈번했다.

마지막으로 나는 '제3의 이야기'를 끄집어내고자 한다. 그것은 인종주의와의 전쟁으로 세계사를 보는 견해이다. 제1의 이야기가 파시즘에 대항한 자유주의의 승리, 제2의 이야기가 식민지주의로부터의 민족해방으로 요약되는 것에 비해서, 제3의 이야기는 인종 차별 양태의 변화로서 세계사를 파악하는 것이다. 제3의 이야기에는 현재가 과거보다도 우월하다는 목적론적인 진보사관이 반드시 전제로 작동하는 것은 아니다. 후술하겠지만 제3의 이야기는 인종 대 인종, 민족 대 민족, 국민 대 국민의 전쟁으로 역사를 보는 것이 아니다. 인종주의와의 전쟁은 사회진화론에서 볼 수 있는 인종전쟁의 역사가 아니기 때문이다. 그것은 인종주의에 대한 전쟁이고, 인종, 민족 혹은 국민이라는 동일성에 의한 차별에 대한 전쟁의 역사이다.

유럽인에 의한 '아메리카 정복' 이래로 '인종 차별'은 지구적인 규모로 사회적인 현실을 파악하기 위한 최대공약 지표의 역할을 담당해 오고 있다. 그것은 사람들에게 인류를 구별하기 위한 가장 강력한 분류체계를 밀어붙였고, 게다가 '인종'의 범주는 의도치 않았지만 사회적 항쟁의 표현이 되기도 했다. 인종은 경제적인 계층화, 주권에 의한 법질서에서의 차별, 문화적인 동일화 등 다른 심급에서의 분류를 횡단하며 작용하는, 가장 포괄적인 분류체계라고 말해도 좋다. 다만 인종은 경제에서의 계급, 주민등록상에서의 국적, 법질서에서의 권리, 집단적인 공상이나 신념에서의 국체, 개인의 관계성에서의 성 그 어느 쪽으로도 환원 가능한 것이 아니다. 계급, 국적, 권리, 국체, 성 등의 심급에는 모순이 있지만, 인종은 이러한 심급의 상호 모순에도 불구하고 연계(imbrication)할 수 있음을 가르쳐 주는 범주이다.

　인종주의를 개념적으로 한정짓는 것은 특히 곤란하다. 인종의 범주에서 개념적 합리성을 발견하는 것도 극도로 어렵다. 우리가 인종주의라고 부르는 태도, 지식, 신앙, 정치적 실천 등의 착종성은 역사적으로 항상 변화해 왔다. 신앙이 결여되었다는 이유로 이교도를 절멸(제노사이드)시키고자 했던 시기와 노예무역에 의한 강제 이동이 특징인 근세의 인종주의에서 시작해서, 박물학이나 혈통에 의한 인종 및 국민국가의 기초를 마련하기 위한 국민성에 기반한 인종주의로 변화해 온 것이다. 19세기 후반에는 국민국가가 성숙해짐에 따라서 생물학과 생리학이 보급되기 시작했다. 이러한 지식체계에 의거하는 이른바 과학적 인종주의와 사회진화론을 규범으로 삼는 인종 간의 우열관계를 물신적으로 파악하는 인종체계나, 표면상으로는 인종 차별에 부정적이면서도 동화론이나 정상성이라는 모델에서 인종주의를 온존시키려는 방식이나, 심지어 식민지 지배 질서를 유지하기 위한 통혼 금지(혹은 통혼 장려) 및 민족문화의 다양성을 승인하면서도 배제의 기제를 긍정하는 문화주의적인 인종주의에서 민족의 순수성을 구가하는 민족주의적 인종주의, 혹은 인종질서에는 뚜렷하게 속하지 않는 정치적 표징('테러리스트') 혹은 종교적 동일성('이슬람'), 심지어 정치와 종교의 결합('이슬람 파시즘') 등의 이름하에 저질러진 인종 차별에 이르기까지, 인종주의는 착종되어 나타난다. 인종주의로 총괄됨에도 불구하고 인종주의는 역사적으로 다양하고 사회적 혹은 지정학적 분포조차 같지 않다. 그러나 그 어떤 경우에도 폭력적 배제나 강압이 동반되지 않는 경우가 없으므로, 인종주의는 반드시 사회적 항쟁의 현장을 가리키게 된다. 인종주의에 대한 비난이나 비판은 단순한 오류를 지적하는 것에 주안을 두지 않고, 사회적 항쟁으로 적대적이 된 사람들이 항쟁을 위해서 채택하는 전략으로 채용된다. 인종주의는 사회가 격변하는 과정을 표시하는 징후이기 때문에 인종주의 역사 속에는 사람들의 삶의 변화 양상이 가장 잘 기록되어 있다.

경제 변화와 사회구조의 차이를 종합한 목적론적 발전단계의 역사가 있는데, 이는 제1, 제2 그리고 제3의 이야기와 관계를 갖는다. 왜냐하면 이 역사 이야기야말로 근대세계의 인종 분류, 식민지주의 질서를 자본주의 발달에 결부시키는 틀의 역할을 지금까지 해왔기 때문이다. 이 이외에도 거창한 역사 이야기를 생각할 수도 있겠지만 이야기의 형태를 망라하는 것이 중심인 건 아니기에 이 정도로 해두겠다.

대일본제국 붕괴 후, 제1의 이야기가 일본 전후사의 정사(正史)가 되어 온 것은 의문의 여지가 없다. 점령기로부터 1955년 체제의 성립과 고도성장을 거쳐 현재에 이르기까지 이 이야기가 정통성을 잃은 적은 없었다. 그러나 제2의 이야기는 이 정사의 소위 이면사(裏面史)로서 당초 아시아 아메리카의 반식민지주의에 갈채를 보낸 좌익 지식인이 주장한 것으로, 더더욱 무토 이치요(武藤一羊)의 '일본제국의 계승원리'[1]를 보강하기 위해 보수 지식인에 의해서 횡령되기도 했다. 다만 제2의 이야기는 정사의 위치를 차지할 수 없었다. 왜냐하면 제1의 이야기에 제2가 반드시 종속돼야만 했던 사실은 하나의 역사적 금기를 보여 주기 때문이다. 이 금기는 영미 식민지주의와 일본 식민지주의를 같은 기준과 동일한 장에서 비교할 것을 금지한다. 그리고 이 금기는 식민지주의 비판에서의 보편성을 억압한다. 영미 식민지주의가 비판당한 적은 있어도 그것은 파시즘에 대한 자유주의의 옹호에 의해 구제되든가, 뒤에서 보듯이 특수주의에 대한 보편주의의 투쟁으로 긍정되어 왔다. 식민지주의 비판에서 보편성은 보편주의에 의해 ── 보편성과 보편주의를 변별하고 있음에 유의하자 ── 전위되어 왔기 때문이다. 즉 연합국 최고사령부(SCAP)도 일본 정부도 일본 식민지주의 책임에 직면하는 것을 일관되게 피해 왔고 ── 그렇기 때문에 '일본제국의 계승원리'가 온존되어 왔다 ── 1955년 체제의 여당이 지금도 '자유민주당'이라고 불리고 있는 것에서 가장 잘 나타나듯 제2의 이야기는 제1의 이야기의 권위를 침범할 수 없었다.

제2의 이야기가 표면으로 튀어나오는 것에는 어려움이 있다. 적어도 일본 본토에 한해서 말하자면 식민지주의로부터 해방이라고 부를 수 있는 사태가 일어나지 않았다. 조선 민족이 일본 식민지 지배로부터 해방되었다는 의미처럼, 일본 민족이 해방된다는 일은 있을 수 없기 때문

---

1) 무토 이치요는 '전후 일본 국가'는 "서로 나란히 설 수 없는 3개의 구성 원리를 절충적으로 통합함으로써 성립되었다"고 말한다. '일본제국의 계승원리'는 그 하나이다. 다른 두 개는 '미국의 반공자유주의 원리'와 '헌법의 절대평화주의'이다. 武藤一羊, 『「戦後日本国家」という問題』, れんが書房新社, 1999, p. 16.

이다. '식민지주의로부터의 해방'을 더 근본적으로 생각해 보면, 식민지주의가 종주국 국민에게 부여한 도착적 우월감에서 해당 종주국 국민 자신이 해방되었다는 의미를 담고 있다고는 해도 전후 일본열도에는 아직 '해방'이 일어나지 않았다. 서유럽 국민이나 미국 국민이 식민지주의(도착적 우월감으로서의 백인 지상주의)에서 해방된 것만큼도 '일본인'은 해방되지 못했던 것이다.

왜냐하면 제국의 상실은 '제국을 잃었다'고 느낄 일본 주민 ─ 즉 자신이 일본인이라는 사실에 불안을 느끼지 않는 일본에 거주하는 일본 국적을 가진 주민의 대부분 ─ 에게 해방을 의미하지 않았기 때문이다. 식민지제국에서 자기 정체성을 마련해 왔던 일본 국민에게 식민지주의는 그로부터 해방되어 기뻐할 수 있는 것이 아니라 오히려 그때까지 향수해 왔으나 갑자기 잃어버린 특권 혹은 자랑 같은 것이었기 때문이다. 제국의 붕괴는 패전 후 60년 이상 지났어도 상실된 채로 남아 있다. 제국의 상실을 확실하게 긍정하는 논의는 최근에야 키워졌다.

이렇게 우리는 제2의 이야기의 중요성뿐만 아니라 제3의 이야기로 역사적 고찰을 정리하는 일의 중요성도 이해하게 된다. 식민지주의로부터의 해방 서사가 반드시 전후 일본의 역사 서사가 되지는 않기 때문이다. 오히려 해방으로부터의 후퇴야말로 패전 후 일본 사회를 특징짓는다. 확실히 1960년대 말에는 '일본제국주의'의 유제(遺制)를 향한 관심이 일어나 사회변혁운동 속에 소수자의 시점을 도입하려고 했던 시기도 있었다. 하지만 미국에서 일어났던 시민권운동이나 광범위한 인종 차별 폐지 운동 및 1980년대 '위안부 문제'나 식민지 책임 문제 등은 끝내 일본 국민 사이에서 넓은 지지를 얻지 못했다. 1990년대에 들어와서 서유럽뿐만 아니라 오스트레일리아, 북아메리카에서도 식민지 책임 문제에 관해서는 퇴행 현상이 생겼다. 이런 퇴행을 가장 잘 보여 주는 것이 바로 일본의 '위안부 문제'에 관한 추세일 것이다.

전전에서 전후로의 긴 기간을 두고 보더라도 전후 일본에서 해방의 징후를 발견하기란 대단히 어렵다. 전전에서 전중에 걸쳐 널리 존재했던 인종주의를 향한 관심이 전후 일본에서는 무산되었기 때문이다. 한편에서 인종주의 비판은 소멸했지만 다른 한편에서는 여러 가지 형태로 존재하는 '인종 차별'의 현실을 어떻게 생각해야 할 것인가? 제국의 상실과 더불어 새롭게 만들어진 국민주의와 인종주의의 변용은 어떤 식으로 관계 맺고 있는가? 지금까지도 제3의 이야기는 제1의 이야기와 제2의 이야기의 복류(伏流)처럼 돌연 분출하기도 했고, 혹은 단편적으로 고립되어 참조되기도 했다. 나는 제3의 이야기에 시각을 두고 다시 한 번 전후 태평양 횡단(trans pacific)의 역사를 고쳐 쓸 수 있을까, 그때 일본국 헌법은 어떻게 읽을 수 있을까에 대해 주목하고 있다.

식민지체제와 권력관계

그러면 제국의 상실 이전 시점으로 되돌아가서, 식민지 지배와 인종주의의 관계에 대해서 한번 살펴보자.

제2차 세계대전 초기 유럽 전선에서 독일이 승리한 후, 먼저 프랑스령 인도차이나 반도를 점령했던 일본군은 동남아시아의 영·네덜란드 식민지에 침입했다. 이를 통해 대일본제국은 그 지배영역을 단숨에 확대했다. 제국일본의 지도자들은 식민지의 해방을 널리 퍼뜨리고 다녔다. 그러나 일본의 지배하에 새로 잇따라 들어온 지역에서 식민지 지배가 소멸된 것은 아니었다. 오히려 인도차이나를 경영했던 양상에서 그 전형을 찾을 수 있듯, 제국일본은 유럽세력에 의한 식민지 지배체제를 위임받거나 찬탈해서, 때때로 '해방'의 미사여구 아래 식민지 지배체제를 유지하는 데에 힘썼다고 하는 쪽이 정확할 것이다. '해방'의 미사여구를 쓴 적은 있지만, 해방의 작업에 관계했던 적은 없었던 것이다.

그러나 식민지 지배라고 해도 권력관계가 재생산되기 위해서는 피지배자의 자유를 끌어당기는 일이 필요하다. 즉 피지배자의 자유에 의해 지탱되지 않는 권력관계란 있을 수 없다.[2] 적을 파괴하고자 하는 폭력 안에서 권력은 작동하지 않는다. 피지배자를 '살게 만들' 때에만 권력관계가 있다고 말할 수 있다. 권력관계는 피지배자의 자유를 탄압하거나 억압하는 것을 의미한다기보다도, 피지배자의 자유를 횡령하는 것이고 지배자와 피지배자 사이에 교섭의 회로가 성립되는 것이기 때문이다. 지배자와 피지배자는 이 회로를 통해 저마다의 주체적인 입장을 획득하고, 각각의 아이덴티티를 확립한다.

여기서 새로운 식민지 지배는 상호-텍스트적인 구성을 피할 수 없게 된다. 줄리아 크리스테바에 의해 도입된 상호-텍스트성(inter-textuality)이란, 어떤 텍스트가 그 발화의 의의를 다른 텍스트와의 대화 속에서 획득하는 것을 말한다.[3] 새로운 텍스트는 다른 텍스트를 몰래 참조해 그 텍스트에 대항하는 형태로 자신의 존재 의의를 주장한다. 그래서 식민지 지배의 정책은 상호-텍스트로서의 성격을 획득한다고 생각

---

2) 보다 상세한 분석은 酒井直樹, 『日本/映像/米國』[사카이 나오키, 『일본, 영상, 미국』]을 참조하기 바란다.

3) Julia Kristeva, *Le texte du roman, Approche semiologique d'une structure discousive transformationnelle*, La Haye, Mouton, 1970(谷口勇 訳, 『テクストとしての小説』, 國文社, 1985)을 참조하기 바란다.

해도 좋다. 왜냐하면 식민지 주민은 그 이전의 식민지체제를 알고 있고, 일본의 식민지 정책은 그 이전의 식민지체제와의 비교 속에서 수용되거나 반발당하기 때문이다. 특히 국민(민족)국가형 주권이 파급되고 있던 1940년대에는, 설사 장소가 인도네시아라고 해도 신분제를 떠올리는 계층화가 점점 그 효력을 잃어 가고 있었다.

당시 대영제국, 프랑스, 네덜란드가 지배했던 지역에 새로운 식민지 지배체제를 구축하기 위해서, 일본은 주민에 대한 지배가 더 인도적이고 주민 차별 정도가 더 적다는 것을 설득하지 않으면 안 되었다. 식민지주의에서의 '해방'을 식민지 지배의 장치로 교묘하게 거둬들이는 일은 누가 뭐래도 필요했던 것이다. 식민지주의로부터 해방을 말하면서 새롭게 만들어 가는 권력관계로서의 식민지체제를 어떻게 창안할 것인가, 대동아공영권의 정책 담당자들은 바로 이 과제에 직면했다. 그리고 제국일본이 붕괴한 이후, 일찍이 대동아공영권이 석권한 지역에서 미국의 정책 담당자들이 직면했던 것도 이것이었다. 식민지 권력은 상호-텍스트적인 성격을 피할 수 없다.

그때까지 몇 개의 맥락에서 유럽세력에 의한 아시아 지배에 반대해 왔던 일본의 고급관료, 정치가, 지식인은 서구제국주의에 반대한다는 명목을 관철하는 데 있어서, 인종주의적인 제국주의가 아닌 새로운 광역 지배를 그때까지 유럽 식민제국의 지배를 받았던 지역에서 실행해야 했다.[4] 이런 일본 제국주의자의 주장에는 서구와 미국에 의한 식민지 지

---

4) 이른바 '세계사의 철학'은 이러한 제국적 국민주의자에 의한 자기도취적인 특수주의비판이었다. 당시 특수주의에 대한 비판으로 다음의 논고를 참고하기 바란다. 三木淸, 「新日本主義の認識」(1937.7.), 『三木淸全集』, 15卷, 岩波書店, 1967, pp. 147~154; 「世界史の公道」(1937.7.), 『三木淸全集』, 13卷, 1967, pp. 402~407; 「東京だより」(1938.7~12.), 『全集』, 16卷, 1968, pp.

배가 특수주의적인 성격을 갖고 있었음에 대한 보편주의적 비판이 담겨 있음에 주의할 필요가 있다.[5] 대부분의 대영제국 식민지에는 인종 차별이 제도화되어 있고, 유색인종 멸시가 습관처럼 자리 잡고 있었으며, 또 미국에는 백인우월주의가 법제화되어 있고, 쿠 클럭스 클란(Ku Klux Klan) —— 흑인차별주의, 반공주의, 반유태주의, 반가톨릭 단체의 회원이 1920년대에는 미국 성인 인구의 15%를 차지했고, 역대 대통령 중에 2명 또 최고재판관 2명이나 그 회원이었다고 한다 —— 이 있었음을 지적하면, 일본 제국주의를 영미 제국주의와 비교해서 더 보편주의적이라고 주장하는 것도 그다지 어렵지 않았다. 일본 제국적 국민주의가 보편주의적이었음을 인정하지 않는 것은 아니지만, 그렇다고 해서 그것이 인종 차별이나 식민지 지배 비판의 보편성의 실천이었다고 말하려는 건 아니다. 그런데 1933년 만주국의 지위를 둘러싸고 일본 정부가 국제연맹에서 탈퇴한 후, 일본 정부는 독일 나치정권에 점점 접근했다. 주지하듯 KKK와 나치는 민족정책에 있어서 명백한 근친성을 갖고 있고, 일본 정부는 나치형의 백인지상주의를 지지하기 시작했다. 일본 정부 내 보수층이 보기에 인종주의 반대보다도 사회주의 반대가 훨씬 중요했던 것이다. 1936년의 일독방공협정, 1937년의 일독이방공협정, 그리고 1940년의 일독이군

519~530; 「新日本の思想原理」(1939.1.), 『全集』, 17卷, 1968, pp. 506~533; 「新日本の思想原理 續編」(1939.9.), 『全集』, 17卷, pp. 534~588; 高坂正顯, 「歷史的世界」(1938), 『高坂正顯全集』, 1卷, 想社, 1964, pp. 177~217; 高山岩男, 「世界史の理念」, 『思想』, 1940年 4~5月号. '세계사의 철학'과 일본제국주의의 보편주의적인 성격에 대해서는 酒井直樹, 「近代の批判: 中絶した投企 —— 日本の一九三〇年代」, 『死産される日本語・日本人』, 新曜社, 1996, pp. 3~50을 참조하기 바란다.

5) 가령 다나베 하지메의 일련의 '종의 논리'와 관련된 논문 田邊元, 『田邊元全集』, 6, 7卷, 築摩書房, 1964이나 三木淸, 「新日本の思想原理」, 「續, 新日本の思想原理」는 보편주의를 새롭게 만들어 내기 위한 철학적 표명이다.

사동맹을 볼 때, 일본은 백인지상주의로 점점 접근해 갔다.

　물론 백인지상주의라는 점에서 보더라도 1930년대 당시 미국, 대영제국과 독일, 이탈리아 사이에는 세부적으로 달랐지만, 서양을 백인적 특질로 보는 자기획정의 형식에는 큰 차이가 없었다. 때문에 독일, 이탈리아 그리고 스페인에 대한 일본 정부의 접근을 백인지상주의를 긍정하는 것으로 인정할 수 없다는 논점도 어느 정도 성립할 수 있다. 실제 일본의 진주만 공격으로 미국의 참전이 결정되기까지 미국 내에는 친나치세력이 암암리에 존재하고 있었다. 미국 보수층의 최대의 적은 나치가 아니라 사회주의자와 인종주의의 질서를 부정하는 인종 평등론자였다. 연합국이 인종 평등을 옹호하고 추축국이 인종주의를 내걸었다고 한 분류는 제2차 세계대전이 끝난 후 과거를 거슬러 올라가서 만들어 낸 역사의 결과였다. 그럼에도 불구하고 나치 독일이 실행한 조직적인 인종주의 정책의 실제 양상은 연합국 측의 인종주의와 추축국 측의 인종주의를 동렬에 두는 것을 허락하지 않았다. 게다가 일본 정부 내에서도 독일의 유태인 정책을 공공연히 비판하는 세력이 존재했다. 도조 히데키(東條英機) 내각의 정책 강령으로 1943년에 출판된 기획원 서기관 무라야마 미치오(村山道雄)가 저술한 『대동아건설론』[6] 제1장 「인종주의 민족정책을 배제함」은 일본 정부가 독일과 같은 인종정책을 채용하지 않을 것임을 자세히 기술하고 있다. 그 주안점은 인종주의 비판이지만, 같은 해에 기획원이 출판한 『대동아건설의 기본강령』[7]은 일본 민족 1억이 하나가 되어 다른 아시아 민족을 지도한다는 민족 간의 상하계층화 발상에 대해 어떠

---

6) 村山道雄, 『大東亞建設論』, 商工行政社, 1943.
7) 企劃院硏究會, 『大東亞建設の基本綱領』, 同盟通信, 1943.

한 비난도 하지 않았다.

여기서 대일본제국이 내세웠던 식민지주의로부터의 해방이나 인종 평등이라는 보편주의가 실은 제국적 국민주의에서의 보편주의에 지나지 않았음을 알 수 있다. 그래서 우리가 논의해야 할 과제는 제국적 국민주의에 보편주의는 왜 필요한 것일까, 왜 보편주의를 내걸지 않으면 제국적 국민주의는 자기정당화 할 수 없는 것인가이다.

영미제국주의가 특수주의적이라는 비판은 일본통치의 정당화를 위해서 일본 제국주의자가 서양 제국주의와는 다른 지배 형태를 모색해 그 차이를 점령지 사람들에게 적극적으로 보여 주는 데서 이뤄졌다. 무라야마 미치오가 『대동아건설론』에서 "영국식 패도주의적 식민정책이나 독일식 인종주의적 민족정책"에 빠지지 않기 위해서는 "서양의 사례나 학설을 일본 민족 내지 대동아에 조심성 없이 채용"[8]하는 일을 피해야 한다고 말한 까닭이 그 전형적인 이유일 것이다. 명목상으로 일본의 제국주의자는 인종주의의 실천과 식민지 지배가 마치 서로 독립된 사건이고, 인종주의를 수반하지 않는 식민지 경영이 있을 수 있기나 한 듯 제국 일본의 아시아 지배를 특징지으려 했다. 일본 제국주의의 특이한 성격이 몇 번이나 강조되는 형태로 일본의 인종주의는 서양의 인종주의와 다르다고 강하게 주장되었다. 그리고 아시아 태평양전쟁이 끝난 뒤에는 헤게모니를 손에 넣은 미국이 같은 전술을 되풀이했다.

복수(複數)의 제국주의 세력이 국제세계에 존재하는 한 제국주의는 보편주의를 둘러싸고 경합하는 관계에 있으며, 끊임없이 다른 제국주의는 특수주의적인 기만이고 자기들의 지배체제야말로 보다 널리 인간성

---

8) 村山道雄, 『大東亞建設論』, p. 2.

에 호소하는 힘을 갖는다고 증명하려고 했다. 제국주의는 군사력이나 경제력의 우월만으로 권력관계를 유지할 수 없다. 보편성과 관련된 '해방'의 논리가 아닌 한 권력관계를 영속적으로 유지할 수 없기 때문이다. 근대세계에서 '해방'은 정통성의 기본이다. 그리고 결국 반드시 '선교사적 입장'에서 보편주의적으로 정통화할 필요가 생긴다. '선교사적 입장'이란 선험적으로 자신은 이미 보편적인 진리의 말을 갖고 있고, 원주민은 그 말을 배워야 할 운명에 처해 있다고 하는, 즉 권력관계의 회로에 따른 발화의 구조이다. 식민자는 주민들과의 투쟁에서 언제든 패자가 될 수 있지만, 이 확신에 찬 우월의식은 타자와의 경험적인 만남에 의해 흔들리지 않는다. 그런 의미에서 식민지주의적인 권력관계에서 보자면, 이러한 확신은 식민지주의자의 주체성을 낳기 위한 좋은 수단이 된다. 식민지체제를 광역적으로, 동시에 체계적으로 운영해야 하는 제국주의는 거의 예외 없이 '선교사적 입장'을 띠고 있다.[9] 더구나 제국일본이 해체되기까지 일본 국가는 보편주의적인 태도를 선취할 가능성이 있었다. 바로 이런 까닭에 국방성을 향해 전문가 에드윈 라이샤워는 다음과 같이 경고할 수 있었다. "일본은 국제연합에 대한 전쟁을 황인종·갈색 인종이 백인종으로부터 해방을 얻기 위한 성전(聖戰)으로 삼고자 합니다. 중국의 용기 있는 저항이 이런 종류의 프로파간다를 과도하게 이용하는 일본을 막고 있습니다만, 일본의 프로파간다는 샴(태국)이나 동남아시아의 식민지, 그리고 중국의 일부에서도 어느 정도 성공을 거두고 있습니다. 중국이 전쟁에서 탈락하는 사태가 생길 경우, 일본인은 아시아에서의 투쟁

---

9) '선교사적 입장'에 대한 분석은 酒井直樹, 「'日本人であること': 多民族國家における國民主體の構築の問題と田邊元の'種の論理'」, 『思想』, 1997年 12月号를 참고하기 바란다.

을 전면적인 인종전쟁으로 변환시킬 수 있을지도 모릅니다."[10] 보편성을 둘러싼 항쟁에서 패하는 일은 미국이 식민지에서 실천해 온, 혹은 국내 도처에서 볼 수 있는 인종주의를 식민지 피지배자의 눈앞에서 폭로당하는 일이고, 식민지 지배의 권력관계가 붕괴되는 위험에 직면하는 일이었다.

보편주의와 특수주의

미국과 일본의 제국적 국민주의는 1945년까지 경쟁관계에 있었다고 말할 수 있다. 그러나 미국의 국민주의가 자신의 기본적인 성격을 바꾼 적이 없었던 것에 반해 제국일본을 상실한 이후 일본의 국민주의는 민족주의적 국민주의로 급변했다. 그리고 지금까지 서술해 왔듯 미국의 국민주의와 일본의 국민주의는 공범 관계를 점차 구축해 갔다. 특히 동아시아에 있어서의 미국의 광역지배는 한편으로 일본 식민지주의의 유산을 횡령하면서 다른 한편으로는 과거 일본의 식민지 지배로부터 해방한다고 스스로를 정통화하고자 했다. 물론 일본 식민지주의로부터의 해방은 연합국의 '민주주의'가 추축국의 '전체주의'에 승리했다는 보다 거대한 서사 속에 자리매김 되었다. 그 담론 속에서 미국의 국민주의와 일본의 국민주의는 이른바 부정적인 거울로서 스스로를 그리려고 했다고 말할 수 있다.

  그런데 식민지 정책이나 차별의 구조라는 식민지 지배의 실천을 분석하면 대단히 많은 유사점을 발견할 수 있다. 때문에 일본과 미국의 비

---

10) 이 책의 권말에 부록으로 실린 「대일정책에 관한 각서」를 참고하기 바란다.

교 작업에는 국민문화나 종교와 같은 흡사 명료하게 구별되어 있는 것처럼 보이고 물상화된 인종적·국민적 동일성의 영역이 강조된다. 『일본, 영상, 미국』에서 논했던 '분리'라는 담론장치가 필요한 까닭도 바로 이때문이다.[11] 미국은 백인국가인 데 반해 일본은 황인국가이고, 한쪽은 기독교국인 데 반해 다른 쪽은 불교·신도국이다. 이처럼 언뜻 자명한 것처럼 보이는 양국 간의 대조가 비교의 기본 도식으로 여러 번 이용되었고, 두 사회는 비교 불가능한 '다른' 사회라는 선입견이 조장되었다. 이것을 극적으로 보여 주는 것이 바로 미국은 서양, 일본은 동양이라는 이항대립이었다.

여기서 문화나 국민성의 경우뿐만 아니라 다른 경우에도 비교가 항상 실체화된 '전체' 간의 비교가 될 수 있음을 재차 지적해 두자. 비교는 '반복'에 반드시 동반하는 사고의 가장 기본적인 운동이다. 이 운동은 고전논리적인 유(genus)와 종(species)의 배분(economy)에 선행하고 있고, 일반성과는 구별되는 의미로서의 보편성의 운동이고, 개념적인 표상이 아닌 이념의 반복과 관계된다.[12]

그런데 1940년대 미국에서 대일 프로파간다 연구로 시작된 국민성 연구나 1950년대부터 60년대에 걸쳐 문화형태론의 통속판으로 번성한 일본문화론에서 두드러지게 보이듯, 지금까지의 일미 비교에서는 일반성과 보편성이 혼동되었고, 이 비교는 왜소화되었으며, 어떤 독립된

---

11) 酒井直樹, 『日本/映像/米國』, 5章 「比較という戰略」[사카이 나오키, 『일본, 영상, 미국』]을 참고하기 바란다.
12) '반복'이라는 개념의 차이에 대해서는 Gilles Deleuze, *Difference et Répétition*, Presse Universitaires de France, 1968, 특히 pp. 43~95(財津理 訳, 『差異と反復』, 河出書房新社, 1992, pp. 39~55)을 참고하기 바란다.

실체의 병존으로 표상되어 왔다. 국민성이나 민족성의 비교가 미리 유와 종에 관한 박물학적 분류의 경제학에 따르는 것으로 상정되었다. 유와 종의 박물학적인 분류의 경제학이야말로 인종주의를 낳은 부모이지만, 국민성 연구나 일본문화론은 차이론적 인종주의(differential racism)의 논리를 반복한다. 국민성에 대해서는 말할 것도 없고 '문화'라고 하면 곧바로 국민이나 민족 전체에 공통하는 국민문화나 민족문화를 지칭하고 만다. 물론 비교연구에서 관찰자의 위치, 비교와 국민적이고 인종적인 자기획정의 관계(확실히 국민성의 개념은 국민의 자기획정과 자기표상으로부터 떼어놓고는 이해할 수 없다), 나아가 문화에 관한 지식 생산과 국가의 주권에 관한 고찰과 같은 핵심적 문제는 묵살당하지 않을 수 없다. 왜냐하면 그런 비교와 관련된 문제를 질문하는 것은 좋든 싫든 미국과 일본의 제국적 국민주의의 비교로 사람을 끌고 가기 때문이다. 일찍이 버나드 콘(Bernard Cohn)은 종주국 수도와 식민지를 같은 분석의 장(unitary field of analysis)에 놓고 봐야 한다[13]고 주장했지만, 바로 이러한 동일한 분석의 장에서 동일한 기준을 갖고 이뤄진 미국과 일본의 제국적 국민주의 비교야말로 철저하게 기피되어 왔다. 일본의 국민주의와 미국의 국민주의가 비교된 적은 있었지만, 그 비교는 사전에 교묘하게 특수주의적인 국민성과 보편주의적인 국민성이라는 틀로 봉인되었다. 게다가 이 비교는 미국의 국민주의가 가진 예외주의를 침해하지 않는 한에서 허용되었다.

이렇게 봤을 때 제국적 국민주의와 보편주의에 관한 분석은 일본

---

13) Bernard Cohn, *Colonialism and its Forms of Knowledge*, Princeton University Press, 1996, p.4.

에 대해서도 미국에 대해서도 똑같이 국민사의 문맥에서 벗어나 비교·검토되어야 한다. 왜냐하면 전후에는 과거 역사를 어떻게 그릴 것인가라는 점에서, 또 국민의 자기획정과 관련된 스캔들을 억압하기 위해서 양국의 민주주의가 은밀하게 보편주의와 특수주의의 역할을 나눠 짊어짐으로써 공범 관계를 맺어 오고 있었기 때문이다. 미국 국민주의의 '예외주의', 보편주의와 특수주의의 공범성은 이른바 동전의 양면처럼 서로 관계를 맺고 있기 때문이다. 이것을 뒤집어서 보자면 제국적 국민주의와 보편주의에 관한 분석은 일본과 미국의 공범 관계를 풀기 위한 실마리가 될 것이다.

보편주의의 경험

인종주의는 보편주의와 보편성 간의 양의성을 보여 준다. 인종주의는 인류라는 일반성을 복수의 인종으로 분류한다. 게다가 어떤 인종에게는 특전을 부여하는 데 비해 다른 인종에게는 그 특전을 부정한다. 국민주의도 그 국가의 주권하의 주체(신민)에 대해서는 국민으로서의 권리를 부여하는 데 비해 국민이 아닌 자에게는 국민으로서의 권리를 부정한다. 이 점에서 인종은 국민이나 민족과 동일한 분류 유형에 속한다고 말할 수 있다. 그러나 인종주의가 문제가 되는 것은 국민으로서의 권리가 보증되어야 하는 사람들의 범위에서 권리의 보편적인 현실화가 이뤄지지 않는 경우가 많다는 점이다. 인종주의에는 인류를 분류하는 인식론의 측면과 사람들을 차별하는 실천적인 측면이 있다. 하지만 국민과 마찬가지로 인종도 상상적인 구성체로 인식과 실천이 맞물려 있으므로, 두 개의 위상을 명확히 변별하는 것은 매우 곤란하다.

인종주의의 실천은 일반적으로 보편적인 도덕으로부터의 일탈, 보편주의적인 윤리의 배신이라고 간주된다. 그런데 역사적으로 보자면, 인간의 권리의 정통성을 이야기할 때 보편주의를 근거로 삼는 일과 사회적인 차별을 인종의 범주로 정당화하는 일은 거의 때를 같이해서 나타났다. 보편주의도 인종주의도 모두 '국민'으로서 구성되는 인구를 국가의 주권 아래 통합하는 정치과정에서 현재화된다는 사실을 잊어서는 안 된다. 보편주의도 인종주의도 국민과 동시대적인 현상인 것처럼 볼 수 있다. 그래서 식민주의와 자본주의의 세계적인 파급이 특징인 근대에서 보편주의는 무엇보다도 우선 국민이라는 체험으로 주어진다는 점을 확인해 둘 필요가 있다. 국민의 일원이 된다는 것은 집단으로서의 국민이라는 전체성에 개인이 매개적인 제도를 경유하지 않고 귀속하는 것이고, 신분이나 혈통이라는 사회적인 위치를 무시하고 개인이 전체에 직접 참가하는 것이다. 예를 들면 친족 내의 상대적인 위치와 신분으로 규정된 효, 충, 경(敬) 등의 가치(혹은 덕)에 의해서 자기의 행동을 제어해 왔던 근대 이전의 사회편제에서 국민주체를 생각하기 어려운 까닭은, 개인이 국민이라는 전체에 단숨에 자기획정하는 공상적인 통로가 결여되어 있기 때문이다. 그러다가 국민 혹은 민족의 등장과 더불어 형식적인 평등을 그 정통성의 근거로 삼는 정체가 가능하게 되었다. 개인이 친족과 지연공동성 등에 의무와 애착으로 속박당하고 있을 때, 개인의 충성심을 국민이라는 상상적인 공동체로 탈취하는 일은 거의 불가능하다. 친족의 권력관계 회로 속에서 사람은 국민적인 주체로서 구성되지 않기 때문이다. 친족이나 지연 속에 뿌리를 내린 개인은 부모, 자식 혹은 집안의 명예를 위해 자기를 희생할 정도로 강한 충성심을 가질 수 있지만, 그에게 국민이라는 추상적인 공동체를 위해 자기를 희생하라고 말해도 설득되지 않을 것이다. 하물며 친족의 연장선상에 있는 인맥이나 씨족관계로 맺어진 번(藩)이나 마을을 위해 자기를 바치는 일 따위를 각오할 수는 있어도, 국민을 위해, 본 적도 없는 '동포'를 위해 죽을 정도로 개인을 몰아넣으려면 충성심의 존재 방식을 규정하고 있는 권력관계가 근본적으로 변해야 한다.

이른바 근대사회에서도 지연이나 혈연이 개인을 움직이는 도덕적인 힘으로써 사라져 버린 것은 아니다. 국민 혹은 민족이라는 사회통일체가 근대 특유의 현상인 까닭은 개인의 자기획정에 새로운 차원이 나타났기 때문이다. 그렇다고 물론 다른 차원이 소멸해 버린 것은 아니다. 국민이 성립되기 위해서는 개인의 존재양식이 대폭적으로 변해야 한다. 개인이 국민이라는 전체에 정체성을 확정짓는 공상적인 통로를 만들어야만 한다. 그것은 개인의 자기획정 기제가 크게 변하고 친족과 지연의 차원과는 다른, 전체를 향해 단숨에 종적(種的)으로 연결되기 위한 회로를 획득하는 일이다. 소설, 미술사, 박물관, 국가(國歌), 국민교육 등 감성(미학)적인 잡다한 제도가 없다면 개인을 국민으로 만들 수 없다.

일찍이 혈연과 신분의 그물망 속에 붙잡힌 개인은 다른 혈연의 멤버 간이나 혹은 신분으로 규정된 분업관계 속에서 자신이 누구인지를 손윗사람이나 손아랫사람에 대한 예의나 도덕적인 책무('효' 또는 연장자에 대한 '경')를 적절히 분간해서 구사함으로써 수행적으로 확인할 수 있었다. 혈연과 신분의 그물망 속에서 인간은 자신의 역할과 의무를 알 수 있다. 나는 아무개의 아들이고 다른 아무개의 숙부라고 하는 식으로, 나는 혈연 그물망의 하나의 결절점으로서 자기를 규정한다. 혹은 '직분에 따른' 행동이 나의 정체성이자 동시에 윤리적인 규범을 만족시키는 일이기도 했다. 자신이 타자와의 상대적인 관계에 관련을 맺음으로써 자신의 동일성을 결정하는 것은 지금까지도 행해지고 있다. 근대 가족은 그런 혈연관계가 좁게 한정된 것인데, 거기에서는 혈연관계인 부, 모, 자식의 오이디푸스 삼각형이 나에게 가장 근원적인 동일성을 부여한다고 간주된다. 관계의 그물망 속에서 자기획정으로 얻을 수 있는 것은 관계적인 동일성이다.

그런데 국민으로서 자기획정하는 것은 혈연관계 속에서 자기획정하는 것과는 완전히 다르다. 혈연관계에서 아버지로부터 백부, 남편의 형제, 6촌 형제라는 식으로 참조항을 점점 늘려 가면 갈수록 '나'라는 자기의 내실은 증가한다. 이와 달리 국민으로서의 자기획정에서 나는 추상적인 채로 머문다. 국민이라는 전체에서 보았을 때, 나는 다른 멤버와 교환할 수 있는 개체에 지나지 않는다. 나와 다른 국민의 멤버와의 사이에 관계를 상정할 필요가 없고, 국민으로서의 자기획정에 관한 한 관계는 요건이 되지 않는다. 요컨대 국민이라는 상상적인 공동체 전체와의 관계에서 나는 단순한 '개인'에 지나지 않는다. 그것은 어쩌면 우리 집의 '야옹이'가 포유동물 식육류의 일종인 '고양이'에 속하듯이, 박물학에서 일컬어지는 '종'에 개체가 속하는 것과 같은 관계이다. 그러므로 국민 — 혹은 민족이나 인종 — 에 자기획정했을 때 얻을 수 있는 것은 종적 동일성이다.

하지만 사람들이 종적인 동일성에 자기획정하게 되었을 때, '사회적 평등'이라는 가치가 비로소 성립하는 것도 간과해서는 안 된다. '사회적인 평등'이 종적 동일성을 전제로 삼아야 하는 것은 아니다. 종적 동일성에서 일탈했을 경우 평등을 어떻게 실현할 것인가를 나는 모색해 왔지만, 역사적으로는 '사회적 평등'이라는 가치가 제도화되어 사람들과의 행동원리가 된 것은 종적 동일성이 보급되었을 때였다. 그리고 이른바 근대적인 개인이 성립하는 논리적 조건의 하나로 종적인 동일성을 생각하지 않을 수 없다. 요컨대 종적 동일성에 의해 규정된 '개인'이 성립하는 것은 개인이 전체에 직접 귀속할 때이고, 종적 동일성의 배분(economy)에서 개인화와 전체화가 공시적으로 일어난다. 형식적인 평등은 개인화와 전체화의 공시적 사건을 수반하고 있다.

우리는 '평등'이라는 이념을 종적 동일성을 파괴하는 것으로 파악하고, 이 이념을 개인화와 전체화의 배합에서 구해 내는 일을 과제로 삼고 있다. 예를 들면 이른바 비합법이민을 생각해 보자.[14] 비합법이민이란, 어떤 근대국가의 영토 내에 살고 있지만 그 국가로부터 인정받지 못하여 국가에 귀속되지 않는, 즉 국민이 아닌 개인이다. '국민'은 국가로부터 형식적인 평등을 부여받은 존재를 의미하지만, 비합법이민은 국가로부터 배제되고 차별받음으로서 국가의 합법성을 증명하는 존재이다. 형식적인 평등을 내세우는 국가는 비합법이민이 체포된 경우에 국외추방을 포함해 조치를 시행할 합법적인 책무를 갖는다. 형식적인 평등에서는 평등을 향수할 수 없다는 사실이 비합법이민의 존재를 규정한다. 비합법이민의 시각에서 볼 때 국가에 의해 보증된 형식적인 평등이 제도적 차별에 불과하다는 사실을 알 수 있다. 시대적으로 거슬러 올라가 보면, 우리는 몇 개의 유사한 예를 만날 수 있다. 가령 노예 해방 이전의 유럽이나 미국의 노예를 생각해 보자. 당시의 국가는 노예 소유를 보증하고 있었기 때문에 노예가 도망갔을 경우 노예를 체포해서 소유주에게 되돌려 주는 것

---

14) 伊豫谷登士翁 編, 『移動から場所を問う』, 有信堂, 2007에 실린 논문은 시사적이다. 그중 伊豫谷登士翁, 「方法としての移民」, pp. 3~23과 ラディカ・モンジア, 「奴隷制廢止と'自由'移民」, pp. 235~260의 논의는 중요한 시사점을 제시한다.

이 합법성을 의미했다. 그러나 노예의 존재가 어느 시대의 국가에 있어서는 평등의 침해가 아니라고 해도 사회적인 평등의 이념에 분명히 위배된다고 생각하는 사람들도 있다. 그리하여 노예제도를 둘러싼 사회적인 항쟁이 일어난다. 이런 까닭에 내전을 포함한 항쟁을 거쳐 노예제도는 폐지되고, 노예제도 그 자체는 도덕적인 탄핵의 대상이 된다. 이념으로서의 사회적 평등의 입장에서 제도화된 형식적인 평등은 끊임없이 사회문제로 여겨져 온 것이다.

'일시동인'과 개인

사회적 평등을 정적으로 파악하면, 이 가치는 개인과 전체의 권력관계의 논리적 귀결에 지나지 않는다. 대일본제국도 제국의 신민 간 평등을 선전했다. 예를 들면 인종주의를 규탄하며 "황도(皇道)에 바탕을 둔 민족융화"를 강조했는데, 1911년 조선 통치에 관해서 "천황은 조선의 민중까지도 차별 없이 사랑하며 천황의 신민이라는 점에서는 내지인과 조선인 간에는 추호의 차이도 없다"[15]라고, 새롭게 병합한 조선 영토에 대해 일본 국가의 정통성을 천황 앞의 평등으로 보증할 수 있다고 말하고 있다. 또는 만주국에서는 "대체로 이 새로운 국가의 영토 내에 거주하는 자는 인종·민족의 차이와 신분의 차에 상관없이 완전하게 동일하게 취급된다. 지금 살고 있는 한족, 만주족, 몽고족 및 일본과 조선의 민족적 차이는 말할 것도 없고, 그 밖의 나라에서 온 사람도 영구 거주를 희망하는 자

---

15) 「朝鮮總督府官制改革詔書」(1911)에서 직접 번역. 원문은 다음과 같다. "民衆を愛撫すること 一視同仁, 朕が臣民として秋毫の差異あることなく."

는 모두 평등한 대우를 받지 않으면 안 된다"[16]라고 서술되어 있다. 위의 일한 병합 직후에 발포된 조선총독부조서 속의 글귀를 나는 "민중까지도 차별 없이 사랑하며"라고 번역했지만, 그 원문은 "민중을 보듬는 일시동인"으로 되어 있다. 이 '일시동인'(一視同人)이라는 용어는 메이지 원년(1867)에 메이지정부가 성립되자마자 등장했고, 그 후 1945년 대일본제국이 붕괴할 때까지 법령의 첫머리를 늘상 장식했다. 천황 앞에서 모든 일본의 신민이 평등하다는 것이 이 용어에 요약되어 표현되어 있다. '일시동인'은 '일군만민'(一君萬民) 체제의 구조를 요약하고 있고, 그것은 전체를 대표하는 천황의 눈길 앞에서 국민 한 사람 한 사람은 무차별적으로 천황의 사랑을 받을 수 있다는 선언이다.

히로타 마사키에 의하면 이 구조는 근세의 신분제가 붕괴하고 근대적인 자유와 평등 이념에 통합 정리된 새로운 사회상이 부각되고 있음을 보여 준다.[17] 확실히 '일군만민'이라는 이념에는 초월적 중심의 위치에 천황의 인격이 놓여 있는데, 이것은 주권국가의 상징적인 위치이다. 주권국가 영토 내의 인구 전체를 통제한다는 전제에서 볼 때 군주제든 공화제든 개인과 전체 사이에서 공상(空想)된 구도를 생각하는 것에는 큰 차이가 없다. 정적인 평등이라는 가치는 이러한 개인화와 전체화

---

16) 「滿洲國建國宣言」(1932)에서 직접 번역. 원문은 다음과 같다. "凡そ新國家領土內にありて居住するものは皆, 種族の柿視, 尊卑の分別なし. 現有の漢族, 滿族, 蒙族および日本, 朝鮮の各族を除くの他, すなわちその他の國人にして長久に居住を願う者もまた平等の待遇を得."

17) 히로타 마사키는 일군만민체제(一君萬民體制)가 전면적으로 수립되었던 것은 아니고 화사족제(華土族制)라는 신분제가 보충적으로 도입되었음을 잊지 않았다. "'일군만민'은 일군 아래에 만민이 평등하게 결속되어 있다는 의미를 가진 이념"이지만, "군주의 권위를 유지하기 위해" 화사족제라는 신분제의 재편이 이뤄졌다. "'일군만민' 이념과 재편된 신분제는 서로 모순되지만, 제국헌법체제에 연결되어 갔다"(ひろた まさき, 『差別の諸相』, 日本近代思想大系 22卷, 岩波書店, 1990).

의 공시적인 상호의존성 속에서 나타나고, 국민이 주권 아래에 구성될 때의 충분조건이다. 주권이 유럽어로는 본래 왕권을 의미한다는 점, 따라서 인민 주권의 근대국가에서도 왕권의 상을 유지하고 있음에 주의해 두자. 주권재민이란 '인민'(people)이 왕이 되는 것의 비유로 이해되어 온 것이다.

'일시동인'은 사목적 권력의 전형을 보여 준다. 물론 일시와 동인은 국가의 전체성과 개인 간의 구조적인 관련을 나타내고 있고, 다양한 근대국가의 제도(사유재산제도, 국민개병제도, 중앙은행, 국민교육, 단일통화, 일원화된 사법제, 입법제도, 경찰, 기타 앞에서 든 감성·미학제도 등)에 의해 지탱되기 때문에 고대의 사목권력이 그대로 근대 주권의 존재 방식을 보여 준다고는 할 수 없다. 단지 '일시동인'은 사목권력이 근대 일본 권력의 기본임을 상징적으로 보여 주고 있다. 일본 이외의 근대국가에서도 주권은 그 신민에 대해서 이와 같은 구조적인 관계를 갖는다. 다만 사회적 평등의 이념 없이는 국민적 동일성이 개인의 자기획정 속에서 그만큼 중요성을 갖는다고 생각할 수 없을 것이다. '일시동인'이 투영하는 것은 개인이 전체를 통제하는 주권자와 1 대 1로 맞선다는 공상이다. 여기에는 미셸 푸코가 '사목적 권력'이라고 부른 것, 즉 양치기와 양치기의 인도와 비호로 집단을 이루는 양의 비유로 나타난, 주권에 종속되는 개체의 존재 방식이 그려진다.[18] 양치기가 양을 나무라거나 벌하는 일은 있어도, 그

---

18) Michel Foucault, "'Omnes et singlulatim': vers une critique de la raison politique", *Dites et Éctits 1954-1988*, vol.4, Gallimard, 1994, pp. 134~161(北山晴一 訳, 「全體的なものと個的なもの：政治の理性批判に向けて」, 石田英敬外 編, 『ミシェル·フーコー·コレクション：生政治·統治』, ちくま學藝文庫, 2006); *Sécurité, Territoire, Population, Cours de Collège de France, 1977-1978*, Gallimard/Seuil, 2004(高桑和巳 訳, 『ミシェル·フーコー講演集成：安全·領土·人口』, 築摩書房, 2007); *Naissance de la Biopolitique, Cours de Collège de France, 1978-1979*,

것은 양이 무리에서 이탈해서 방황하지 않도록 개체로서의 양을 이끌기 위한 배려에 기반한다. 게다가 양치기의 배려는 개개의 양을 향하고 있고, 개개의 양이 양치기의 배려에 의지함으로써 집단의 복지가 유지된다. '양치기(목자)'의 시선은 양 한 마리 한 마리에 향해 있고, 반대로 각각의 양은 마치 이 세상에는 '자신과 목자' 이외에는 아무도 없는 듯 목자를 응시하게 될 것이다. 이것이 진정한 '일시동인'인 것이다.

'사목적 권력'이란 고대 지중해 동해안 주변 사회의 비유에서 유래하기 때문에, 이러한 시각을 가지고 근대적인 국가와 개인의 관계를 즉각적으로 논할 수는 없다.[19] 목사가 신자 한 사람 한 사람과 관계를 갖는 것과는 달리, 천황은 사실 일본 국민의 한 사람 한 사람과 인격적 관계를 가지지 않는다. 말할 필요도 없겠지만, 천황 그 자신이 국가주권을 억압하는 직접적인 원천일 리도 없다. '일시동인'은 다양한 모습으로 존재하는 권력관계를 공상적으로 합리화하고, 한 사람의 일본인으로서 자기획정하는 사람과 다른 일본인 간의 관계가 마치 천황과 개인 간의 직접적인 관계의 효과인 것처럼 상상하도록 준비한다. 천황에 대한 충성이 국민동포에 대한 충성과 등가인 것처럼, 개인과 전체를 둘러싼 공상이 국민 전체를 재생산하는 데 유리하도록 편집되는 것이다. 그러나 천황제에 의한 합리화는 근대국가 주권이 가진 두 가지 주요한 기능 ── 민중을 개

Gallimard/Seuil, 2004.

19) 푸코는 서양에 '사목권력'이 특징적으로 드러났다고 주장하지만, 이런 주장은 서양을 특권시했을 때의 것으로서, 나는 이러한 푸코의 '오리엔탈리즘'을 무시하고자 한다. 푸코의 오리엔탈리즘 비판에 대해서는 존 솔로몬과 함께 쓴 다음 글을 참고하기 바란다. Naoki Sakai and Jon Solomon, "Introduction: Addressing the Multitude of Foreigners, Echoing Foucault", *TRACES, Translation, Biopolitique, Colonial Difference*, no. 4, Hong Kong University Press, 2006, pp. 1~38(일본어판은 이와나미쇼텐에서 출간).

별화하는 것(개인화)과 민중을 통합하는 것(전체화) —— 을 훌륭히 나타 내고 있다.

근세사회에서는 전혀 문제되지 않았던 사회적 평등이라는 가치가 등장하는 것은 이러한 역사적 문맥에서다. 사회적 평등이라는 이념이 '일시동인'의 시점에서 볼 때 양가적임을 잊지 말자. 사회적 평등의 가치 는 동적으로도 파악할 수 있기 때문이다.

천황 앞에서 개인은 다른 개인과 천황과의 관계에서 동일하게 된다. 개인은 혈연과 지연을 넘어 교환 가능한 개인으로서 파악된다. 근대적인 국민의 발명과 함께 발생하는 것은 상상적인 국민의 시점에서 반사적으 로 보이는, 혈연과 지연의 관계적인 동일성을 박탈당한 개인이고, 그러 한 추상적인 개인의 집합으로서 민족 혹은 국민은 파악된다.

메이지 초기의 출판물을 보면, 조지 워싱턴과 나폴레옹 보나파르트 에 대해서도 경어를 쓰고 있다. 하지만 신문이 발달하자, 이러한 경어를 사용한 독자와 화자, 나아가 기사의 대상이 된 인물의 관계는 결국 지워 진다. 자국의 수상도 외국의 범죄자도 역사상의 인물도 경칭과 경어 없 이 말할 수 있게 되었다. 경어를 쓰기 위해서는 화자와 청자가 '친근한' 관계에 있을 필요가 있다. 이 친근함은 물리적인 또는 신체·행동적인 친 근함이 아니라 혈연과 지연으로 대표되는 사회관계의 친근함이다. 근대 국민의 성립과 함께 이러한 '친근함'이 공적인 영역에서 소거되었다. 근 대법이 '법 앞의 평등'을 원칙으로 한 형식주의를 채택할 수밖에 없었던 까닭은 바로 이 때문이다. 그래서 국민에 귀속하는 것은 전체와의 관계 에서 개인이 상호 등가가 되는 것이고, 그 대신 동일한 권한을 획득하고 동일한 의무를 지게 되는 것이다. 그 명목상의 제한에서 보자면 평등은 국민에 귀속되지 않는 자를 배제적으로 동일화하는 가치로서 기능할 수 있다. 외국인과의 배제적인 관계에 의해서만 국민은 규정될 수 있다. 후쿠자와 유키치는 『문명론의 개략』에서 '국체'가 성립하기 위해서는 국민이 동포와 외국인을 정서적으로 차별하는 '자타의 구별'이 필요하다고 서술하고 있다. 이 '자타의 구별'은 국민을 통합하기 위한 필요조건이다. 이렇게 해서 교환 가능한 개인이 무차별적으로 일정한 권한을 향수하고 일정한 의무를 진다는 점에서, 구상된 개인과 전체의 관계는 보편주의의 현실화로서 체험될 것이다. 사회적 평등을 공상하게 만드는 장치로서 '일시동인'이라는 구호가 구체제의 신분제를 해체하기 위한 격려임을 쉽게 상상할 수 있다. 왜냐하면 여기에는 혈연이나 신분에 의해 차별된 사람들을 새로운 공동성으로 포섭할 것이 강조되고 있기 때문이다.

하지만 외국인과의 차별이 국민 공동체를 규정짓는 필요조건이기는 해도 충분조건은 아니다. 현재 동일한 권한을 향수하고 동일한 의무를 지고 있는 개인의 집단으로서 국민을 실정적으로 규정하는 것은 사실 쉽지 않기 때문이다. 이미 비합법이민의 예를 말했듯이, 일상생활을 함께 하면서도 사회적 평등을 누릴 수 없는 사람들은 지금도 재일한국인과 재일조선인을 비롯해서 많이 존재하고 있다. 모든 사회적 편제는 표면으로 드러나지 않은 무수한 차별을 포함하고 있고, 내부에 잠재적인 분열과 투쟁을 담고 있지 않은 국민은 없다. 국민 가운데 '잔여'가 포함되어 있는 것이다. 다른 말로 한다면, 국민의 '잔여'를 은폐해야지만 국민은 사회적인 평등을 갖는 균질한 공동성으로서 통합된다. 현존하는 차별에 의해 본래 주어져야 할 권한에서 격리된 사람들의 경우, 일부 사람의 특권을 정당화하는 논리가 이번에는 특수주의적인 것으로서 체험된다. 근대의 국민 공동체는 권한과 의무가 무차별적으로 배포될 것이라고 약속하지만, 이 약속이 항상 이루어지는 것은 아니다. 간판으로서의 보편주의와 권한의 확산을 거절하는 특수주의가 공존하는 것, 이것은 특별한 예외적인 사태가 아니다. 이런 모순을 고민하지 않는 근대국가란 있을 수 없다. 그렇기는커녕 이런 모순이야말로 근대국가의 동적인 성격을 나타내고 있다. 이런 모순을 통해서 근대국가는 사회 변동을 끊임없이 도입하는 것이다.

　지금껏 선거권을 부여받지 못했던 여성이 남성과 동등한 정치 참여권을 요구할 때 설득력을 발휘하는 것은 사회적 평등이라는 이념이었다. 산간지역에서도 도시지역과 같은 요금으로 우편제도의 혜택을 누릴 수 있도록 요구하게 된 근거도 사회적 평등이라는 원칙이었다. 또는 동성 간의 결혼을 합법화할 것을 요구하는 동성애자가 호소한 것도 바로 사회적 평등이라는 이념이었다. 어느 인종이나 민족에게만 권한을 한정하는 사회제도를 차별 제도로 고발할 때도, 고발행위에 대한 정당화의 근거가 사회적 평등이었다. 사회적 평등 이념은 명목상의 보편주의를 정당화할 뿐 아니라 지금까지 간과되어 온 차별을 열어 보여 줄 것을 준비한다. 그렇기 때문에 새롭게 차별을 극복해서 사회적 평등을 실현하고자 하는 사람들에게 있어서 기존의 제도는 특수주의적인 것이 된다. 즉 특정 사람들의 이해에 봉사하지, 전체에게 동일한 권한을 보증하는 보편적인 것으로 인정할 수 없는 것이 된다. 뒤집어 말하면 사회운동의 노력에 의해 사회문제화 되었을 때 비로소 사회적 평등은 그 역사적인 내실을 획득할 수 있다. 사회적 평등의 이념이 국민에 대한 형식적 규정과 일정한 권한을 누릴 자격으로서의 국민 사이에 있는 어긋남을 문제화할 수 없다면, 이념으로서 가늠할 수 없다. 동적인 의미에서 볼 때 사회적 평등의 이념은 주어진 종적 동일성의 탈구축으로서 현실화되어야 한다.

　보편성으로서의 평등은 지금까지 차별받아 온 사람들에게 차별의 철폐를 목표로 한 행동을 촉구하는 이념의 존재 방식이고, 그러한 이념 하에서 보편적인 가치에 의탁하는 사람들의 행위를 가리키는 것임을 알수 있다. 이것과는 대조적으로 특수주의는 권한에 적용의 한계를 정하고, 권한을 누릴 수 있는 사람과 그럴 수 없는 사람을 구별할 수 있다는 입장이다. 보편성과 특수성은 현존하는 사회적 현실을 특히 사회적 평등의 이념에 기초해서 사회문제화할 때 명료해지는 대조적인 규정이다. 보편성과 특수성은 사회적인 평등 이외의 가치에 관해서도 말할 수 있지만, 자본주의에서는 사회적 평등의 촉진(사회관계의 상품화에 따른 평준화)과 제한(부의 분배에 따른 계층화)이 동시적으로 진행되기 때문에, 보편성의 문제에 관해 사회적 평등을 사례로 취하면 더욱더 명료하게 이해할 수 있다. 때문에 사회문제화 운동이 없을 경우에 보편주의도 특수주의도 실체화되어 파악된다. 게다가 식민지 지배라는 문맥에서 보자면, 식민지 종주국은 왜 보편주의적인 논리를 버릴 수 없는가 하는 질문을 발견할 수 있다. 제국적 국민주의는 반드시 보편주의를 채용하지만, 동시에 사회문제화를 억압하려고 하기 때문이다.

다양한 차별로 인해 분단되어 잠재적으로 '만인에 대한 만인의 폭력'을 잉태한 상황에서 국가주권은 한편으로 보편주의를 내걸면서, 동시에 사회적 평등의 이념을 일반화 또는 확산하는 것을 억제하지 않을 수 없다. 식민지 지배는 이러한 보편주의가 옹호되고 동시에 보편성으로서의 사회적 평등에 제한을 가하는 현상이 일어나는 전형적인 예이다. 거기에서는 보편적 인간성의 논리와 인종 차별의 논리가 보완적인 관계를 맺는다. 에티엔 발리바르가 논하고 있는 '보편주의로서의 인종주의'[20]가

---

20) 자유주의하의 평등에 대한 마르크스의 고찰을 통과한 자에게 보편주의로서의 인종주

이를 보다 명료하게 보여 준다. 보편주의와 특수주의는 이른바 빛과 빛이 사물의 배후에 만들어 내는 그림자처럼 그 대조성을 유지하면서 공존한다. 게다가 국민국가를 생각할 때 국민의 범위는 역사적으로 유동적이고, 국민 가운데에는 반드시 그 전체로 포섭할 수 없는 '잔여'가 포함되어 있다. 전후 일본의 재일한국인과 재일조선인, 미국의 비합법 외국인 노동자와 아메리카 원주민은 국민공동체의 예외가 아니다. '국민'은 이렇게 명목적으로 전체에 포함되지 않는 부분을 반드시 포함한다. 식민지를 유지하고 있던 패전 전의 일본과 현재의 미국은 그 국민 속에 국민으로서 인정받지 못하는 많은 사람들을 포용하는 통치를 그 주요 과제로 삼음으로써 겨우 성립할 수 있는 것이다.

인종주의와 국제세계

보편주의와 인종주의의 대리보충을 보다 구체적인 사례에 비춰 이해하기 위해서, 1920년대 일본의 제국적 국민주의와 미국 및 영국의 제국적 국민주의의 사상적 항쟁의 중심적 과제가 되었던 국제연맹의 헌장 21조를 고찰해 보자. 지금까지도 많은 논자들이 참조하고 있듯이, 1919년 2월 13일의 파리강화회의에서 일본 정부는 '인종 평등' 조항을 헌장 21조에 첨가하자고 주장했다고 한다. 추가조항은 이하의 문장이다.

의는 그다지 기이한 견해가 아니다. 많은 논문에서 발리바르는 보편주의로서의 인종주의를 말하고 있는데, 가령 그 전형적인 논의는 Étienne Balibar, "Le racisme: encore un universalisme?", *La crainte des masses*, Galilee, 1997, pp. 337~354.

각국민 균등의 주권이 국제연맹의 기본적 강령이므로, 체결국은 가능한 신속하게 연맹원인 국가의 일체 외국인에 대해 여하한 점에 대해서도 균등하고 공정하게 대우하여, 인종 혹은 국적 여하에 상관없이 법률상 혹은 사실상의 어떠한 차별도 만들어서는 안 될 것을 약조한다.[21]

이 조항에 의하면, 국제법으로 인정된 주권국가에 귀속하는 개인은 국제법을 승인한 모든 국가에서 동등하게 취급받을 권리를 갖는다. 외국인인 경우에 국제법에 의해 인정된 주권국가에 귀속하는 개인은 외국에서 다른 외국인과 전적으로 평등하게 취급해 달라고 요구할 수 있는 권한을 갖는다. 이 조항은 당시 이해되고 있던 국제법이라는 개념에 대한 비밀스런 변경을 촉구했다. 왜냐하면 당시 세계는 국제법이 통용되는 '국제세계'(international world)와 국제법 권외에 놓인 '잔여세계'(the Rest: 식민지 등의 주권을 갖지 못한 주민이 있는 지역)로 이뤄져 있고, 이 두 분할은 종종 백인 대 유색인으로 신화화되어 표상되었기 때문이다. 이 조항은 인종이 아니라 글자 그대로 주권국가에의 귀속에 의해서 국제세계에서 평등하게 다뤄야 하는 자와 그렇지 않은 자를 구별하자고 제안한다. 요컨대 황인종인 일본인도 주권국가의 신민으로서 백인으로 이뤄진 '국제세계'의 일원으로 대우받기를 요구하고 있는 것이다.

1919년 4월 28일, 일본 정부의 제안은 출석하고 있던 대표단 과반수의 찬성을 얻었다. 그러나 제안이 이뤄진 2월 13일과 과반수의 표를 얻은

---

21) 영어 제안은 아래와 같다. "The equality of nations being a basic principle of the League of Nations the High Contracting Parties agree to accord as soon as possible to all alien nations of states, members of the League, equal and just treatment in every respect making no distinction, either in law or in fact, on account of their race or nationality."

4월 28일 사이에 대단히 흥미로운 사건이 일어났다. 게다가 4월 28일 결의가 있은 뒤에도 파리강화회의의 논의는 대단히 중요한 전개를 보여 주고 있다. 이 사건은 제국적 국민주의에서 보편주의가 갖는 양의성을 훌륭하게 보여 준다.

1918년 1월 8일 미국 대통령 우드로 윌슨은 미국 하원에서 '14개조 평화원칙'을 연설했다. 이것은 미국이 이미 참전하고 있던 제1차 세계대전의 종식을 위해 연합국 측의 조건을 제시한 것으로, 같은 해(1918) 10월에 독일은 '14개조 평화원칙'을 받아들이는 형태로 정전을 승낙했고, 4년 여에 걸친 세계대전은 종료됐다. 그리고 파리강화회의가 제1차 세계대전의 종전처리와 전후 세계질서의 재건을 꾀해 1919년 1월에 개최되었던 것이다. 윌슨의 '14개조 평화원칙', 특히 그 5조인 '식민지통치의 수정'과 5조에서 13조에 걸쳐 서술되고 있는 민족자결원칙은 커다란 충격을 갖고 전 세계적으로 받아들여졌다. 윌슨의 '14개조'는 이른바 이념의 범람을 일으켜, 기초자(起草者)의 의도를 넘어 혹은 기초자의 의도를 배반해, 예상치 못했던 인물들의 정치적인 행동의 이유, 원인, 이성이 되어 버렸다. 그것은 기존의 권력관계의 재생산에 기여하는 대신에, 완전히 다른 권력관계의 지평을 열어젖히고 있기 때문이다. 이러한 이념의 범람을 일단은 보편성이라고 부르도록 하자.

'14개조 평화원칙'은 미국 정부의 입장에서 보자면 국가주권의 자기정당화를 위한 언사에 불과하고, 그런 한에서 제국적 국민주의의 보편주의에서 한 발짝도 나아가지 못했다고 할 수 있다. 그러나 이 이념은 의도하지 않은 곳에서 의도하지 않은 자들에 의해서 권력관계의 변화를 위한 수단으로 다시 읽혀졌다. 이 의미에서 '14개조 평화원칙'은 의도되지 않은 청자, '볼 수 없는 자'를 향해서 말을 걸었던 셈이다. 이언어적(異言

語的) 말 걸기(address)를 수행했다는 점에서 그것은 보편성으로 작동했고, 일본 본토에 있던, 조선에서 온 대부분의 유학생들을 고무시켰다. 유학생들은 도쿄에 모여 조선을 일본의 식민지 지배에서 해방하도록 요구하는「독립선언서」를 기초했다.

「독립선언서」에 호응해서 조선에서는 기독교, 천도교, 불교 지도자 33인이 3월 1일 서울에서「독립선언서」를 읽었다. 지도자들은 일본의 관헌에게 체포되었지만, 서울의 파고다공원에 모인 수천 명의 학생은 '독립만세'를 외치면서 시위행렬을 이어 갔고, 여기에 많은 시민들이 참가했다. 이후 독립운동은 조선 전국에 파급되어 3월부터 5월에 걸쳐 200만 명이 넘는 사람들을 동원했다고 한다. 당초 이 운동은 비폭력을 원칙으로 삼았지만, 파리강화회의에 대한 영향을 고려한 일본 정부가 강력하게 독립운동을 진압하고자 해서, 조선총독부는 경찰뿐만 아니라 군대까지도 끌고 와 운동을 탄압했다. 이런 까닭으로 국가시설 공격을 불러일으켰다. '반란의 예감'에 놀란 식민지 지배자는 과잉반응을 보였고, 그 결과로 내전 상태까지 초래하고 말았던 것이다. 조선총독부가 행사한 폭력은 정말로 반동적이고 폭력을 선취한 폭력이었다.

일본 정부는 한편으로 식민지 주민의 민족자결 혹은 민족자존의 요구를 군사적으로 탄압하면서, 다른 한편으로는 국제세계의 범위 내에서 '인종 평등'이라는 제안을 국제연맹의 헌장에 담도록 요구했다. 다만 인종 평등이라고 말할 때, 내가 작은 따옴표를 붙여서 이 단어를 사용하고 있다는 점에 주의했으면 한다. 일본 국가의 영토 내에서 불평등을 군사적으로 유지하고자 하면서, 동시에 일본 정부는 국제연맹 질서에서의 인종 차별을 고발하고 있기 때문이다. '인종 평등'을 제안하면서도 한편에서는 식민지 주민을 폭력적으로 탄압한 일본 정부의 태도는 분명히 기만적이었다. 따라서 지금까지도 일본의 식민지주의의 과거를 부인한 일본의 모든 우익은 식민지에서의 폭력을 묵살하고, 일본 정부의 정책 담당자가 아시아의 여러 국민의 해방을 목표로 했다는 수사만을 강조하고 있다. 이것에 대해 아시아 태평양전쟁 후에도 여전히 살아남은 제국적 국민주의자들은 일본 정부의 식민지에서의 억압적인 지배만을 지적할 뿐, 당시 국제세계에서 일본 정부가 보편주의 주장을 내걸었던 사실을 부인하고 있다. '인종 평등'은 허위의식에 지나지 않았다고 말이다. 이 장의 서두에서 서술한 제2의 이야기와 제1의 이야기는 이렇게 해서 이면사(裏面史)와 그것을 뒤집은 형태의 정사(正史)로서 기묘한 어긋남을 대체로 절충시켜 왔던 것이다. 그리고 아시아 태평양전쟁 후에 완성된 국제질서는 사전에 인종 평등 원칙을 고려해 만들어지기라도 했다는 듯이 멋대로 받아들여지게 되었다.

뒤에서 서술하겠지만 태평양전쟁 후에 형성된 보편주의와 특수주의의 공범 관계는 이미 드러나 있었다. 하지만 어느 쪽의 입장도 보편주의와 인종주의를 동시에 시야에 넣지 못했다고 말할 수 있다. 인종주의를 특수주의로 간주하는 일반적인 오해에 빠져 있었기 때문에, 보편주의가 성립했을 때에는 인종주의가 성립하지 않는다고 생각해 거꾸로 인종주의가 보편주의의 실천 속에서 발생하는 것에 대해서는 사전에 도외시해 버렸던 것이다.

5장에서 상세하게 논의했듯이, 아시아 태평양전쟁 후 미국에서 발달한 일본 연구는 쇼와천황의 무죄를 증명하는 일과 더불어 특수주의로서의 일본문화라는 견해를 보급시키는 일을 사명으로 삼았다. 일본특수주의론은 영미의 제국적 국민주의가 보편주의적이었던 것과 대비적으로 일본의 제국적 국민주의는 어디까지나 특수주의적이었다는 식이었다. 여기에서는 특수주의적인 국민성 때문에 일본인은 민족이라는 동일성을 고집했고, 시민으로서 국가에 참가할 수 없다는 전제가 당연시되었다. 미국 국민주의가 보편주의적인 국민주의라는 미국의 일본 연구자들의 주장 그 자체는 동어반복이자 실은 미국 국민주의의 고백이 되었기에, 일본인은 특수주의적인 국민성이라는 주장 그 자체는 투사(投射)의 구조를 갖게 되었다. 즉 미국 국민이라고 스스로 인정하는 연구자가 자기 내부의 것에 대해서는 시선을 돌리지 않고, 부인하고 싶은 인종 차별적인 자질, 감정, 혹은 욕망을 자기에게서 배출시켜 '일본인'에게 투사하고자 한 것이다. 다만 나는 여기에서 일본인 사이에 특수주의적인 경향이 없었다거나, 일본인이 인종주의에서 자유롭다거나 하는 따위를 말하고자 하는 것이 아니다. 일본특수주의론이 미국의(그리고 모든 서양의) 투사에 의한 것임을 우선 지적해 두고자 하는 것이다. 우리는 이러한 보편주의와 특수주의의 용법에 대해서 충분히 경계해야 한다.

그래서 내가 제안하고자 하는 것은, 에티엔 발리바르가 고찰했듯 인종주의를 보편주의의 하나로서 고찰해야 한다는 것, 나아가 인종주의를 보편주의의 대리보충[代補性, supplement]으로서 이해해야 한다는 것이다.[22] 제국적 국민주의라고 내가 부르는 담론은 진정으로 보편주의와 인종주의가 대리보충적으로 상관하는 기제를 갖고 있다. 그리고 거기에는 기만성이 끊임없이 생겨난다. 다만 이 대리보충은 가령 유기체 속의 기관이 상반된 기능을 갖고 있음으로 해서 상호보완한다는 상호보완성(complimentarité)과는 구별되어야 한다. 인종주의는 보편주의의 허위의식으로 존재하지도 않고, 혹은 세계자본주의의 보편주의의 기능주의적

---

22) Balibar, "Le racisme: encore un universalisme?", pp. 337~354.

인 보완으로서 존재하지도 않는다.

1919년에 채택된, 일본 정부가 제안한 인종 평등안이 어떠한 실천을 야기할 수 있었는가를 다음의 두 가지 점에서 검토하고자 한다. (1) 일본 정부는 어떠한 국제정치의 현실에 대해서 이러한 조항이 필요하다고 판단한 것인가? (2) 식민지를 영유하는 국민국가 내에서 인종 차별의 현실에 대해서 인종 평등안은 어떠한 실천적 효과를 가져왔는가?

국제세계와 국제법

근대세계에서 '국제세계'가 즉각적으로 전 지구적인 영역을 차지해 온 것은 아니었음은 국제적 차별 체제에 고통받고 있는 사람들 사이에서는 자명하다. 국제세계란 주권을 갖는 국민국가의 상호승인 체계로서 주어진 세계이고, 이 세계에서는 주권을 갖지 않는 원주민이나 국민으로서 국가주권에 귀속되지 않는 자들이 사전에 배제되어 있다. 30년 전쟁이 끝난 뒤 1648년에 체결된 베스트팔렌 조약에 의해 이미 그려졌던 국가 간 승인 체계는 지구 표면의 육지를 '국제세계'(international world)와 '잔여'(the Rest) 두 영역으로 구분했다. 그리고 '국제세계'에서는 (1) 국민국가의 주권과 민족자결 (2) 국민국가 간 평등 (3) 국가 간 국제법의 준수, 그리고 (4) 각각의 국가 내의 내정불간섭이라는 원칙이 존중받는 것에 비해, '잔여'에서는 이 원칙이 통용되지 않아도 좋다고 명목적으로 확정되었다. 물론 국제세계의 범위는 역사적으로 변화했지만, 18세기를 거치면서 마침내 '국제세계'는 '서양'이라고 불리게 되었다. 그리고 후자인 '잔여'는 서양(the West)과 그 잔여(the Rest)의 이항대립에서의 '잔여'가 되었다. 요컨대 '국제세계'가 국제법에 의해 제어되는 세계라고 한다면, '잔여'에서는 국제법이 통용되지 않기 때문에 그 주민은 식민지 지배의 폭력에 노출되고 당연히 국제법의 보호를 기대할 수 없다. 식민지 지배의 폭력이 어떤 것인가는 몇 년간 이라크나 아프가니스탄의 주민이 노출되어 있는 폭력이 어떠한가를 본다면 어렵지 않게 상상할 수 있다. '잔여'란 국제법의 외부이고, 거기에서는 주권이 국제법의 제약을 받지 않는다. 말 그대로 칼 슈미트가 말한 '예외적인' 것으로서의 존재 방식을 충분히 발휘하고 있는 것이다. '잔여'란 비상사태가 일상화된 영역이다. 바로 내전의 정상화이다.[23]

메이지유신 이후 일본 외교는 '불평등조약의 개정'으로 요약할 수 있다. '조약 개정'을 위한 노력은 국제세계의 일원을 목표로 일본 정부가 달려왔던 궤적을 잘 보여 준다. 19세기 말까지 지구상 영토의 대부분이 '국제세계'에 속하는 주권국가의 영토이든가 '잔여'인 식민지이든가 둘 중 하나로 구분되어 있었음을 명심해 두자. 19세기 후반 근대적인 주권을 향해 행보를 내딛기 시작한 일본국은 19세기 말 청일전쟁과 20세기 초 러일전쟁을 거쳐 국제세계의 주권국가로서 대등한 승인을 얻는 발판을 군사적으로 획득했다. 일본이 제안한 인종 평등안을 보면, 국제세계를 전 지구적인 영역으로 확대할 것을 잠재적으로 요구하는 — 즉 '잔여'를 소멸시키는 — 보편적인 주장을 담고 있을 이유가 없었다. 왜냐하면 일본은 국내의 '잔여', 즉 홋카이도, 오키나와, 조선이나 타이완을 소멸시

---

23) '국제세계'란 칼 슈미트가 'Jus Publicum Europaeum'이라고 부른 것으로, 19세기 말부터 제1차 세계대전에 걸쳐 새로운 질서가 성립하기까지의 지도제작적인 영토와 법을 종합하는 일이다. Carl Schmitt, *Der Nomos der Erde im Völkerrecht des Jus Publicum Europaeum*, Duncker & Humblot, 1950(新田邦夫 訳, 『大地のノモス』上·下, 福村出版, 1976)을 참고하기 바란다.

킬 정책을 전혀 갖고 있지 않았기 때문에 세계에서 '잔여'를 소멸시키자고 주장할 수 없었던 것이다.

'잔여'를 소멸시킨다는 것의 실현 가능성 여부는 대리보충의 분석과도 깊게 관계되지만, 적어도 국제세계의 영토적인 외부로서의 '잔여'를 소멸시킨다는 것은 '서양'이 전 지구적으로 확산되는 것을 함의한다. 이로부터 28년 후 제2차 세계대전 후에 채택된 UN헌장은 인종 평등 원칙을 채택하지 않을 수 없었다. 하지만 이때 제1차 세계대전 후 인종 평등 원칙 제안국이었던 일본은 더 이상 UN의 일원조차 아니었다.

메이지유신 이후 천황제의 제정, 메이지헌법의 도입, 부국강병정책, 그리고 불평등조약 개정이라는 메이지 외교의 연장선이라는 의미로 파리강화회의에서 '인종 평등'이 제안되었다. 하지만 일본 정부의 인종 평등 제안에서 인종 평등은 본격적으로 주장되지 않았다. 그럼에도 일본 정부의 제안을 '인종 평등'을 주장한 것으로 읽었던 지식인이 당시 '잔여'에 많이 있었다는 사실 또한 무시할 수 없다.

인종 평등 주장이 근대적인 국가질서에 따른 구체적인 정책에 모순적인 경우는 있었다. 하지만 인종 평등 주장은 특히 영미의 식민지 지배를 특수주의적인 것으로 보고 영국인과 미국인, 나아가 백인(당시 영국도 미국도 '백인'의 나라라고 일반적으로 간주되었다)이라는 일부 인류만을 특권시하는 것은 보편주의 원칙에서는 허용하기 힘들다는 논점을 제시하는 효과를 냈다. 그러나 제1차 세계대전에서 제2차 세계대전 종언까지, 설사 그것이 기만성으로 가득 찼다고 해도, 일본은 국제정치에서 그것을 보편주의의 카드로 사용할 수 있었다. 영미를 특수주의적인 제국주의의 입장으로 폄하하면서 일본은 보편주의의 입장을 과시할 수 있었다. 아시아·아프리카의 반식민지 운동에 가담한 지식인들 사이에서 일본이 보편주의의 기수로 간주되었음은 특별나게 놀랄 만한 일이 아니다. 1911년 불평등조약의 개정을 거의 성취한 뒤로부터 메이지시기의 일본 외교를 일관되게 이끌어 왔던 불평등조약의 개정을 향한 욕구와 그 뒤의 궤적을 파리강화회의에서의 일본 정부의 행동에서 볼 수 있다.

일본의 제안은 국제세계가 오직 '서양인'에 의한 국가주권으로 성립된다는 견해에 도전하는 것이었다. 일본 정부는 미일수호통상조약(1858년) 이후 불평등조약 개정을 그 외교방침의 중추에 놓았다. 그러나 러일전쟁과 조선병합을 거쳐 불평등조약의 개정에 성공했던 단계에 도달하기까지 일본 정부는 조선과 중국 사이에 조일수호조규(1876년)나 시모노세키조약(1895년) 등 불평등조약을 체결했다. 국가 간 불평등한 관계 시정을 목표로 하면서도 불평등한 체제를 강화하려고 노력하고 있었던 것이다. 그런데 이러한 평등과 불평등을 동시에 제도화하는 국제세계를 어떻게 정의할 것인가 하는 질문은 곧장 인종 문제를 불러들였다. 국제세계는 은밀하게 국제세계의 '잔여'를 필요로 했고, '서양인'은 비서양인의 존재 없이는 서양인으로서 성립할 수 없기 때문이다. 다른 말로 하자면 일본이 국제세계에 참가하기 위해서는 일본에 있어서의 '잔여'가 필요하고, 일본인이 '서양인'이 되기 위해서는 일본인용(日本人用) 비서양인이 필요했던 것이다.

인종이나 민족의 평등을 주장하는 것과 식민지 지배를 유지하기 위해 인종이나 민족 차별을 유지하고자 하는 것은 논리적으로는 모순이지만, 제국적 국민주의를 포함한 식민지체제에서는 널리 행해졌기에 특별나거나 신기하지 않다. 왜냐하면 인종 평등 원칙은 식민지 지배를 유지하기 위해서 불가피하게 태어났고, 인종 차별은 식민지 체제를 경영하는 데 응급책으로 항상 호출되어 왔기 때문이다. 인종주의가 특수주의적이라 보편주의적인 신념과 모순적이라는 사고에 대하여 경계해야 하는 까닭이 바로 여기에 있다. 인종 평등 원칙을 소리 높여 주장하는 것과 일상적으로 인종에 의한 차별이 제도적으로 실천되는 일이 동시에 공존할 수 있기 때문이다.

인종 평등 제안에는 국제세계의 모든 주권국가의 국민이 외국의 영토에서 외국인으로서 평등하게 다루어지고, 동등한 권리를 보증받아야 한다는 원칙이 표명되어 있다. 그런데 이 주장은 곧장 주권국의 국민이라는 범주의 문제성을 명확하게 만든다. 주권국가의 국민 속에 그 국가가 통치하는 식민지 주민도 포함되는가, 혹은 국내에서 동등한 권리를 부여받지 못한 사람들(미국의 경우라면, 아프리카계 아메리카인이나 아메리카 원주민, 라틴계 아메리카인, 중국계 아메리카인, 혹은 비합법이민), 게다가 참정권을 부여받지 못한 여성을 포함시킬 수 있는가? 이러한 일련의 문제를 내걸어 보면, '국민'이라는 범주가 얼마나 기만적인지 알게 된다. 일본 정부의 인종 평등안에는 인종 차별의 장소인 국민에 내재한 기만성이 전혀 주제화되어 있지 않다. 인종 평등안에 인종 평등 주장이 담겨 있다고 말할 수 있다면, 그것은 '국민'의 기만성을 간과하든가 그렇지 않으면 모든 인종이 국민에 포섭될 수 있다고 생각하든가에 한해서이다.

그런데 잔여를 포함하지 않는 국민은 개념으로서 이해가능성을 넘어서 있음을 지적해 두자. '잔여'에 의해 국민은 그 공상적인 존재를 보증 받고 있기 때문이다. 말할 것도 없지만 국민의 '잔여'에는 1910년대 일본제국의 경우, 조선반도에 적을 둔 사람들이 포함되어 있다. 원칙적으로 말하면, 국가의 주권 아래 '국민'으로 통합된 인구에는 국민으로서의 권리가 보편적으로 주어지고, 국민은 법 앞에 평등하게 된다. 형식적 평등은 근대 국가주권의 정통성의 형태를 만들어 낸다. 그러나 모든 근대 민족국가에는 국민의 '잔여'가 반드시 존재한다. 우선 일본인과 조선인이라는 좁은 범위의 민족성에 한해서 말하자면 — 물론 조선인은 문맥에 따라 '타이완인', '아이누' 혹은 '오키나와인' 따위로 치환할 수 있다 — 일본인 국민에게 있어서 개인은 일본인과 조선인의 사이의 비결정성에 걸터앉아, 스스로 조선인이 아니라는 식으로 일본인으로서 자기를 규정한다. 허구성으로서의 일본 민족은 '자타의 구별'에 의해 반사적으로 자기획정하기 때문에, 조선인이 아니고, 타이완인이 아니고, 혹은 오키나와인이 아니라는 식의 '~이 아니다'라는 형식을 필요로 한다. 대조항은 그때마다 문맥에 따라 선택된다. '일등국의 국민'으로서 국제세계에서 대등하게 다루어지기 위해서는 국민 속에 멸시의 대상이 되는, 제 몫을 할 수 없고 또 일본인이 되기에 모자란 자를 필요로 한다. 그리고 이렇게 결함 있는 일본인을 어떨 때는 법적권리에 의해, 어떨 때는 언어능력에 의해, 또 어떨 때는 관습의 차이를 통해 일본 국가의 주권에 종속시킨다. 이들은 형식적으로는 일본인임에도 불구하고 인종 차별의 대상이 되는 사람들이다.

국가주권이 제창한 '법 앞의 평등'이라는 보편주의의 장소로서의 국민은 이미 '잔여'로 대리보충되지 않으면 안 된다. 통합된 인구는 결코 균질적인 것이 될 수 없다. '잔여'는 국제세계의 외부만이 아니라 주권국가의 내부에도 존재하기 때문이다. 인구의 통합을 지도제작적인 공간성에만 두고 고찰하는 것이 오류인 까닭도 바로 이 때문이다. 지리적인 공간을 내부와 외부에 나눠 놓은 국경으로 인구의 통합체인 민족이나 국민을 표상하는 것은 불충분하다. 불충분하다고 말하는 까닭은, 국경과는 다른 구별 기제로서의 인종 차별이 없으면 국민이나 민족의 통합을 사고할 수 없기 때문이다. 주권국가의 내부와 외부, 국제세계의 내부와 외부의 구별 그 자체가 실은 '잔여'의 가담으로 지탱하는 것이기도 하다. '잔여'는 내부로부터 배제된 것만을 일컫는 것이 아니라 내부와 외부의 구별을 지탱하는 것이기도 하다. 바로 '구성적 외부'이기 때문이다.

일본 정부의 인종 평등 제안에는 국가주권의 구성에 담긴 '잔여'가 전적으로 간과되어 있기에, 일본의 제국적 국민주의의 기만성을 훌륭하게 폭로하듯 3·1운동이 일어났다. 이 기만성은 일본 국민주의의 특수한 것도 아니고, 국가주권에 부수적으로 종속되는 것도 아니었다. 그것은 국민을 구성할 때 반드시 발생하는 '잔여'와 관련이 있다. 이 '잔여'는 다양해서 역사적으로 규정하는 것도 상당히 곤란하다. 그래서 일단은 '소수자'(minority)라고 불러 두자. '소수자'란 자기획정에서 미끄러져 버린 자들, 아이덴티티를 갖고 있지 않은 자들, 자신이 누구인가를 확고하게 말할 수 없는 자들이다. 기존의 어휘에서 '소수자'는 결여태로서 부정적으로만 규정된다. 내가 이 책에서 지향하는 것은 소수자를 부정성에서 건져내는 것이고, '~이지 않은'이라는 방식에서 건져 내는 것이다.

'소수자'와 '잔여'

일반적으로 말해서 '소수자'는 통계적(국가학적) 의미에서는 소수인 사람들, 혹은 전형(典型)이라고 말할 수 없는 사람들이다. 전형에서 일탈하기 때문에 자주 '이상한' 사람으로 여겨진다. 통계적 규정이기 때문에 인구 구성이 변하면 당연히 소수자의 정의도 변한다. 즉 '다수자'를 어떻게 파악하는가에 따라 '소수자'는 상관적으로 변한다. 그렇지만 소수자는 보통 가변적 범주로 제시되는 일이 없다. 소수자를 규정하는 속성, 가령 '나태하다', '자기를 규제할 수 없다', '범죄 성향이 있다', '학습 의욕이

부족하다', '협조성이 없다' 등등이 소수자로 인지된 개인에게 내재된 듯, '전형에서 벗어났다'는 성격을 자연화해서 표상하기 때문이다. 이런 한에 있어서 '소수자'는 발리바르가 '정상화된 예외상태'라고 부른 사태가 낳은 것이고, 다수자와 소수자의 구별은 근대 국민국가의 '영토화된 인구'[24]와 상관적으로 존재한다.

한편 '소수자'는 통계적인 의미에서뿐만 아니라 계몽되어야 할 '제구실도 못하는' 사람이기도 하다. 아동(minor)이 그렇듯이 마이너리티(minority)는 제대로 된 어른의 지도를 받지 않으면 생활할 수 없는 사람이라는 의미를 담고 있다. 예전까지 사용되던 '아녀자'(兒女子)란 관용구도 그간의 상황을 잘 나타낸다. '아녀자'란 어엿한 성인으로 대접할 가치가 없고, 미숙하고 불완전해 '인간(곧 성인 남자)이 될 수 없다'는 뜻이다. 정신병자, 하인, 동성애자, 하층계급, 외국인, 야만인, 상습적 범죄자 등은 종종 제대로 된 어른의 보호와 감시가 필요한 사람으로 취급되어 왔다. 이 두 번째 의미에서의 '소수자'는 물론 첫 번째 의미와도 통한다. 여기서 내가 '소수자'를 '예외성'과 중첩시켜서 보여 주고자 한 것은, 인종 평등 제안에 잠재된 기만성이 동시에 '소수자'의 시각에서 볼 수 있는 제국적 국민주권 — 그리고 국민주권 일반 — 의 기만성이기도 하다는 점이다.

일본 정부가 인종 평등 제안으로 요구했던 것은 일본인이 '국제세계'에서 평등하게 대우받는 것 정도였을 것이다. 그런 정도에서 국가주권의 존재 방식을 의문시하였으니 '국제세계'의 내력을 문제시하지 않은 것도 당연했다. 오히려 근대적 국가로서 일본도 국제세계의 일원으로 대등한 대우를 약속받고 싶어 한 것에 지나지 않는다. 그러나 '국제세계'를

---

24) Balibar, "Les universels: encore un universalisme?", p.427.

문자 그대로 흑인, 황인, 심지어 갈색인에게 넓혀야 한다는 주장은 즉각적으로 영국과 미국 대표단으로부터 강한 반발을 불러일으켰다. 더욱이 윌슨대통령의 '14개조 평화원칙'의 제5원칙은 조선독립운동의 계기가 되었을 뿐만 아니라 유럽과 북아메리카에서 거부반응을 불러일으켰기 때문에, 파리강화회의를 앞두고 윌슨은 유럽의 수도들을 순방하면서 설득 작업에 힘을 쏟아야 했다. 당시 세계에 흑인, 황인, 심지어 갈색인 주권국가가 얼마나 있었는지는 모르겠지만, 일본이 국제세계에 참가함으로써 국제세계 질서 자체가 변화하고 있었던 것이다. 국제세계 질서 자체가 인종의 범주체계와 결부되고 있는 것은 숨길 수 없는 현실이었다. 그렇기에 '평등하게 대우받고 싶다'는 일본의 욕망이 여전히 주권국가에 귀속되지 않은 사람들 사이에서 어떤 유사한 욕망을 재생산하는지에 대해 간과할 수 없는 것이다.

막 조약 개정을 이룬 일본인은 '국제세계'의 참가자로서 여러 가지 차별에 마주치고 있었고, 그러는 동안 국제세계 질서의 폭력성을 잘 알게 되었다. 근대세계의 성립은 식민지 근대성의 성립에 불과했다. 그들은 자신들이 차별당하는 사람 편에 놓인 것을 좋든 싫든 이해하고 있었다. 이미 20세기 초반 15년 동안 일본에서 미국으로의 이민은 급속하게 증가했으며, 황인종 이민 배격 운동이 미국 내에서 점차 강해졌다. 그 전에 40년이나 더 되는 기간 동안 중국이민배제법이 효과를 발휘하고 있었으므로, 일본 이민이 중국 이민과 마찬가지로 차별당하리라는 것은 당연히 예상되었다. 더욱이 19세기말부터 20세기 초엽에 걸쳐서 서유럽과 북아메리카에서는 '황화론'(黃禍論)이 몇 차례나 유행했다. 실제로 인종 평등 제안이 제출된 5년 뒤 미국 정부는 이민법을 채택했고, 일본으로부터의 이민을 금지하게 되었다.

미국이나 오스트레일리아에서 인종으로 이민의 수용 여부를 결정하도록 법제화한 것은 인종주의를 근대국가의 명문화된 기제로 제도화한 셈이 된다. 이는 제도화된 국제정치의 현실이라 이것을 변경하기 위해서는 많은 사회적인 항쟁이 필요했다. '국제사회'–'서양'–'백인세계'라는 연쇄 —— 등식으로 연결되어 있지 않은 것에 주의하자 —— 에 대한 자세한 분석은 다른 원고에서 탈구(dislocation: 탈지도화, 이주, 떠돌이)란 개념을 검토할 때 취급하기로 한다.[25] '국제사회'에서 평등하게 대우받고 싶은 요구 속에는 일본인도 '서양인'의 일원으로 인정받고 싶다, 일본인도 '백인'으로 대우받고 싶다는 희구가 담겨 있다. 평등을 향한 희구가 '백인'이 되고 싶다는 희망으로 드러난 까닭은 구조적인 결정인(決定因)에 의한 것이어서 개인적인 심리에서는 그 설명을 찾을 수 없다. 단지 국민의 희구가 "전 세계에서 일본인을 포함한 모든 인간이 평등하게 대우받아야 한다. 거기에는 백인도 유색인의 구별도 있어서는 안 된다"는 보편성의 요구와 미묘하지만 결정적으로 다르다는 점을 간과해서는 안 된다. "일본인도 '서양인'의 일원으로 인정받고 싶다"는 희구에는 서양과 비서양, 국제세계와 그 '잔여'라는 분리질서의 승인이 함축되어 있다. 그것은 보편주의를 참칭하는 국제세계의 질서 속에서 일본인의 동일성을 온존시킨 채 인정받고 싶다는 희구인 것이다. 이것에 대해 전자의 보편성에 대한 요구에는 분리질서 자체의 폐기, 보편주의를 참칭하는 국제세계 질서 자체의 해체, 그리고 일본인의 동일성을 넘는 존재 방식이 당위

---

25) Naoki Sakai, "The dislocation of the West", *Traces*, no. 1, Ithaca: Traces, Inc., 2001(葛西弘隆 訳, 「西洋の脱臼と人文科學の地位」, 『トレイシーズ』 1号, 岩波書店, 2000, pp. 71~94)에서 이 개념에 대해서 논의하고 있다.

로서 지정되어 있다. 후자가 주어진 질서 가운데에서 자신의 동일성을 인정받고 싶다는 욕망을 표현한다면, 전자는 자신의 동일성을 폐기하기 위해 기존 질서를 전복하고 싶다는 미래의 우연성을 향한 용기의 표현일 것이다. 후자가 재영토화를 향한 욕망이라고 한다면, 전자는 탈영토화를 향한 시도이다.

다양한 역사적 사건 가운데 이 두 가지 욕망 형태가 반드시 구별된다고 할 수는 없다. 전자가 후자로, 혹은 후자가 전자로 자주 변신하기 때문이다. 그래서 나는 이 두 욕망 사이의 미묘한 관계에 각별히 주의하고자 한다. 이 단계에서 한마디 해 두자면, 후자의 욕망은 체제익찬형 소수자의 주체성을 형성하는 욕망이다. 체제익찬형 소수자에 대해서는 제6장에서 상세하게 논할 것이다. 아시아 태평양전쟁 이후 동아시아에 냉전체제가 수립되는 것과 관련해서 이 문제를 다시 건드릴 작정이다.

홍미로운 부분은 파리강화회의에서 일본 정부가 제출한 인종 평등 제안이 일본 국가의 기만성뿐만 아니라, 미국이나 연합국의 기만성까지도 멋지게 폭로하고 있다는 점이다. 많은 '잔여'의 인간이 이 제안 속에서 읽어 내려고 한 인종 평등 이념은 보편적인 것이고, 이것은 현존하는 '국제세계'가 가진 인종주의적 성격에 대한 비판이 될 뿐만 아니라 국제질서의 개혁을 요구하며 국민을 넘어 소수자에게까지 파급될 잠재성을 갖고 있었다. 그리하여 최종적으로 이 이념은 일본 정부의 의향을 배반하게 되었다. 더욱 중요한 과제는 인종 평등 이념이 일본 정부의 의도를 넘어 홀로서기를 시작해 '잔여'의 인간들에게 호소하는 힘을 갖게 되었다는 점이다. 내가 제국적 국민주의의 보편주의와 보편성의 차이에 대해 끊임없이 주의를 환기하는 까닭도 바로 이 때문이다. 그러면 인종 평등 제안이 강화회의에서 다수의 승인을 얻은 후에는 어떤 일이 일어났을까.

연합국의 대표단은 이 제안에 대한 투표명단에 등록조차 하지 않았다. 그들은 기권이 아니라 이 제안을 논의하는 것 자체를 피하려고 했다. 그럼에도 불구하고 강화회의의 의장이었던 미국의 우드로 윌슨 대통령은 강화회의의 다수결에 의한 결정을 다음과 같은 이유로 뒤집어 버렸다. 윌슨에 따르면 투표는 다수결로 승인되지만 강한 반대 의견이 제시되었기에 이 제안은 예외적인 예로 봐야 한다며 "가결하기 위해서는 만장일치가 필요하다"고 했다. 투표가 실시된 이후, 그는 채택에는 만장일치가 필요하다는 원칙을 채용했다. 덧붙여 일본 정부의 제안은 사후적으로 부결되었다. '강한 반대의견'이란 연합국의 대표, 특히 오스트레일리아 대표로부터의 압력을 말한다고 볼 수 있다. 일본 정부가 요구하고 있던 일본에서 온 이민과 영국 등에서 온 이민을 동등하게 대우한다는 것 따위는 영국 지배하에서 백호주의(白濠主義)정책을 채용하고 있던 오스트레일리아 현지 정부 대표로서는 꿈에도 받아들일 수 없는 일이었다.

미국과 영국은 예외적인 수단으로 강화회의에서 합의된 의사절차 그 자체에 개입했다. 영미의 전략은 '아이들의 시합'이라는 전략이었다. 자신들이 질 것 같으면 시합 원칙 자체를 바꿔서 자신들의 승리를 확보해 버리는 것 말이다. 단 이것은 영국과 미국 대표가 유치했음을 말하고자 하는 게 아니다. 그들은 국제세계가 어떻게 만들어지는가를 잘 이해하고 있었다. 즉 그들은 국제세계가 주권의 예외성을 그 기반으로 하고 있음을 잘 알고 있었다. 영미 연합은 '예외적'인 방식으로 새로운 '국제' 제도의 설립에 참가했다. 지구적 규모로 영미는 주권으로 행동했던 것이다. 조지 부시(아들) 대통령의 국제정책도 지구적 규모에서 자의적으로 결정을 내렸고, '예외적'인 방식으로 '국제'제도에 간섭하고자 했다. 즉 부시도 윌슨과 마찬가지로 지구적 규모에서 주권으로 행동하고 싶었던 것 같지만, 윌슨 시대처럼 주권의 예외적 행동이 성공한다고는 생각할 수 없다. 영미 연합이 인종 평등 제안을 처리했던 방식은 '국제세계'가 어떻게 유지되는지, 더욱이 제국적 국민주의가 어떻게 기능하는지에 대하여 가장 중요한 점을 시사하고 있다.

제3의 역사적 이야기

인종 평등 주장은 항상 식민지 지배체제와 양가적(ambivalent) 관계에 있다. 보편주의를 특수성과 일반성의 고전적인 배분에서 생각하는 한, 인종 평등 주장은 특칭명제 "집단 A에 소속된 몇 명의 성원은 B권리를 갖는다"가 아니라, 전칭명제 "집단 A에 소속된 전체 성원은 B권리를 갖는다"에 대응한다고 생각할 수 있다. 그러나 집단 A가 주어진 상황에 등장하는 행위자 전체를 포함한다고는 할 수 없다. 예를 들면 집단 A를 일본 국민, B권리를 국정선거에서의 선거권이라고 생각해 보자. 보통선거가 받아들여진 1930년대 일본에서도 국정선거에 투표권을 가진 집단 A에는 여성과 25세 이하의 미성년이 포함되지 않았다. 그뿐만이 아니었다. 타이완이나 조선반도의 식민지 주민도 이 집단의 성원으로 예상되지 않았다. 일정한 예외가 있는 것이 당연한 일로 규범화되었기 때문이다. 어떤 집단의 전체 성원에게 권리가 주어진다는 사실은 그 집단 내에서는 그 권리에 관한 한 법적 평등원칙이 보증되어 있지만, 동시에 다른 집단에 관해서는 그 권리에 관해서 불평등함을 나타낸다. 집단에의 귀속이 권리의 근거로 주장되는 것은 이 때문이다. 권리를 박탈당한 자는 집단을 향한 귀속을 증명함으로서 권리를 확보하려고 한다. 귀속이란 현실성의 양태가 아니라 결여를 충족시키고자 하는 운동, 즉 욕망에 지나지 않기 때문이다.

주지하다시피 전전 일본제국에서 보편적 투표권을 표방한 보통선거(보편적 참정권)는 식민지주민에 대한 차별을 제도화한 상징 이외에 그 무엇도 아니었다. 마찬가지로 1920년대부터 1930년대에 걸친 시기에 미국의 보통선거는 인종적 배제를 제도화한 위에서 통용되었다. 보편적 참정권은 인종주의와 공범 관계를 맺고 있었던 것이다. 그렇지만 결국에는 미국도 보편참정권의 평등 요구를 거부할 수 없었다. 다카시 후지타니는 오카모토 마키코의 논문[26]을 참조해 가며 아시아 태평양전쟁 말기에 보통선거로 향하는 실마리가 풀리고 있었음을 지적하고 있다. 여기서 중요한 것은 보통선거체제로의 이행 징조가 곧장 인종 차별의 완화나 식민지 지배체제의 폐지를 의미하는 것이 아니고, 오히려 식민지에서의 권력관계가 생정치의 편제에 의해 더 적합하게 된다는 점이다. 즉 '내지'에서 정비되고 있던 생정치의 권력관계 편제가 조선반도나 타이완에서도 정비되어 갔다는 점이다.[27] 보편성은 가능성에 대해서 작동하는 특수성과 일반성(종과 유의 구별)과는 달라서, 잠재성에서 문제가 되는 특이성 혹은 단독성과 관련되어 있다. 사회적 평등에 대한 요구가 엄밀화될 때 이 가치는 기존 질서 속에서 '아포리아'임이 판명된다. 기존 질서 속에서 충분히 이해되는 것조차도 사회적 항쟁을 일으키지 않고는 수용될 수 없는, 질서에 모순을 초래하는 가치인 것이다. 보편주의가 질서 속에 수용될 수 있는 것임에 반해, 잠정적으로 아포리아로서의 가치를 보편성이라

---

26) 岡本眞紀子, 「アジア·太平洋戰爭末期における朝鮮人·臺灣人參政權問題」, 『日本史硏究』, 1996年 1月.
27) タカシ·フジタニ, 「殺す權利, 生かす權利: アジア·太平洋戰爭下の日本人としての朝鮮人とアメリカ人としての日本人」, 『アジア·太平洋戰爭』, 3卷, 2006, pp. 191~192.

고 생각해 두자.

제국적 국민주의에서 보편적 가치의 실현은 보편적 가치를 자각한 다수자 대표가 보편적 가치를 아직도 자각하지 못하고 있는 소수자에게 그 가치를 포교한다는 전형적인 문명화의 논리를 피할 수 없게 된다. 계층성의 질서를 바꾸지 않고 보편성이 현실화되기 때문이다. 제국적 국민주의가 '선교사의 입장성'(missionary positionality)을 취할 수밖에 없는 까닭이 바로 이 때문이다. 그때 보편성은 보편주의에 의해 전위된다. 요컨대 일부 인종주의적 인류를 특권시하는 것이 보편적 가치의 보급 과정 자체에서 생겨난다. 보편성을 이미 알고 있는 서양인이 아직껏 보편적 가치에 눈뜨지 못하고 있는 비서양인을 교화하고 문명화한다는, 전형적인 선교사적 입장성은 바로 이런 과정을 통해서 성립한다.

쉽게 추측할 수 있듯 '일본인'은 '서양인'의 입장을 간단하게 찬탈할 수 있다. 왜냐하면 '서양인'이란 그 입장을 차지하는 개인이 갖고 있는 성질(예를 들면 신장, 골격, 지능지수, 언어능력 등)에 한정되는 것이 아니고, 그 입장에 따른 자격이 마침 그 입장을 지닌 인간에게 돌아감으로써 성립하고 있기 때문이다. 종종 개인의 신체에 내속된다고 여겨지는 피부색, 국민성 등도 실은 '서양인'이라는 입장에서 귀결된다고 생각하는 편이 좋다. '서양인'은 서양인이 아닌 다양한 입장과 회로로 결부되어 있다. 회로가 성립하는 한, 그 입장이 다른 입장과 대비적으로 성립하는 이상, '서양인'이라는 입장을 유지하고 있는 권력관계와 독립적으로 고찰할 수 없다. 인식상의 인종주의란 '서양인'을 개인에 내속하는 성격으로 혼동하는 것, 즉 자연적 한정으로 사회적 한정을 슬쩍 바꾼 것이다.

그럼에도 불구하고 제국 지배 체제하에서 살아가는 군중에게 보편주의적 원칙이 종종 식민지 지배에 대한 거절의 근거가 되었음을 기억해 두자. 3·1운동의 예에서 보듯이 타국가의 보편주의적인 주장이 일본 식민지에서 반란을 발생시킬 수도 있고, 다른 제국주의 국가의 식민지 지배에 간섭하기 위해서는 인도주의적 사상이 보편적으로 중요한 무기가 될 수도 있다. 1924년 이민법에 의해 일본인의 미국 이민이 금지되었다. 이를 계기로 대다수 일본 지식인은 미국 사회가 인종주의 위에 세워진 사회라는 점을 강하게 깨닫게 되었다. 마찬가지로 1919년 파리강화회의에서 제기한 일본의 주장은 두보이스(W. E. B. Dubois, 1909년 '전미 유색인종 지위 향상협회'[NAACP] 공동 창립자)로 대표되는 아프리칸 아메리칸 지식인에게 국제세계와 인종주의의 연관을 고찰하게 만들었고, 나아가 국제적 반인종주의가 필요하다는 점을 깨치게 했다. 1920년대 많은 일본 지식인들이 국민국가(혹은 민족국가)에 근본적인 모순이 내재한다는 것에 생각이 미치기 시작하자, '인종', '국민' 또는 '민족'과 같은 범주가 검토되기 시작했다. 그러나 이것으로 자신들이 식민지나 내지에서 행했던 인종 차별에 대한 증오를 낳지도 못했으며, '잔여'의 시점에서 국제세계 그 자체를 보는 데에도 미치지 못했다. 그렇지만 나는 국제적 (transnational) 인종주의에 투쟁했던 사람들의 역사를 시각의 중심에 놓으려 한다. 자유주의 승리의 역사 이야기와 민족해방의 역사 이야기를 상대화하는, 인종주의와 투쟁하는 제3의 역사 이야기를 말이다.

파리강화회의에서 발표했던 일본 정부의 인종평등 제안에서도, 이 제안을 무시했던 영미 대표단에게서도 '잔여'의 시각은 철저히 억압되었다. 제국적 국민주의의 경합이 거기서 일어났기 때문이고, 그들이 옹호하고자 한 것들에서 보편성을 향한 것을 발견할 수 없었기 때문이다. 그렇다고 해서 이 논쟁 자체에서 보편성을 고찰할 수 없는 것은 아니다.

1894~1895년 청일전쟁과 1896년 미국-스페인 전쟁에서 각각 일

본과 미국이 승리했는데, 이는 잘 알려져 있듯 폴 발레리로 하여금 '유럽'의 유한성과 역사적 사명으로서의 유럽정신이라는 발상을 갖게 했으며, 20세기 전반에 서유럽으로 퍼진 '서양의 몰락'에 대한 논의가 이루어지는 빌미를 제공했다.[28] 제2차 세계대전 이후 칼 슈미트가 '유럽 공법(公法)'이라는 공간에 관한 고찰을 통해서 말하고 있듯이,[29] 발레리는 '유럽인'으로서의 관점에서 청일전쟁과 미국-스페인 전쟁을 계기로 '국제성의 공간'으로서의 유럽과 그 역사적 한계에 관해 우려하지 않을 수 없었던 것이다.[30] 더욱이 1904~1905년 러일전쟁에서의 일본의 승리는 근대 국제세계의 구조를 역광 속에 부각시키는 작용을 했다. 백인과 유색인종의 차이가 국제세계와 '잔여'의 차이로 그대로 겹쳐질 수는 없지만, 지구 표면이 국제세계와 그 나머지로 구분되어 있다는 사실은 근대 주권국가와 주권을 갖지 못한 식민지 영역으로 세계가 나눠져 있고, 심지어 국내 정치에서 가장 여실히 체험되는 인종 차별 체험도 실은 국제질서 자체와 분리되어 있지 않음을 보여 주고 있다.

19세기 후반, 신분제나 친족관계가 후퇴하고 국민화가 진행됨에 따라 산업화된 사회에서 인종 차별은 점차 국가통치의 원리가 되었다. 유럽, 북아메리카, 일본과 같은 열강이 '잔여'의 영토에 식민지를 넓혀 감과 동시에 인종질서는 전 지구적으로 확대되었고 사람들은 그것을 생활에

---

28) Paul Valery, "Une conquete", *Oeuvre I*, Gallimard, 1857(佐藤正彰 訳, 「方法的制覇」, 『ヴァレリー全集』, 11巻, 築摩書房, 1967); "La crise de l'esprit", *Oeuvre I*(桑原武夫 訳, 「精神の危機」, 『ヴァレリー全集』, 11巻); "'Avant-Propos' for *Regards sur le Monde Actuel*", *Oeuvre II*, Gallimard, 1960(寺田透 訳, 「序章」, 『ヴァレリー全集』, 12巻, 築摩書房, 1968).

29) Schmitt, *Der Nomos der Erde im Völkerrecht des Jus Publicum Europaeum*의 3부 「유럽의 공법」을 참고하기 바란다(新田邦夫 訳, 『大地のノモス』 上巻, pp. 168~291).

30) Valery, "'Avant-Propos' for *Regards sur le Monde Actuel*", pp. 913~914.

서 실감할 수 있게 되었다. 서유럽이나 일본에서 '인종'이 일상 생활의 상식이 된 때는 바로 이 시기이다. 차별과 싸워 온 소수자 지식인이 인종 차별이라는 현실이 국제세계 질서와 결부되어 있다고 널리 자각하게 된 것도 이런 상황에서였다. 하나의 국민국가 안에서 법 앞의 평등이라는 국민국가의 명분을 고지식하게 믿으면서 인종 차별을 폐기하기 위해 조직된 국내 운동의 한계는 점차 명확해졌다. 식민지체제나 제국주의를 고려하지 않고서는 인종주의를 이해할 수 없다는 사실이 널리 자각되었다.

일본의 조선인 차별에서 여실히 드러나고 있듯이 인종 문제는 식민지체제 국가 내의 대인관계에서 드러난다. 여기서 국가주권이 식민지에 대해서 갖는 권력관계를 종주국의 사회조직에 '집어넣은 것'이 바로 국내 인종 문제이다. 역사적으로 유명한 예를 들자면, 영국의 아일랜드인 차별, 미국의 아프리칸 아메리칸 차별, 일본의 아이누와 오키나와인 차별은 모두 식민지적인 차별이다. 메리 프랫이 했던 유명한 말처럼 영국, 미국, 나아가 일본은 '접촉영역'(contact zone)이다.[31] 그곳에는 식민지 권력관계가 존재하지만, 주권 영토성이라는 명분으로 종주국의 영토 내에는 '균질'한 국민이 산다고 할 수 있다. 국민의 거주영역인 국내와 국민에서 배제된 원주민이나 외국인이 거주하는 국외는 국경으로 안과 밖이 구별되고 있는 것처럼 간주되지만, 국외는 국내로 집어넣어져 있다. 국제세계의 밖에 있어야 할 '잔여'가 국제세계 안에 출현하는 것은, 국제세계와 그 외부가 뫼비우스의 띠처럼 묶여 있기 때문이다. 국민의 한가운데에서 '잔여'가 드러나는 이유도 바로 이 때문이다. 균질한 국민의 영

---

31) Mary Louise Pratt, *Imperial Eyes-Travel Writing and Transculturation*, Routledge, 1992. 용어설명은 *Ibid.*, pp. 6~7을 보기 바란다.

토성인 국내 자체는 국민이라는 허구에 의해 지탱된다. 따라서 국내에서 찾을 수 있는 인종문제를 국외에 있는 국제적 질서와 따로 떼어서 이해할 수는 없다.

국내와 국외를 횡단하는 관점, 국민이나 민족을 실체화하지 않는 역사 이야기를 채용해야 하는 이유는 인종주의에 대한 투쟁을 추적하기 위해서 반드시 필요한 과정이기 때문이다.

4장 _ 경쟁하는 제국=제국주의자의 콤플렉스

인종 평등 제안이 즉각적으로 아프리칸 아메리칸 국제주의자를 비롯한 유색인종 지식인의 관심을 끈 사실에 놀라지 말자. 그들은 미국 국내의 인종 차별의 현실을 바꾸려면 국제질서를 근본적으로 바꾸어야 한다는 것을 명확히 알고 있었다.

'잔여'와 반란의 예감

민족적인 자기 정체성 확정은 사회적 항쟁에 기원을 두며, 그런 한에서 모든 국민국가는 잠재적으로 복수(複數)의 집단으로 성립한다. 이 집단을 일단 민족이라고 부른다면, 모든 국민국가는 복수의 민족이 공존하는 상태로 이해할 수 있다. 보다 정확하게 말하면, 국민을 통합된 인구로 생각한다면 그 인구는 무한히 분할할 수 있어야만 그 통일을 유지할 수 있다. 때문에 다민족 간의 항쟁을 억압할 수 있는 한에서 국민은 하나일 수 있다. 여기에서 나는 다나베 하지메의 논의를 채용하고자 한다. 다나베에게 있어서 민족이라는 단위는 '종'(種)의 하나이고, 이것은 연속성에 의해 정의된다. 사회적인 모순이나 항쟁을 연속할 수 있을 때, 종이 존재한다고 말할 수 있다. 종은 연속성에 의해 규정된다. 하지만 연속성은 무한히 분할 가능하다는 말과 같은 의미이다. 다시 말해 한 민족의 통합은 그 통합을 구성하는 연속성이 무한히 분할 가능할 때 성립한다. 즉 모순과 항쟁을 연속할 수 없을 때, 하나의 종은 복수의 종으로 분열한다. 예를 들면 민족이 하나라고 말할 수 있는 까닭은, 잠재적으로 복수의 민족으로 분열할 수 있음에도 불구하고 연속화가 행해지고 있기 때문이다.[1] 통합된 인구 속에서 '잔여'는 국민에 포괄되며, 국민국가는 아무리 작아도 그 내부에 이종(異種)의 민족을 안고 있지 않고서는 존재할 수 없다. 동시에 '잔여'의 존재는 '법 앞의 평등'을 배반하는 '예외적 상황'을 만들어내고, 입법화되지 않은 영역에서 일어나는 차별의 일상화로 드러난다. 독립을 달성하기 이전의, 국제세계에서 배제된 식민지라고 불린 지역은 말할 것도 없고, 19세기부터 현재에 이르기까지 국민국가 중 '법 앞의 평등'을 배신하는 예외 상황이 발생하지 않았던 국가가 하나도 없는 까닭은 이 때문이다. 사회적인 차별이 존재하는 한, 본토든 식민지든 국민 속 이민족의 존재를 부정할 수 없다. 인종주의는 망령처럼 근대국가에 달라붙어 떨어지지 않는다. 식민지 경영을 담당하는 식민지 관료가 민족독립운동에 따르는 반란의 예감에 전율하는 것도 이 때문이다.

　　마치 일본의 제국적 국민주의자가 조선반도뿐만 아니라 내지에서도 식민지체제에 반대하는 민족주의로부터 위협받았던 것처럼, 미국의 국민주의자도 소수자의 반란의 잠재성에 마음 졸이고 있었다. 이미

---

1) '종의 이론'에 관한 다나베 하지메의 논문, 가령 田邊元, 「社會存在の論理」, 『田邊元全集』, 6卷, 築摩書房, 1963, pp. 51~167를 참고하기 바란다.

1900년대부터 아프리칸 아메리칸 사이에서 차츰 융성해진 일본의 인기에 대해 백인지상주의자는 강한 우려를 나타냈다. 마크 갈리치오가 간략하게 말했듯이, 마커스 가베이[2)]로 대표되는 흑인 국제주의자(Black Internationalists)들은 국제정치와 인종주의의 상호관계를 충분히 인식하고 있었고, 미국 국내에서 자신들의 처지를 세계적인 문맥에서 파악하는 이론장치를 갖고 있었다. "이로 인해 그들은 실로 세계의 주민 반수 이상이 그들과 같은 어려움을 겪고 있다고 의식할 수 있었다."[3)] 소수자가 가진 이러한 국제정치에 대한 감수성이야말로 제국적 국민주의가 가장 두려워했던 것이다. 1920년대에 이미 백인지상주의자들은 차례로 군사력을 확보한 일본인이 흑인을 선동하고, 마침내 중국인과 화해해서 백인 우위를 위협하게 된다는 공상을 아주 그럴싸하게 선전했다.[4)] 동시에 두보이스처럼 일본 지지를 호소한 국제파 마르크스주의자도 등장했다. 갈리치오가 해석하고 있듯 국제세계의 질서와 인종주의를 둘러싼 긴장 속에서 일본에 대한 '황화론'적인 공포와, 일본을 백인지상주의를 타도할 기수로 바라보는 기대가 높아지고 있었다.[5)]

　그 후 일본이 국제연맹을 탈퇴하여 인종주의 정권이 지배하는 독일에 접근해 결국 나치 독일과 파시스트 이탈리아, 나아가 프랑코 스페인과 동맹하여 백인지상주의 쪽에 서자, 일본인이 국내, 국외의 유색인종

---

2) 1887~1940, 자메이카 출신의 흑인 운동가. "아프리카로 돌아가자"라는 운동을 벌였다.─옮긴이

3) マーク・ガリキオ, 伊藤裕子 訳, 「アフリカ系アメリカ人の戦争觀・アジア觀」, 倉沢愛子 外 編, 『アジア・太平洋戦争』, 3巻, 岩波書店, 2006, p. 249.

4) Marc Gallichio, *The African American Encounter with Japan and China*, The University of North Calorina Press, 2000, pp. 32~37.

5) *Ibid*.

을 선동하는 게 아닐까 하는 '반란의 예감'이 백인층에 널리 퍼졌다. 아프리칸 아메리칸 지식인이 비밀리에 일본 정부로부터 자금을 원조받고 있는 것은 아닌가 하는 두려움은, 1920년대 이래 미국 정부 지도자층에 항상 존재했고, 진주만 공격 직후에 열린 흑인 지도자회의에서도 아프리칸 아메리칸은 전쟁에 전면적으로 협력할 수 없다는 결의가 다수결로 채택되었다고 한다.[6] 미국 국방성장관 헨리 스팀슨은, 국내 공산주의자와 일본인이 몰래 흑인폭동을 선동한다는 망상에 사로잡혀 있었다.[7] 또 미국이 아시아 태평양전쟁에 참전하는 즉시 일본계를 강제수용소에 격리시킨다는 대통령 행정령(Executive Order 9066)의 배경에는 이와 같은 무정형의 불안이 있었던 것이다. 이러한 공포는 미국의 다른 백인 지도자층에도 넓게 퍼져 있었던 것으로 보인다. 실제 그것은 자신들의 지배가 특수주의적이고, 보다 보편주의적인 주장, 가령 특권이나 차별에 대한 비판 앞에서 소수자를 설득할 힘을 갖지 못한다는 자각이었다. 식민지 지배자의 입장에서는 사상에서의 패배와 피지배자에 의한 반란을 분리해서 생각할 수 없었다.

이민족 군중이 반란을 일으킬지도 모른다는 불안은 지금도 여전하여, 도쿄도지사 이시하라 신타로의 '삼국인 발언'(三國人發言)이나 북한 납치 문제, 또한 미국 정부가 제출한 「테러 방지를 위한 선제공격」(Pre-emptive war on terrorism)과 같은 발상에 잘 나타나 있다. '우리 국민'으로 자기획정하지 않은 자들, 즉 이민족들이 '우리' 사회에 잠입해 있고, 그들은 사회 혼란을 획책한다. 그런 이상 그들의 테러에 앞서 '우리'의 군

---

6) マーク・ガリキオ,「アフリカ系アメリカ人の戰爭觀・アジア觀」.
7) Gallichio, *The African American Encounter with Japan and China*를 참조하기 바란다.

사력을 과시하여 그들의 의욕을 꺾거나, 그들이 소란을 일으키기 전에 체포해서 강제수용소에 넣어 격리하는 일이 필요하다고 말이다. 그들은 반란의 예감에 떨고 있다. 동시에 폭동의 원흉으로 간주된 소수자도 폭력의 예감에 떨고 있다. 여기서 간과하지 말아야 할 것은, 보편주의의 문제가 도미야마 이치로가 '폭력의 예감'이라고 부른 지각(知覺)의 자세로 시사된 영역에서 첨예화된다는 점이다. 발터 벤야민의 '폭력론'의 발상과 유사하게, 사회편제를 변경하는 정의의 실현으로서의 폭력과 폭력의 출현에 미리 선수를 치는(pre-emptive) 폭력이라는, 폭력의 이중 한정에서 출발하여 도미야마는 "이미 자세를 갖추고 존재하는 잠재적인 힘"으로서 '폭력의 예감'을 파악하고 있다.[8] 그것은 "폭력을 기지(旣知)에 가두는 일 없이 영원히 미지의 존재로서, 즉 예감해야 할 존재로서 재설정하기 위한 인식장치"로서의 전쟁기계이다. 들뢰즈/가타리는 전쟁기계에 대해서 다음과 같이 말하고 있다.

> 전쟁기계는 이런 의미에서 영원히 실현되지 않는 외부에 존재하는 이념으로 영원히 대기 중인 폭력에 불과하며, 기지의 존재로서의 폭력에서 예감되는 존재일 뿐이다.[9]

이러한 예감이라는 지각에 의해 감지된 폭력이야말로 방어태세를 취하는 상태가 암시하는 폭력이라는 점이다. 압도적 약세의 위치에서, 혹은

---

8) 富山一郎, 『暴力の豫感』, 岩波書店, 2002, p. 31 [도미야마 이치로, 『폭력의 예감』, 손지연·김우자·송석원 옮김, 그린비, 2009].
9) 앞의 책, p. 44.

시체 옆이라는 위치에서 폭력을 감지할 때, 그는 방어태세를 취한다. 그리고 방어태세를 계속 취하는 한, 감지된 폭력에 어떻게 대처할 것인가라는 물음을 사고할 수 있는 가능성은 여전히 존재하게 된다.[10]

또한 보편주의의 양의성이 가장 잘 드러나는 것도 이 '폭력의 예감'이 일어나는 장소에서이다. 단지 이 양의성은 조직적인 군사·경찰 폭력을 행사할 수 있는 주권 측에서의 '반란의 예감'과 국가나 식민지 지배체제에 의한 폭력을 예지하는 소수자의 '폭력의 예감' 간의, 다시 말해 가해와 피해 사이에 있지 않다. 그것은 오히려 보편성이 가진 양의성으로 우리를 이끄는 양의성이다.

대일본제국은 독립운동에 가담한 자를 체포하거나 탄압할 뿐만 아니라, 보편주의를 선전하는 데 나섰다. 인종주의를 규탄하고 '황도에 바탕을 둔 민족융화'를 강조했는데, 이미 보았듯이 조선 통치에 관해서 "천황은 조선 민중도 차별 없이 사랑하고, 천황의 신민이라는 점에서는 내지인과 조선인 간에는 추호의 차이도 없다"[11]라고 되어 있다. 뿐만 아니라 만주국에서는 "대체로 이 신국가의 영토 내에 거주하는 자는 인종, 민족과 신분의 차이에 관계없이 완전히 동일하게 취급된다. 지금 살고 있는 한족, 만주족, 몽고족 및 일본과 조선 민족의 차이는 말할 것도 없고, 그 밖의 나라에서 온 자도 영구히 거주를 희망하는 자는 모두 평등한 대우를 받을 수 있다"[12]고 서술되어 있다. 물론 이런 것들은 미사여구에 지

---

10) 앞의 책, p. 44.
11) 「朝鮮總督府官制改革詔書」(1911)에서 직접 번역. 원문은 아래와 같다. "民衆を愛撫すること一視同仁, 朕が臣民として秋毫の差異あることなく."
12) 「滿洲國建國宣言」(1932)에서 직접 번역. 원문은 아래와 같다. "凡そ新國家領土內にありて居

나지 않지만, 여기에서 주목해야 할 것은 정부의 정책 결정자들은 정부가 인종주의와 민족주의를 공인하면 제국을 경영하는 일과 사상전에서 결정적으로 불리해진다는 것을 인식하고 있었다는 점이다. 인종주의와 민족주의는 공적인 입장에서는 부정적으로 논해졌다.

마침내 동아공동체와 대동아공영권 시대가 되자 다카타 야스마의 '광민족'(廣民族) 개념으로 대표되는, 민족 개념의 다의성과 유동성을 강조하면서 과거가 아니라 미래를 공유하는 운명공동체로서의 일본 국민을 다민족적인 광역제국 국민으로 개조하고자 하는 사회학적 시도가 현저해졌다. 이와 동시에 아시아인들을 일본제국으로 포섭하기 위한 철학적인 기초를 추구하는 다나베 하지메의 「종의 논리」와 미키 기요시나 고사카 마사아키 등의 '동아공동체'와 민족개념 비판에 관한 저작이 발표되었다.[13] 물론 국학적인 민족주의 우익은 얼마간 힘을 갖고 있었지만, 기획원처럼 사회과학 지식을 가진 혁신 관료가 좌지우지하는 정부 내 부서에서는 보편주의적인 논리를 강하게 내세웠다. 반란과 독립을 몰래 암시하는 민족주의적인 국민주의에 대처해야 할 때, 보편주의적인 주장 없이 제국 국민을 통치하는 것은 명백히 불가능했기 때문이다.

일본의 지도자들이 식민지 주민이나 내지의 소수자가 반란을 꾀할까봐 고민하고 있었던 것처럼, 미국의 매스미디어에서도 식민지에 관해서뿐만 아니라 본토에 관해서도 반란의 조짐이 거론되었다. 소설 『대지』

住するものは皆、種族の柿視、尊卑の分別なし. 現有の漢族, 満族, 蒙族および日本, 朝鮮の各族を除くの他, すなわちその他の國人にして長久に居住を願う者もまた平等の待遇を得."
13) 高田保馬, 『民族論』, 岩波書店, 1942; 高田保馬, 「民族政策の基調」, 『民族學研究所紀要』, 1巻, 1944; 三木淸, 「新日本の思想原理」, 『三木淸全集』, 18巻, 岩波書店, 1968; 三木淸, 「現代の民族研究」, 『三木淸全集』, 18巻; 高坂正顯, 『民族の哲學』, 岩波書店, 1942 등.

로 노벨상을 수상한 중국 태생의 작가 펄 벅은 1941년 12월 7일 진주만 공격이 행해지기 3주 전에 일미전쟁 개전을 예지하고 『뉴욕 타임스』지에 다음과 같은 내용을 기고했다. 미국 사회의 인종 편견은 유색인 아메리칸 사이에 시기심을 만들어 내고 있다. "유색인일지라도 인내심이 강하고, 선량하고, 순종적이며, 조심성 있게 행동하면 반드시 이 나라의 시민이 될 자격을 인정받고, 그 결과로 시민 자격을 충분히 획득할 수 있다고 지금까지 그들은 배웠고 또 믿어 왔다. 그런데 그들은 이런 확신이 근거 없는 것임을 알아채기 시작했다." 흑인은 아무리 노력해도 향상될 전망이 없다. "그들은 일찌감치 미국 국민은 민주주의를 위해 싸운다는 말 따위를 믿지 않게 된 것이다." "현재 일미 간 위기 속에서 유색인 아메리칸 중에는 일본을 지지하는 자가 있고, 그들의 대다수는 지도자이며, 일본이 전 세계적으로 유색인종의 지도국이 되어야 한다고 느끼고 있다."[14] 맬컴 X의 자서전에서 나온, 병역 기피를 위해 "일본군에 참가하고 싶다"는 말을 길거리에서 들으라는 듯 외쳤다는 일화의 신빙성을 펄 벅의 기고문이 뒷받침하고 있는 것이다.[15] 공교롭게도 여기서 우리는 두 가지 사실을 발견할 수 있다. 하나, 백인을 위해 전쟁을 하고자 하는 애국심을 미국의 흑인에게는 거의 기대할 수 없다는 사실, 다른 하나는 '반란의 예감'에 벌벌 떤 정부가 흑인들의 거리 주변에 스파이망을 둘러쳤다는 사실이다.

---

14) Pearl S. Buck, "Letter to the 'Times'", *American Unity and Asia*, The John Day Company, 1942, p.12, p.17. 펄 벅은 'colored people'과 'Negroes'를 동의어로 사용하고 있기 때문에 문맥에 따라서 달리 번역했다.

15) Malcolm X and Alex Haley, *The Autobiography of Malcolm as Told to Alex Haley*, Grove Press, 1966.

펄 벅의 글이 『뉴욕 타임스』에 게재되고 나서 약 10개월 후에, 전후 극동연구의 개척자로 세계적으로 알려진 에드윈 라이샤워는 미국이 일본계를 강제 수용한 것에 대해서 국방성의 주의를 촉구했다. 제3장에서도 간단히 언급했지만, 괴뢰 천황제를 중심으로 한 점령정책 구상을 제언한 「대일정책에 관한 각서」(권말 부록 참조) 속에서 그는 아시아에서 일어난 미국의 전쟁이 인종간의 관계에 관한 것이고, "일본은 이 전쟁을 백인종으로부터 자유를 획득하기 위한 황색 및 갈색종의 성전으로 삼고자 획책하고 있다"고 말하고 있다. 미국이 과거에 취한 인종 차별 정책과 강제수용소 설치가 백인지상주의에 대한 일본의 비판을 뒷받침하는 예로 간주될 우려가 있다고 충고하는 것이다.

라이샤워가 특히 경종을 울린 것은, 미국의 입장이 특수주의적이고 일본의 입장이 보편주의적이라는 구조가 아시아인들 사이에 받아들여진다는 사실이었다. 다카시 후지타니가 해석하고 있듯이, 미국 내에서도 아시아인이 평등하게 대접받고 적극적으로 국민이 될 수 있음을 보여 주는 사례로써, 일본계 지원병의 용감한 활약과 그들의 애국심을 피력하는 작업이 필요하다고 여겨졌다.[16) 라이샤워는 미국의 인종주의가 아시아인의 눈에 어떻게 비칠까, 특수주의가 얼마나 제국주의 간 경쟁에서 짐이 되는가를 예리하게 꿰뚫어 보았다. 인종주의를 낳지 않는 국민 통합이 가능한지 의문이지만, 적어도 라이샤워의 제언은 인종주의를 부인하는 정책이 필요하다고 고집하는 한에서 미국 국민주의의 확실한 인종주의적인 측면을 음화(陰畵)처럼 제시해 주고 있다.

---

16) タカシ・フジタニ,「戰下の人種主義:第二次大戰期の'朝鮮出自日本國民'と'日系アメリカ人'」,『近代日本の文化史』, 8卷, 岩波書店, 2003.

라이샤워는 보편성으로서의 인종 평등에는 흥미를 보이지 않았지만, 인종 평등이라는 보편주의가 필요하다는 것에 대해서는 충분히 자각하고 있었다. 그것은 일본과의 사상 경쟁에서 이겨야 했기 때문이다. 하지만 이러한 제국주의 간 경쟁은 사람들의 관심을 국내의 인종·민족문제로 돌리게 하여, 소수자의 법적 환경을 다소 나아지게 만드는 효과로 나타나는 경우도 많다. 미국의 경우 중국인배제법의 철폐(1942년), 일본의 경우 조선에서의 보통선거 도입(1945년) 등 제도적 차별이 철폐된 예를 들 수 있다. 반면에 소수자는 애국적인 국민주체로서 편제되어 일본에서는 황국소년, 미국에서는 제국소년(그야말로 모델 마이너리티)을 낳았다.

'잔여'의 국민화

이렇게 보면 보편주의를 동반하지 않는 제국적 국민주의는 논리 모순에 지나지 않는다. 또한 보편주의는 국민의 주체 편제와 깊이 관계되어 있고, 애국적인 주체는 보편주의적인 논의 없이는 만들어질 수 없다. 체제 익찬형 소수자는 미국에 한정된 현상이 아니고, 제국적 국민주의의 보편주의를 고찰하는 과정에서 결코 간과할 수 없는 구조적인 문제이다. 왜냐하면 제국의 폭력에 의해 소수자의 지위로 폄하되었던 '잔여'를 제국의 폭력 가해자로 단련시킴으로써 통합하는 작업, 제국에서 식민지 지배를 받고 있는 개인을 자발적으로 식민지 지배를 담당하는 자로 변신시킴으로써 제국적 국민주의는 스스로를 재생산하기 때문이다. 내가 굳이 '제국적 국민주의'라는 용어를 사용하는 이유가 여기에 있다. 제국은 그 통합을 국민주의의 기제를 통해서 행하고, 제국의 식민지 지배하에 있는 주민들은 식민지주의자 혹은 제국주의자로서 결코 '제국의 더러운 일'에 가담하지 않는다. 그들이 식민지 지배의 가해자가 되는 까닭은 무엇보다 우선 '애국자'이기 때문이고, '정직한 국민'으로 자기를 규정하기 때문이다. 그들은 제몫을 다하는 한 사람의 국민으로서 인정받고 싶었기 때문이다. 그러므로 비록 제국적 국민주의의 자기정당화 기제가 보편주의이더라도, 보편주의를 지배의 도구로써만 보아서는 안 된다. 보편주의는 차별을 받아 왔던 사람들에게 평등의 권한을 허용하는 제도를 가리키고, 그러한 제도에 가치를 의탁하고자 하는 개인의 삶의 방식이기 때문이다. 그러나 지배체제를 보편주의를 향해서 협박하는 것도 '반란의 예감'인 것이다.

보편주의와는 대조적으로 특수주의는 가치에서 적응의 한계를 정하고, 권한을 누릴 수 있는 사람들과 그렇지 않은 사람들을 구별할 수 있다고 보는 입장이라고 할 수 있다. 아무튼 보편주의와 특수주의는 현존하는 사회적 현실을 특히 사회적 평등 이념에 바탕을 두고 사회문제로 삼을 때 출현하는 대조적인 규정이다. 지금까지 간과되었던 차별을 사회문제화하는 운동이 없을 경우, 보편주의와 특수주의는 모두 실체화되어 포착된다. 동시에 식민지 지배의 문맥에서 식민지 종주국이 보편주의적인 논리를 방기할 수 없는 까닭에 대해서도 알 수 있다.

'일시동인'이라는 보편주의의 간판하에 지배받고 있는 식민지인의 시선에서 제국일본이라는 국민공동체를 보자. '일시동인'이라고 주장되지만 의회정치에 대한 참정권에서 교육, 부의 분배 등 많은 장면에서 식민지의 일상생활은 차별의 현실을 드러내 보인다. 정통성을 결여한 소수의 사람이 방대한 수의 식민지 주민을 통치해야 하는 현실이 식민자인 내지인과 식민지 주민 사이에 폭력적으로 차별을 만들도록 요청하는 것이다. 게다가 식민지 지배를 거절하는 주민이 반란을 일으키는 사태는 반드시 피해야 하기에, 식민지 주민들이 순종적으로 일본 국민에게 귀속되도록 만들어야 한다. 그러나 사회생활은 많은 구별들로 이루어져 있고, 삶에서 체험하는 구별은 사회적 평등이라는 이념하에서는 고발당할 수 있는 차별로 언제든지 전환될 수 있다. 그러므로 조선반도의 일본 국가 정책 담당자가 사회적 평등 주장과 식민지체제하의 차별받는 현실 사이의 모순을 언제까지나 간과할 수 있다고 생각하고 있었을 리 없다. 조선총독부는 식민지 피지배자의 반란을 신경증적으로 우려해 독립운동을 회유하고 탄압했다. 3·1독립운동 4년 후에 발생한 관동대지진 직후에 일어난 조선인 학살 사건은 식민지 피지배자가 일으킬지도 모를 반란에 대해서 식민자가 갖고 있는 정체 모를 불안이 제국의 수도를 어떻게 공포로 몰아갔는지를 훌륭하게 보여 준다. 게다가 식민지를 포기하는 일은 불가능했으니, 이는 흡사 9·11 이후 미국 정부가 한편으로 테러리스트의 공격에 신경증적인 불안에 얽매이면서도 다른 한편으로 이라크를 민주주의를 통해 독재에서 해방시키겠다는 손때 묻은 수사에 호소해야 했던 것처럼, 일본 국가도 조선민족주의에 과도하게 신경을 쓰면서 '내선일체'를 말해야 했다. 지원제를 거쳐 징병제에 이르는 국민 의무의 보편화로 국민통합을 이룬다는 논리는 이미 1923년 관동대지진 당시 발생한 조선인 학살 사건에서 그 가능성이 예상되었다고 말할 수 있다.

제국적 국민주의가 소수자를 통합하기 위해 보편주의를 노래하면서 지배를 위한 차별체제를 계속해서 재생산하는 시나리오는 이렇게 완성되어 갔다. 보편주의와 특수주의는 이른바 빛과 그림자처럼 그 대조성을 유지하면서 공존한다.

환태평양의 두 제국주의 세력은 양쪽 모두 제국적 국민주의로, 국내는 인종·민족 차별 게다가 계급 투쟁의 측면에서 많은 잠재적인 균열을 안고 있었다. 따라서 한편에서는 보편주의적 공상으로 국민을 통합하는 작업이 필요했고, 동시에 정책 담당자나 지도자층은 소수자의 반란과 사회적 평등에 관해서 지나치게 민감할 수밖에 없었던 것이다. 에티엔 발리바르가 「제국주의의 콤플렉스」에서 서술했듯이, 모든 제국주의는 자신의 통치체제가 제국주의라고 불리고 그렇게 지적당하는 것을 극도로 싫어한다. 하지만 자국 이외의 경쟁세력을 제국주의라고 못 박으려고 한다. 양차 대전 사이의 일본도 이 예에서 벗어나지 않는다. '영미제국주의'라는 말은 빈번하게 사용되었지만, '일본제국주의'라는 말은 주도면밀하게 기피되었다. 식민지 지배가 확실하게 식민지 지배라고 지명되는 것을 피하려고 했던 것이다. 혹은 펄 벅의 표현을 참조하면, 미국 내의 인종 차별 노선을 따른 사회 분열은 소수자를 적으로 돌리는 결과를 낳는다고 지배자층, 특히 자유주의적인 지식인은 우려했던 것이다.

1942년이 되기까지 미국 해군은 유대인을 포함한 유색인종의 입영을 금지하고 있었다. 하지만 이와 같은 인종 차별은 점차 철폐되었다. 미국의 인종주의에 대한 제국일본의 비판에 미국 지도자층은 미국 사회 내부에 사회적인 동요나 알력을 낳을지도 모른다고 우려했다. 일본에서는 정부와 체제측 지식인이 '사상전'을 말하기 시작했다. 사태는 미국과 마찬가지였다. 태평양전쟁 기간뿐만 아니라 패전 후에도 특히 극동연구자 다수가 자신들의 연구를 '사상전'(ideological warfare)의 일부로 이해하고 있었다. 이미 논했듯 이 사상에 의한 전쟁은 냉전으로 계승되었다.[17]

---

17) 냉전하 '사상전'의 필요를 말하고 있는 유명한 저작으로 Edwin Reischauer, *Wanted: an Asian Policy*, Knopt, 1955를 언급해 두자.

사상전의 계속

계급의 선을 따른 사회분열의 잠재성은 사회주의자에 의해서 몇 번이나 지적되었다. 일본의 경우 정부의 선전 문구는 공산주의와 민족주의를 대일본제국의 최대의 적이라고 항상 서술하고 있다. 똑같은 방식으로 미국 정부도 공산주의와 민족주의를 사회의 적이라고 선전했다. 일본의 경우 공산주의와 민족주의를 사회의 적으로 보는 선전은 패전과 더불어 내려졌지만, 미국의 경우 사회주의와 민족주의를 향한 적의는 제2차 세계대전 후에 오히려 강화되었다. 특히 반공주의 선전은 전전에 반공으로 이름을 떨친 사사카와 료이치 등 파시스트들이 친미국민주의자가 되어 정·재계에 복귀하게 되는 계기가 되었다. 현재 일본재단의 전신인 일본선박진흥회의 창시자인 사사카와 료이치(그의 뒤를 이어 소노 아야코, 사사카와 료헤이가 회장 자리에 올랐다) 등에 의해 1968년에 결성된 국제승공(勝共)연합은, 동아시아에서의 미국의 초국가적인 지배구조를 훌륭하게 상징하고 있다고 말해도 좋다. 단적으로는 일본과 대한민국이 관련되어 있지만, 1965년의 한일조약에서 드러나듯 반공을 간판으로 전쟁 전 일본 식민지주의의 인적 유산(전전 일본의 식민지정책에서 활약한 기시 노부스케, 고다마 요시오, 사사카와 료이치 등을 포함)과 제도적 유산이 일본의 경제력에 힘입어 미국의 집단방어체제에 통합되어 갔던 것이다. 승공연합은 일미의 제국적 국민주의의 사생아라고 할 수 있다. 일본의 패전 이전에는 경합관계였던 일본과 미국의 제국적 국민주의가 양피지에 겹쳐서 쓴 문장처럼 겹쳐 쓰이기 시작해 점차 구별할 수 없게 되어 갔다.

이렇게 일본의 패전 이전 두 제국 간 경쟁은 보편주의를 둘러싼 갖가지 표현 형태를 취한 치열한 논쟁으로 드러났다. 여기서 유의해야 할 것은 다음과 같다. 각각의 보편주의 주장이나 자국 지배의 정당화를 위한 언론이나 선전이 주로 영어와 일본어로 쓰였기에 마치 국내 독자들을 향해 말하는 듯이 보일지라도, 각국의 제국적 국민주의는 미국 국민으로 자기획정하지 않은 자, 또 일본 국민으로 자기획정하지 않은 자들을 향해서도 쓰였다는 점이다. 라이샤워가 국방성에 보낸 메모에서 지적하고 있는 것이 바로 이런 사항이고, 전후의 저작에서도 그는 일본이 아닌 아시아의 엘리트를 상대로 미국은 '사상전'을 치루고 있다고 강조했다. 그가 미국이나 국민의 행동이 아시아인에게 어떠한 메시지를 발신하고 있는지 생각해야 한다고 이야기하는 것은 바로 이 때문이다. 요컨대 두 제국 간의 보편주의를 둘러싼 논쟁은 미국의 혹은 일본의 국민 이외의 사람들, 더 정확하게 말하면 미국의 혹은 일본의 국민으로서 자기획정하지 않은 국내 및 국외의 사람들에게도 말 걸지 않을 수 없었던 것이다.

국제법의 통념에 따르면 국제세계란 유럽의 주권국가가 서로의 주권을 존중하는 데서 성립한 주권의 상호승인의 체계이므로, 아시아나 아프리카의 사람들이 그러한 체계에 직접적으로 관련 맺는 일은 없었다. 비유럽인은 국제세계의 바깥에서 살고 있는 사람들이라 국제법은 적용되지 않았다. 이른바 '백인'이라는 애매한 범주를 근대 '국제세계'에 귀속하는 자들의 자연화된 표상으로 생각한다면, 백인이 아닌 아시아인 대부분은 국제세계의 주민이 아니게 된다. 따라서 태평양전쟁이 시작되었을 때 미국의 국방성이 '백인'지상주의가 어떻게 아시아인에게 받아들여질까를 배려하지 않았다고 하더라도 놀라울 게 없다. 아시아인은 그때까지 국제법이라는 보편주의의 바깥에서 살았기 때문이다. 그러나 라이샤워가 경고한 것은 그러한 유럽 중심의 보편주의가 지금은 특수주의로 간주되는 사태가 만들어졌다는 점이다. 일본의 아시아 해방이라는 수사나

'세계사의 철학'은 확실히 민족 자위적이었지만, 비유럽 지식인이 그때까지의 보편주의가 특수주의로 조락하고 있는 1930년대의 역사적인 경위를 확실하게 감지한 것에 대한 대응이었다.[18] 하지만 대단히 흥미롭게도 대일본제국이 붕괴되고 난 후, '세계사의 철학자'들은 미국의 집단보장체제의 옹호자로서 논단에 복귀했다.

이런 문맥에서 아시아 태평양전쟁이 일어났던 시기, 아시아인이 미국과 일본의 논쟁에서 특히 중요한 청자로 부상했다. 법 앞의 평등이 국민 내부에서 특권의 향수와 의무의 부담을 한정하는 원칙이었음에도 불구하고, 언제부터인가 사회적 평등의 보편적 원리로 변신해 국민 전체의 범위에서 흘러넘쳐 국민의 잔여까지도 휩쓸고 간 이념으로서의 보편성으로 기능해 버렸듯이.

보편주의와 특수주의의 공범 관계

패전과 함께 대일본제국은 소위 식민지를 잃었다. 영토는 당시 '내지'라고 불린, 카이로 선언에서 정해진 지역으로 거의 축소되었다. 연합국의 점령정책에 의해 구 일본제국에서 분리된 지역을 뺀 나머지가 전후 일본의 영토가 되었다. 영토에 관하여 말할 수 있는 부분은 인구에 관해서도 말할 수 있다. 일본의 국민은 '내지'에서 사할린, 지시마 열도, 오키나와 군도나 아마미 군도를 뺀 지역에 적을 둔 사람들의 총칭이다. 물론 1945

---

18) '세계사의 철학'과 일본 제국주의의 논의가 갖는 보편주의적 지향에 대해서는 酒井直樹, 「近代の批判: 中絶した投企」, 『現代思想』, 1987年 12月号(『死産される日本語·日本人』, 新曜社, 1996년에 재수록)을 참고하기 바란다.

년 8월 15일 시점에는 이 영토 바깥에 거주했던 사람들도 다수 있었다. 또 이 영토 내에 거주하고 있어도 적을 영토 바깥에 둔 사람들도 많았다.

놀랍게도 패전 후 10년이 지나는 동안 일본에는 '일본인'만 있고, 그때까지 일본인이었던 사람들이 대량으로 일본인이 아니게 됐다는 사실이 급속도로 잊혀졌다. 1950년대 일본 사회는 극단적인 국민적 폐쇄성의 공상에 취해 있었던 듯하다. 그토록 탄압했던 민족주의에 대한 공포와 운명공동체를 이유로 소수자를 일본 국민으로 포섭하려고 했던 일본 국가가 보편주의적인 논리를 구사했다는 사실이 너무 쉽게 포기되었고, 눈 깜짝할 사이에 국민의 기억에서 퇴장해 버렸다. 민족주의를 탄압했다는 사실은, 적어도 일본 국민 안에 일본으로부터 독립하고자 했던 사람들이 존재했음을 승인하는 것이다. 하지만 이러한 기본적인 사실 그 자체도 잊혀져 갔던 것이다. 졸저 『일본, 영상, 미국』에서 나는 집단적인 공상의 수준에서 어떻게 이러한 망각이 준비되었는가를 해명하고자 했다.

먼저 소위 '내지인' 다수는 식민지 지배자의 입장에서 지배를 받는 입장으로 자신들을 공상하게 되었음을 확실히 해두자. 식민지 지배자의 아이덴티티를 식민지 피지배자로 자기정체성을 변경하는 것, 이 과정에서 일본의 국민주의는 자기연민적인 성격을 더 강화했다.[19] 패전에 대한 조직적인 표상이 이 망각을 훌륭하게 준비했다고 할 수 있다.

미국과 일본의 관계에서 일본이 미국에 대한 군사경제적인 위협을 그만두었을 뿐만 아니라 미국 국내외에서 지배의 정통성을 위협하는 보편적인 담론의 발신원이 되는 것마저 멈췄다. 연합국에 의한 일본 점령

---

19) 집단적인 기억 전환 과정의 이데올로기, 또 자기연민의 국민주의에 대한 세밀한 고찰은 酒井直樹, 『日本/映像/米國』[사카이 나오키, 『일본, 영상, 미국』]의 2장과 3장에서 행했다.

의 목적은 최초의 단계에서 보자면, 일본이 더 이상 연합국에 대한 위협이 되지 않도록 군사력뿐만 아니라 군사력을 지탱하는 산업까지도 제한하는 일이었다. 당연한 일이지만, 군사·경제력뿐만 아니라 사상전에서도 일본이 미국을 위협하지 않도록 일본에서의 보편주의적인 논리가 용의주도하게 억압될 것임은 어렵지 않게 상상할 수 있다.

패전에 이른 아시아 태평양전쟁 말기에는 '본토결전'의 각오가 제국 내에서 떠들썩하게 퍼졌을 뿐만 아니라, 이를 위한 후방의 시민을 훈련시키는 일도 현실에서 행해졌다. 첩보활동을 통해 연합국 병사는 이러한 '일억총옥쇄'(一億總玉碎) 프로파간다를 알고 있었다. 더욱이 미군은 본토를 점령하기 이전에 사이판 섬이나 오키나와에서 이미 집단자살이라는 철저한 저항에 직면했다. 독일군이 소련 점령지에서, 혹은 일본군이 중국 점령지에서 주민의 집요한 저항에 직면했듯, 전투원과 비전투원을 구별할 수 없는 수적으로 압도적인 적과 진흙탕 싸움에 빠진 상황을 미군이 일본 본토에서 예상했다 하더라도 그다지 놀라운 일은 아니다. 실제로 1950년대부터 1960년대까지 만들어진 일본을 무대로 한 할리우드 영화에는 미군이 상상한 일본주민의 '반란의 예감'을 공상적으로 해소하는 이야기가 여러 차례 그려졌다. 예를 들어 대중작가 제임스 미치너의 동명의 소설을 바탕으로 한 「사요나라」(조슈아 로건 감독, 1957년)에는 순종적으로 보였던 교토의 염색직공들이 등장인물인 일본 여성의 죽음을 둘러싸고 직물을 빨던 얕은 여울 건너편에서 갑자기 미국인을 향해 집단적인 적의를 노골적으로 보이는 장면이 있다. 1950년대 일본 관객에게는 의외라 생각되는 장면 설정이지만, 시나리오가 전개되는 양상에서 보자면 충분히 납득이 간다. 왜냐하면 가야트리 스피박의 표현을 흉내 내어 말하자면, '미국 남성(백인)이 일본 여성(황인)을 일본 남성(황인)으로부터 구출한다'는 구성을 가진 이 영화 시나리오는 일본 여성을 매개로 삼아 승리한 미국 남성과 패배한 일본 남성 간의 호모 소셜적인(homo-social) 관계를 이야기하고 있기 때문이다. 틀림없이 연애의 표상과 '반란의 예감'이 야기한 불안을 공상적으로 해소하는 과제가 이 시기 미국 영화산업에서 중요했던 것이다.

미군은 베트남과 이라크 점령지에서 악몽 같은 주민의 저항을 경험했다. 그러나 일본 점령에서는 이러한 주민의 저항을 겪지 않았다. 이것은 많은 연합국 점령군 병사가 보기에는 거의 기적적인 일이었다. 일본의 많은 지식인도 패전 직후 일본 국민의 놀랄만한 고분고분함에 경악했음은 잘 알려져 있다.

일본 육해군의 무장해제는 주도면밀하게 이루어졌다. 연합군이 상륙한 뒤 조직적인 군사적 저항이 일어날 가능성은 급속히 후퇴했다. 그러나 점령자의 입장에서 주민이 저항에 참가할 이유 그 자체를 없애 버리는 것이 가장 중요했다. 1942년 라이샤워가 국방성에 보낸 「대일정책에 관한 각서」에도 썼듯, 주민의 저항을 없애기 위해 천황의 괴뢰화는 실로 조리에 맞는 방책이었다. 라이샤워는 다음과 같이 말하고 있다.

일본의 경우 주의 깊게 계획된 전략을 통해서 사상전(ideological battles)에서 승리하기를 우리는 기대할 수 있겠지요. 당연한 일이지만 제일보는 기꺼이 협력할 집단을 우리 측으로 전향시키는 일입니다. 그러한 집단이 단지 일본인의 소수파를 대표하는 경우에는, 우리에게 기꺼이 협력하는 집단은 이른바 괴뢰정권이 되겠지요. 일본은 몇 번이나 괴뢰정부 전략을 호소해 왔습니다만, 이렇다 할 만한 성공을 거둘 수 없었습니다. 왜냐하면 그들이 사용한 괴뢰가 역부족이었기 때문입니다.

그런데 일본 그 자신이 우리의 목표에 가장 적합한 괴뢰를 만들어 주고 있습니다. 우리 측으로 전향시킬 수 있을 뿐만 아니라, 중국에서 일본의 괴뢰가 항상 결여해 왔던 훌륭한 권위의 무게를 그 자신이 지고 있기 때문입니다. 물론 우리가 말하고자 하는 것은 일본의 천황입니다.

지금껏 요시다 시게루로 대표되는 일본 보수파가 연합국 최고사령부와 교섭한 결과로 천황제를 온존시키는 데 성공했다고 널리 유포된 설명은, 일본 국민의 체면을 고려한, 나아가 전후 천황제에 정통성을 부여하기 위한 연출이었다. 즉 미 점령군에 의해 사후적으로 연출된 것이었다. 그리고 점령이 현실화되자 천황의 괴뢰화를 통해 주민을 회유해야 했고, 점령당한 일본 내에서도 사상전을 전개해야 했다.

인종주의 비판의 검열

아마도 점령을 위한 사상전에서 연합국이 가장 두려워했던 것은 '백인' 지상주의에 대한 비판이었는데, 이는 점령 정책이나 제도의 배후에 인종주의가 도사리고 있음을 폭로하는 현상 분석, 즉 냉철하지만 보편적인 사회 평등을 이념적인 지향으로 담고 있는 현상 분석이었다. 연합국은 일본과의 경쟁에서 보편주의적인 입장을 탈환해야 했다. 자신들의 인종주의를 폭로당하는 일은, 구 대동아공영권 지역을 점령하고 관리하는 상황과 또 아시아에서의 미국의 헤게모니를 굳건히 세운 상황에서 보자면 가장 고약한 사태이다. 왜냐하면 1920년대 이후 '백인' 지상주의를 지적함으로써 일본의 제국적 국민주의는 미국이나 영국의 특수주의적 현실을 탄핵할 수 있었고, 이미 봤듯이 '백인' 지상주의를 지적함으로써 일본은 미국 내의 소수자까지도 끌어당길 수 있었기 때문이다.

점령을 관리하기 위해서는 전쟁 중에 일본 정부가 공격했던 인종의 계층 질서에 의한 식민지 지배를 일본 본토에서 실현해야 했고, 영속적인 식민지 지배체제를 유지해야 했다. 아시아 태평양전쟁이 끝난 후에도 인종격리제도는 미국 본토에 남아 있었다. 뿐만 아니라 점령군이 바로 인종의 위계에 입각해서 조직되었으므로 군대 내에도 반란의 잠재성이 잉태되어 있었다. 예를 들면 일본주재 미군 내부에는 인종 차별과 반란에 대한 엄격한 보도관제가 이루어져서, 발표 가능한 것은 마쓰모토 세이초의 「검은 땅의 그림」[20] 같은 단편소설 정도였다. 이 작품에서 마쓰모토는 한국전쟁 발발 직후의 고쿠라 조노 캠프에서 일어난 흑인 군인의 반란을 묘사하고 있다. 미군 내부의 흑인 군인에 대한 차별이 그려져 있지만, 차별을 묘사하는 작가 마쓰모토의 인종 차별 의식 또한 무서울 정도다. 이와 같은 반란의 잠재성이라는 관점에서 1930년대에 일본 식민지주의를 용인하는 전략적인 실패를 범한 두보이스는 1945년 8월 25일에 발표한 기사 중에 일본 패전의 의미를 다음과 같이 썼다.

인종적인 신분제도에 도전하며, 유럽인에 의한 아시아 지배에 저항하고 있다는 점에서 일본은 전적으로 옳았다. 그러나 유럽의 인종신분제 대신에 '우생적인' 일본인종을 정점으로 하는 아시아형 인종신분제를 도입하고자 했다는 점에서, 또 아시아 농민을 유럽의 지배와 착취에서 일본 재벌과 기업가에 의한 지배와 착취로 바꾸고자 했다는 점에서 아시아가 유럽에 비해 일본이 더 나은 대체물이라고 받아들인 적은 없었다.

---

20) 松本淸張, 『黑地の繪』, 新潮社, 1965, pp. 83~156.

따라서 미국과 일본 간의 전쟁에 대해서 어쩌면 백인에게만 이익이 됨을 알면서도 유색인종과 다른 유색인종이 싸워야 했던 것을 지금까지 씁쓸하게 느껴 왔던 것이다. 다음의 것은 우리 자신을 지키기 위해서라도 기억해 두어야 한다. 우리는 유럽의 아시아 지배의 종언의 시작을 바로 눈앞에 두고 있음을.[21]

일본이 패전한 지 불과 10일 후에 아시아 태평양전쟁의 인종주의적인 측면을 지적하는 소리가 있었음을 잊어서는 안 될 것이다. 그 소리는 결코 일본의 제국적 국민주의를 긍정하거나 옹호하는 것이 아니었다. 그 소리는 일본을 쓰러뜨린 연합국 측에 일본과 비슷한 인종주의가 있음을, 일본과 영미 자유주의와의 전쟁은 결코 인종주의와의 투쟁이 아니고 인종주의자끼리의 패싸움에 지나지 않음을 간과하지 않는 역사적인 시선이 존재함을 표명했다. 그것은 아시아 태평양전쟁 이후, 파괴된 일본뿐 아니라 승리한 연합국이 어떻게 자신들의 인종주의를 은폐해 왔는가를 조용하게 응시해 온 시선이기도 했다.

따라서 식민지 지배라고 적나라하게 지적당하는 것과 인종주의의 실천이라고 불리는 것이야말로 미국의 일본 점령정권이 가장 두려워했던 것이다. 무력에 의한 전쟁이 끝났어도 사상전은 계속되어야 했고, 사상전이야말로 진정 식민지 권력관계에서 중추적인 작업인 것이다. 제국 육해군 해체, 전쟁범죄자 추방, 재벌 해체, 농지 해방, 교육개혁 등의 정책과 함께 실제로 행해지는 식민지 지배에 대한 비판과 인종주의에 대한

---

21) *Chicago Defender*, August 25, 1945. David L. Lewis ed., *W. E. B. DuBois A Reader*, Henry Holt & Co., 1995, p.86에서 재인용.

비판을 검열하고 천황제를 횡령하는 일은, 점령정권의 입장에서 보자면 효과적인 점령지 경영이라는 점에서 정말이지 합리적인 시책이었다.

다만 미국점령사령부가 일방적으로 인종주의 비판을 억압했다고 생각하는 것은 틀렸다. 별도로 장을 마련해 상세히 논했지만,[22] 패전 후 일본 정부와 일본 국민 다수는 전쟁 중 일본이 점령한 대부분의 지역에서 저지른 일본군이나 일본군속에 의한 범죄가 대부분 인종주의적인 것이었다는 사실에 직면하기를 기피했다. 역사적 책임을 회피하려는 태도와 미국의 식민지 지배는, 구조적으로 상호 촉진적이었다. 다시 말해 미국의 제국적 국민주의와 일본의 제국적 국민주의는 공범 관계를 만들어냈다. 다큐멘터리 영화 「천황군대는 진군한다」(ゆきゆきて神軍)가 전후 일본의 권력구조를 생각할 때 중요한 까닭은 전후 천황제와 전중 인종주의 범죄 은폐와의 관계를 놀랍게도 정확하게 적출하고 있기 때문이다.

여기서 미국은 새로운 지배에 대한 반란을 예방하기 위해 식민지주의 반대의 입장을 강조하고 있다. 미국의 입장은 식민지주의의 형식적인 거부로서 종종 선전되어, 해외 파병에는 인류의 복지와 민주주의라는 보편주의적인 수사가 수반되는 것이 통례가 되었다. 그때까지 이어지던 영국의 식민지 지배 방식과는 달리, 민족자결 원칙을 형식적으로는 승인하고 피지배국의 국민주의를 환영한다. 국제법이 존중되는 고전적인 '국제세계'의 바깥에 있어도 일정한 한계 내에서 주권국가를 인정하고, 미국의 국가주권이 직접적으로 미치는 영토로 삼지 않는다는 명분이다. 그러나 이러한 주권국가의 병존에 의한 국제법 질서를 19세기 '국제세계'의

---

22) 酒井直樹, 「日本史と歴史的責任」, 『ナショナルヒストリーを学び捨てる』, 歴史の描き方 第1巻, 東京大學出版會, 2006에 수록되었다.

바깥에까지 넓히고자 한 구상이 냉전하에서는 점차 후퇴했음을 잊지 말자. 부시 정권의 외교정책에서 볼 수 있듯, 미국 주권은 지구규모적으로 확대 — 따라서 모든 분쟁은 미국의 주권 내에서 일어나므로, 모든 분쟁은 내전이 된다. 분쟁을 관리하는 것은 군대가 아니라 경찰이며, 분쟁을 일으키는 것은 '적국인'(미국에 적대하는 국가에 종속하는 병사)이 아니라 제네바협정에 적용되지 않는 '무법자'(terrorist)가 된다 — 되고 미국 이외의 국가주권은 대폭 제한되었다. 바야흐로 미국 정부는 지구적인 규모로 비대해진 경찰이고, 미국은 문자 그대로 경찰국가가 되었다. 동시에 주권을 갖는 국가의 병존이라는 국제연합의 구상을 전제로 한 '국제세계'라는 명목은 유린당한다. 국제연합은 국제세계의 전 지구적인 확대와 '잔여'의 소멸을 목표로 했지만, 국제연합이 성립된 후의 국제정치는 돌고 돌아 '잔여'가 전 지구적으로 확대되고 만 아이러니한 결과를 초래한 것이다.

식민지주의를 반대하는 이상, 민주주의는 비서양세계의 국민주의를 향한 관용과 쌍이 되어 사용된다. 다만 미국 정부가 말하는 '민주주의'란 미국의 지배에 저항하지 않는 정치체제가 된다. 물론 다른 국가에 의해 한계 지어진 주권을 주권이라고 부를 수 있을지는 큰 의문이지만, 미국 정부가 말하는 '민주주의'는 미국의 국가주권이 미치지 않는 지역에는 지배가 미치지 않는다는 것이 아니라, 피지배지의 국민주의를 일정한 조건 아래에서 승인하고 그 땅에 위성국을 만드는 방법을 말한다. 이렇게 식민지 지배는 존속하지만, 노골적인 식민지주의는 부정된다.

그러면 미국의 식민지 지배가 갖고 있는 다음과 같은 특징을 인정할 수 있을 것이다.

1. 미국 주권이 직접 미치는 영토의 바깥에 있지만 그럼에도 미국이

실질적으로 지배하는 지역에서 미국과는 다른 국가주권을 명분상 용인한다. 군사적으로 점령한 지역에서 미국은 직접 통치하지 않고 주민의 대표에게 주권을 이양한다. 형식상 미국과 그 국가는 대등한 외교관계를 맺는다(미국의 광역지배가 고전적인 국가주권의 전제와 모순되는 까닭은 앞에서 지적했다. 일본의 '독립'은 가장 전형적인 예이다. 「덜레스 각서」에 있는 미군의 일본 철수 조항은 더글러스 맥아더의 반대를 받았지만, 군사기지를 남긴 채 일본과 평화조약을 체결하는 것은 일본이 국가주권을 완전히 회복한다는 '독립'의 전제와 모순됨으로써 이미 미국 정부 내에서도 문제시되었다).[23]

2. 동맹 혹은 집단 안전 보장을 구실로 그 지역에 미국의 군사시설을 설치하고, 지위협정으로 군사 활동에 관한 치외법권을 보장한다. 군사시설은 조계(租界)이고, 그 범위 내에는 현지 주권이 미치지 않는다. 군사시설을 구실로 치외법권을 은밀히 유지하는 것이다.

3. 종래 종주국과 식민지 사이에 보이는 직접 통치를 피하고, 그 지역의 국가에 표 나게 간섭하는 것을 가능한 한 피한다. 그 대신에 첩보기관이나 비밀리에 정치자금을 도입하는 등 다양한 비공식 수단이나 공공 매체 회로를 통해 그 국가의 정책이나 국민의 정치의식에 영향을 준다. 여기에서 친미적인 매스미디어를 양성하는 일이 중요한 사업이 된다.

4. 그 지역의 국가가 미국이 허용하지 않는 정책이나 정치체제를 갖게 되면 정치지도자 암살, 반대세력에 의한 쿠데타 획책, 나아가 군사적 수단 등으로 정권을 바꾼다. 인도네시아나 칠레의 정권 교체는 너무나도

---

23) Frederick S. Dunn, *Peace-Making and the Settlement with Japan*, Princeton University Press, 1963, pp. 105~107.

유명한 예다.

찰머스 존슨에 의하면, 제2차 세계대전 후 처음에 독일, 일본, 영국 등에 한해 설치되었던 미국의 군사시설은 2003년에는 전 세계에 130개국, 700여 개를 넘었다.[24] 미국은 식민지 대신에 군사기지의 연쇄로 성립된 제국이라는 존슨의 관찰은, 제2차 세계대전 이후 미국의 일극지배의 발전을 훌륭하게 요약한다고 말할 수 있다.[25] 오키나와는 이러한 미국의 일극지배가 집약적이면서도 상징적으로 표현된 장소라고 해도 좋다.

군사적인 관할의 체계를 비밀리에 유지한 채, 미국은 노골적인 식민지주의 정책을 피했다. 그 대신 군사시설을 타국의 영토에 둠으로써 그 나라의 국가주권을 침범하면서도 '대등한 파트너'인 양 외교관계를 맺은 것이다. 그것은 광역지배 정통화의 논리에 따른 것이고, 반식민지주의 투쟁에 대응하기 위한 수단이기도 했다. 일본 점령과 '독립' 후의 일본 통치는 그러한 세계정책이 한 걸음 한 걸음 구축되어 온 실험장이었다. 그렇기 때문에 이라크 침공을 정당화하기 위해서 아들 부시 정권은 사담 후세인이 '대량살상무기'를 보유하고 있다는 허위 정보에 호소함과 동시에 일본 점령을 실현 가능한 모델로서 사용한 점은 단순한 복고 취미에 의한 것이 아니다. 일본 점령은 전후 미국의 세계 정책의 성공 사례로서 미국 정책 담당자의 상상력에 각인을 남겼으며, 미국 일극지배의 상징적인 사례가 된 것이다. 일본 점령은 반은 신화화된 일화로서 미국 지도자가 갖추어야 할 지배의 이념형일 수 있는 것이다.

---

24) Chalmers Johnson, "America's Empire of Bases", *Common Dreams News Center*, January 15, 2004.

25) Chalmers Johnson, *The Sorrow of the Empire: Militarism, Security, and the End of the Republic*, Metropolitan Books, 2004.

일본 점령은 위의 조건 1, 2, 3에 해당한다. 4의 조건에 관해서 보면, 군사력으로 일본의 정치체제를 교체하는 일은 일본의 패전으로 준비할 수 있었다. 미국이 이라크에 잠정적인 정권을 만들어 주권국가를 설립한다는 목표를 삼았던 것처럼, 연합국 최고사령부는 우여곡절을 거치면서 이윽고 첫 번째 조건을 만들어 냈다. 샌프란시스코 평화조약을 조인하고, 일본은 '독립'하게 된 것이다. 이러한 후에 일본과 미국 간에 '대등한 파트너십'이 있다는 외교적 연출이 가능하게 되었다.

'독립' 후에도 미군 기지를 존속시켜서 일본 주권이 침범되고 있다는 사실을 은폐하기 위해 미일 정책 결정자가 제출했던 것은 다음과 같은 해결책이었다. 샌프란시스코 평화조약에는 '독립'의 조건으로 미국 정부가 자국 군대를 일본에 주둔할 수 있도록 일본 정부에게 요구하는 게 아니고, 반대로 일본 정부가 미국 정부에 미군이 일본 영토 내에 주둔·해 줄 것을 요청하고 그 요청을 미국 정부가 받아들인다는 조항을 삽입하는 것이었다. 다시 말해 미국과 일본 사이에서 식민지 지배자 대표에게 식민지 피지배자 대표가 상대의 뜻을 받아들여 상대의 뜻에 맞게 행동한다는 익찬형 구조를 만들어 냄으로써, 마치 태평양 횡단관계에서 국가주권이 존중되고 있는 것처럼 연출되었던 것이다.[26] 문자 그대로 국가 간 전이의 구조가 연출되었던 것이다.

더욱이 아시아 태평양전쟁은 미국이 대영제국의 유산을 횡령할 수 있게 만든 사건이었음을 잊지 말자. 대영제국의 판도를 계승한 사실을 은폐하기 위해서 미국은 영국 제국주의와 선을 긋는 새로운 제국의 원리를 보여야 했다. 이것은 식민지주의 반대와 국민주의 찬성이라는 미국의

---

26) Dunn, *Peace-Making and the Settlement with Japan*, p.106.

공식 입장에서도 보인다. 이 입장은 국제연합의 원칙과 반드시 모순적인 것은 아니어서 '국제세계'는 전 지구적으로 성립되는 듯했다. 그리고 국제연합본부는 뉴욕시에 설치되었다. 그러나 미국의 일극지배 정책과 국제연합 원리는 긴장 관계에 있고, 1991년 소비에트 연방이 붕괴한 뒤로 긴장은 점점 현실화되고 있다. 아들 부시 정권은 이제는 국제법을 중요시하지 않는다. 국제 규모의 주권은 예외주의적인 자기 구성의 성격을 더 이상 은폐하고자 하지 않는다.

그렇다면 지금까지 인정되어 온 아시아 태평양전쟁 이후의 세계는 실은 국제세계 따위가 아니라, 미국을 뺀 국민국가의 주권이 점차 사문화되는 세계인 것은 아닐까. 국제연합이 표현해 온 세계란 미국의 일극지배에 이르는 하나의 계기, 혹은 미국의 지구 지배를 위한 '눈 가리고 아웅'하는 것에 지나지 않았던 것은 아닐까.

5장 _ 국민주의의 종언, 또는 식민지 지배의 한 형태로서의 국민주의

점령 당초에 미군은 일본에서 전부 철수할 예정이었지만, 냉전체제와 함께 일본이 미국의 세계 전략에서 차지하는 위치가 크게 변하게 된다. 윈스턴 처칠의 '철의 장막' 연설이 있은 지 채 2년이 지나지 않은 1948년 1월에 미 육군 장관 케네스 로열은 이미 일본이 '전체주의에 의한 전쟁 위협에 대항하는 억지력(deterrant)'의 역할을 해야 한다고 말했다. '전체주의에 의한 전쟁 위협'이란 소비에트연방과 그 영향하에 있는 사회주의운동을 가리킨다.[1)]

그리하여 미국의 극동 정책은 지금까지와 '역코스'를 취하게 되고, 일본은 공산주의에 대한 억지력 또는 반공의 성채 역할을 담당하게 되었다. 동시에 연합국 최고사령부가 행한 일련의 행위, 가령 노동 운동 방해와 재일조선인의 교육 운동에 대한 간섭, 정치 지도자에 대한 중앙정보

---

1) Kenneth C. Royall, "Secretary of the Army", *The World and Japan*, January 6, 1948, pp. 4~10(『日本占領及び管理重要文書集』, 2卷, 1949).

국(CIA)의 자금 도입에서 문화 정책에 이르기까지, 미국의 반공 선전은 전 세계로 확대되었다. 기시 노부스케와 사토 에이사쿠가 1950년대 CIA 에 자금 원조를 요구하여 자금을 얻었다는 사실은 이미 잘 알려져 있고,[2] 이 두 형제 재상은 한국의 이승만과 이라크의 사담 후세인, 인도네시아 의 수하르토, 칠레의 피노체트 등과 함께 미국이 만들어 낸 전후 세계지 배체제에서 극동의 중요한 일환을 이루었다. 1950년대에는 기시와 사토 로 대표되는 전전 일본제국적 국민주의 관료가 '미국의 반공 자유 세계 원리' 및 '일본제국의 계승 원리'를 실시할 식민지의 원주민 정책 담당자 로 두각을 나타냈다.[3] 마침내 1950년대 중반을 지나자, 미국의 군사기지 는 반영구적으로 일본 사회 전통의 일부가 되어 갔다. 교묘한 여론 형성 을 통해 미국에 의한 군사적 지배라는 현실은 점차 일본 국민에게는 투 명한 것이 되어 갔고, 오키나와로 외출이라도 하지 않으면 일본이 '독립 국가'라는 상식이 의심되는 일은 없었다. 앞 장에서 거론했던 미국 식민 지 지배의 두 번째 특징, 즉 동맹 또는 집단 안전 보장을 구실로 한 치외 법권의 유지가 일상화되었고, 미군의 군사시설이 마치 '당연한' 현실인 양 받아들여졌던 것이다. 게다가 경찰 예비대로 시작한 자위대가 헌법 위반을 묵살하면서 미국의 세계전략의 일환으로서 정비되었다. 놀랍게 도 헌법 9조가 개정되면 자위대는 바야흐로 국군의 위치를 획득할 수 있 는 것이다.

2) *New York Times*, 11 October 1989.
3) 武藤一羊, 『'戰後日本国家'という問題』, れんが書房新社, 1999.

국민주의라는 새로운 식민지 지배

그건 그렇고, 직접 점령에서 '독립'을 거쳐 현재에 이르기까지 미국은 일본 지배에 경이적인 성공을 보여 주었다. 이것을 어떻게 설명하면 좋을까. 가장 교활한 지배가 피지배자로 하여금 자신이 지배당하고 있다는 사실을 의식하지 못하게 하는 것이라면, 미국의 일본 점령과 그 후의 총괄은 거의 완전한 식민지 지배를 성취했다고 해도 좋을 것이다. 미국의 존재는 말하자면 투명화되어 이제 일본 국민 대부분은 지배당하고 있다는 사실조차 거의 문제시하지 않는다. 때로 일본 정부의 '무기력함'을 한탄하거나, 해외에서 생활하다 일본이 미국의 속국으로 존재하는 징후를 보고 잠시 의문을 느끼는 것이 고작이다. 미국의 식민지 지배가 이 정도로 투명화될 수 있었던 것은, 미국 지역전문가의 사상전의 성과만이 아니라 에토 준과 같은 체제익찬형 지식인이 일본에서 맹렬히 활약했기 때문이다.

　앞 장에서 아시아 태평양전쟁 또는 제2차 세계대전 후의 미국의 식민지 지배의 네 가지 특징을 들었지만, 미국의 식민지뿐만 아니라 독립 후의 모든 식민지가 지배되는 양상은 제3의 특징과 딱 들어맞는다고 봐도 좋다. 즉 "기존의 종주국과 식민지 사이에 보이는 직접 통치는 피하고, 그 지역의 국가에 표 나게 간섭하는 것을 가능한 한 피한다. 그 대신 첩보기관을 활용하거나 비밀리에 정치자금을 도입하는 등 다양한 비공식 수단과 공공매체 회로를 통해 국가 정책과 국민의 정치의식에 영향을 주는" 것이었다. 문화적인 지배 형태를 수반하지 않는 식민지 지배는 있을 수 없다. 설사 피지배국의 국가주권을 존중해서 직접적인 통치를 부정하는 지배일지라도, 다양한 군사적·문화적 기제가 지배를 향해서 작동한다는 사실에는 변함이 없다. 단지 전후 미국의 헤게모니의 전개에는 소비사회화, 매스미디어의 급속한 보급, 정보기술의 혁명적인 발달이 포함되어 있다. 특히 소비자 문화의 급격한 발달과 매스미디어의 보급은 1990년대에 이르기까지 동아시아에서는 모두 생활의 '미국화'로 여겨져 주민의 의식 속에 미국은 선진적이라는 선입견이 확립되었다. 근대화가 미국화와 동일시되고, 텔레비전, 영화, 출판, 광고 매체를 통해 일부 엘리트뿐만 아니라 저소득계층까지도 미국과 관련된 공상에 매혹되었다. 즉 동아시아에 급속히 소비자 문화가 성숙해 간 것은 주민이 소비자로서 '주체화'된 동시에 상품화된 생활 영역의 증가뿐만 아니라 욕망의 관리도 급속히 진행되었기 때문에 사회의 소비자 문화화는 이미 전전에 시작되었지만, 1950년대 일본에서 급속도로 진척되었다. 이것은 1970년대의 타이완이나 한국에 친미 보수정권의 기반을 구축하게 만든 요건이었다. 요시미 슌야도 『친미와 반미』에 「마이홈으로서의 '미국'」이라는 장을 마련하여, 가전제품과 '미국식 생활'이 어떻게 일본인의 생활의식을 바꾸었는지 간결하게 묘사하고 있다.[4]

여기에서 주의해 둘 것은 이런 생활의 '미국화'가 미국 대중의 일상생활에서 어느 정도 기인하는지 불확실하다는 점이다. 1950년대에서 60년대에 걸쳐 일본 사회에서 일어난 '미국화'에는 미국의 노동자층과 소수자 빈곤층의 생활이 철저하게 은폐되어 있었다. 분명히 미점령군은 미국의 계급 모순을 명시하는 것처럼 보이는 정보를 철저하게 검열했다(스타인 백의 소설을 영화화한 「분노의 포도」는 아주 한참 뒤까지 일본에 공개되지 않았다). 하지만 결국 일본인과 타이완인 그리고 한국인이 고정관념

---

4) 吉見俊哉, 『親米と反米 : 戰後日本の政治的無意識』, 岩波書店, 2007, pp. 161~206.

으로 그리는 '미국식 생활'에는 미국은 백인과 중산계급의 조합이라는 이미지가 침투해 갔다. 그리고 미국의 방대한 비백인과 빈곤층은 동아시아의 '미국화'에서는 볼 수 없는 것이 되었다. 마치 전전 서유럽에서 일어났던 현상과 같은 문명론적인 이상화와 일반화가 '미국화'에 대해서 일어났던 것이다. 대중의 레벨에서 보자면 오리엔탈리즘을 뒤집은 모습인 '옥시덴탈리즘'이 뿌리내린 것이 이 시기였다고 봐도 좋다.

단, 자칫 '미국화'의 비유가 초래할 잘못된 전제를 지적해 둘 필요가 있다. 미국 사회가 동아시아 사회에 영향을 준 결과, 한국, 일본, 타이완 그리고 지금 중국의 일상생활이 '미국화' 중이라는 표현은, 지역에 따른 차이는 있겠지만 1970년대까지는 그렇다고 말할 수 있고 지금도 사태의 대략적인 요약으로는 타당할 것이다. 하지만 이제 '미국화'라는 용어 사용은 적확한 표현이라고 하기 어렵다. 사태의 요약으로서도 이제 이러한 표현은 맞지 않다. 왜냐하면 여기에서 말하는 '미국화'는 다양한 공상에서 조립된 것으로, 생활의 '미국화'를 추진하는 것은 국제시장의 조건이고, '미국'이 가리키는 것은 국제자본의 공상적인 구상화 그 자체이기 때문이다. '미국화'를 미국 영향력의 보급이라고 보는 생각은 한정된 문맥에서는 타당하지만, 다른 문맥에서는 분명히 틀린 것이다. 우리는 미국의 헤게모니가 가진 국제성에 직면하고 있기 때문이다. 미국의 헤게모니를 미국이 소유하거나 관리하고 있는 헤게모니의 의미에서가 아니고, 미국에 관계된 혹은 미국을 그 요소의 하나로서 포함하는 헤게모니로서 이해해야 한다.

여기서 보다 기본적인 의문에 답해 두어야겠다. 애초에 현재 다수의 일본 사람들이 처한 사태를 미국의 식민지 지배로 규정하게 하는 것은 도대체 무엇인가. 일본국 영토에 살고 있는 사람이 미국이라는 국민국가의 주권하에 놓여 있는가. 예전의 필리핀이나 현재의 푸에르토리코처럼, 일본이 미국의 국가주권이 미치는 범위라는 의미에서의 통치된 영토라는 것인가. 전전에 폭넓게 사용된 말로 하면 일본은 미국의 '조계'인가. 오키나와의 현실을 보면 금방 알 수 있듯, 기존의 의미에서의 식민지 지배가 불식되었을 리는 없다. 동시에 국가주권에 의한 국민 인구가 사는 영토의 외부에 있는 인구에 대한 주권의 행사라는 기존의 식민지 지배와는 달리, 새로운 식민지 지배가 실천되고 있는 것도 확실하다.

미국의 헤게모니를 허위의식으로 보는 견해는, 제국적 국민주의가 역사로부터 항상 기회주의적으로 배워 왔음을 간과하고 만다. 그것은 과거 성공한 식민지 지배 비판이 다시 주효하지 않도록, 제국적 국민주의가 지배 형태를 스스로 반성하고 개량하고자 힘쓴다는 사실을 무시하는 것이기도 하다. 다시 말해 우리가 해석의 대상으로 삼아야 하는 식민지 지배 형태가 진실로 헤게모니의 성격을 갖는다는 사실을 묵살하는 것이다. 그러면 전후 미국의 지배 형태는 식민지 지배에 대한 어떤 비판을 해제하고 어떤 것을 무효화해 버린 것일까? 이러한 새로운 식민지 지배를 고찰하기 위해 낡은 식민지주의와 그에 대한 대항인 반식민지 지배로서의 국민주의에 대해서 생각해 보자. 과연 식민지 지배에 저항하는 국민주의의 어디가 기능 부전이 되어 버린 것일까?

역사의 사실과 역사의 이야기

19세기 국민주의자가 식민지주의에 대한 저항으로 생각했던 국민(민족)주의는, 20세기 후반에 들어 식민지 지배를 지탱하는 사회편제를 바꿔 갈 힘을 잃게 되었다. 특히 전후 일본에서는 국민주의가 식민지주의에 대한 저항으로서의 능력을 잃어 갔다.

우선 반식민지주의 주장 그 자체가 국민국가를 이상적인 정치체제로 전제하고 있다는 점에 주목하자. 이로 볼 때 식민지는 국민국가가 가져야 할 국민주권을 빼앗긴 상태로 정의된다. 그래서 민족자립을 희구하는 국민주의는 다음과 같은 이야기 형식을 갖게 된다.

(1) 식민지에서 억압받고 있는 민족의식에 주민이 자각하는 단계

(2) 식민지의 차별을 부정하고 민족 주체화가 시작되는 단계

(3) 민족주체가 독립 투쟁을 통해 국민으로 거듭나는 과정

(4) 국민국가의 독립

(5) 국민주권의 담당자가 된 민족(국민)이 국가제도로 현존하는 상태

이 단계들은 일렬로 연쇄되어 있어 발전단계로 이야기된다. 따라서 두 단계가 한 번에 성취되는 일은 있을 수 있어도, 국민주권은 단계를 차례대로 거쳐 획득되기 때문에 전후관계를 바꿀 수는 없다. 전후관계가 바뀌었을 때, 이야기 전체가 그 의미 혹은 방향을 잃어버리기 때문이다. 민족 혹은 국민의 '독립'이라는 개념에는 이와 같은 역사적 이야기의 순서가 삽입되어 있다.

근대화의 과정으로서 국민주체가 확립된 역사는 국민국가의 독립으로 결실을 맺는다. 정통 주권을 갖지 않는 외국인이나 시민을 대표하지 않는 귀족의 지배하에서 고통받는 사람들이 있지만, 이들은 머지않아 민족적 전통을 자각하고 지배자에 대한 반항을 통해 자신들의 민족의식에 눈을 떠간다. 마침내 그들의 민족의식은 민족적 통합을 일으키고, 내전을 통해 정통적인 주권을 갖지 않은 지배자를 타도하며, 민족대표에 의한 정통 주권국가를 수립한다. 이런 민족이 주권국가를 담당하는 국민이 되는 것이다. 귀족의 압정하에 괴로워한 시민(프랑스)이나 부당한 착

취에 고통 받은 식민지 주민(미국)이 귀족의 대표인 국왕의 머리를 베어 버리거나, 식민지 지배자에게 독립을 위한 내전을 내걸면서 마침내 국민으로서의 자각을 확립한다. 최종적으로 국민의회를 결집하고 스스로를 '우리 국민'(people)이라고 선언한다. 아주 친숙한 이야기일 테지만, 민족이 이러한 주권을 담당하는 국민이 되는 것이 '독립'이었다.

이 역사적인 이야기가 얼마만큼 국민국가의 성립 과정을 파악하고 있는가에 대해서는 굳이 이 자리에서 물을 필요가 없을 것이다. 그러나 프랑스나 미국에서는 이 역사적인 이야기를 통해 국민주권의 내력이 밝혀졌으며, 이에 따라 국민 통합이 정통화되었다. '우리 국민'이 자신들의 주권을 '국민'의 이름으로 입법한다는 신화적인 이야기가 국민주권의 근거가 되는 까닭은 바로 이 때문이다. 19세기 이래로 이 역사 이야기는 내재적인 국민주체의 자기구성 이야기로서 여러 번 재생산되었다. 그리고 1960년대에는 그 최후의 한 줄기 빛을, 가령 질로 폰테코르보의 영화 「알제리 전투」(La battaglio di Algeri, 1966)에서 찾아낼 수 있다. 영화는 프랑스 식민지 치하의 알제리인들이 반식민지투쟁을 통해 자신을 국민으로 구성하고, 마침내 프랑스인을 추방하고 독립을 지향하는 과정을 그리고 있다.

하지만 민족독립의 역사적인 이야기는 분명히 그 위력을 점차 잃어 왔다. 그러면 식민지체제를 유지하는 측에서 생각해 보자. 민족의 자립과 반식민주의 이야기를 어떤 방법으로 무효화할 수 있을까. 지금까지도 식민지체제에 반항하는 자를 탄압하거나, 식민지 내의 모든 세력 간의 투쟁을 부추겨 민족적인 통합을 방해하거나, 혹은 종주국의 국민으로 통합하여 독립운동을 통합운동으로 변신시키는 등 갖가지 방법들이 시도되었다. 민족주의자의 투옥, 고문, 처형은 대부분의 식민지에서는 항상적으로 일어났다. 게다가 프랑스나 일본의 식민지정책에서는 현저하게 통합의 방향이 시도되었다. '내선일체'나 '국민화'는 일본 식민지정책의 대의명분 역할을 누차 완수했다. 식민지 지배자의 골칫거리는 이 이야기가 만들어 내는 민족독립의 수사에 있었다.

그런데 새로운 식민지 지배는 민족주의를 탄압하지도, 식민지 거주민을 종주국 국민으로 통합하지도 않은 채 민족이라는 수사의 골자를 빼내었다. 이는 기존의 민족독립의 논리가 횡령됐다는 말과 다름 없다. 민족자립을 희구하는 역사적 이야기에 관해 이 이야기가 과거의 현실을 어느 정도 정확하게 반영하고 있는가를 재는 실증주의적인 역사가의 시점에 대해서는 무시하자. 왜냐하면 여기서 중점적으로 고찰하려는 것은 역사 이야기의 형태이고, 그 형태가 얼마만큼 사람들을 움직이고 국민주권을 정통화하느냐에 대해서이기 때문이다. 다시 말해 철학자 미키 기요시의 말을 빌리면, '로고스로서의 역사'와 '사실로서의 역사'의 관계를 묻는 것이지 '존재로서의 역사'를 문제 삼는 것이 아니기 때문이다.

『역사철학』에서 미키 기요시는 역사를 이야기의 차원, 존재의 차원, 실천의 차원으로 나눠 각각을 '로고스로서의 역사', '존재로서의 역사', '사실로서의 역사'라고 부르고 있다.[5] 그가 '사실'이라고 부른 것은 실증역사가가 생각하는 '역사사실'과는 전혀 관계가 없다. 오히려 모든 역사에서 가장 기본인 '사실로서의 역사'는 실천적인 것으로 과거에 만들어진 현실을 어떻게 바꿀 것인가, 주어진 사회적 현실을 거부하여 어떻게

---

5) 三木清, 「歷史哲學」, 『三木清全集』, 6卷, pp. 1~287. 더 상세한 '사실로서의 역사'에 대한 논의는 酒井直樹, 「否定性と歷史主義の時間」, 磯前順一 編, 『マルクス主義という經驗』, 靑木書店, 2008을 참고하기 바란다.

다른 미래를 구할 것인가와 관련되어 있다. 세계를 어떻게 해석할 것인가가 아니라 어떻게 바꿀 것인가가 역사를 최종적으로 한정한다는 생각이다.[6] 따라서 '사실'은 필연적으로 인간 존재의 '장래'에서 유래한다. 역사성은 인간 존재의 실천적 성격의 표현이고, 역사는 최종적으로 과거도 현재도 아닌 장래로부터 오는 것이다. 다만 이 장래는 과거, 현재, 미래에 의해 규정된 세계 내적인 존재자의 시간에 있지 않다. 다시 말해 아직 이르지 않은 것, 아직 한정되지 않은 것에서 오는 것이다. 그것은 예상이나 예견 이전의 장래이다. 그러므로 '존재로서의 역사'와 '로고스로서의 역사'는 모두 '사실로서의 역사'에 근거를 두고 있다.

'로고스로서의 역사'에 일정한 제약을 둠으로써 '사실로서의 역사'의 실천 전망 그 자체를 제약할 수 있을까? 개념적으로 보자면, '사실로서의 역사'는 '로고스로서의 역사'에 선행하는데, '로고스로서의 역사'에 중대한 변화를 부여함으로써 사람들이 미래를 구상하는 방법 그 자체를 바꿀 수는 없을까?

다시 한 번 말해 두지만 나는 지금 제국적 국민주의자의 시선에서 반식민지주의를 무화하는 방법을 고찰하는 중인데, 이것은 제국적 국민주의의 헤게모니를 해석하기 위해서 한 번은 통과해야 하는 전략적 배려임을 알아주었으면 좋겠다.

그러면 민족독립의 역사에서 '독립'이 미리 주어져 있다면, 국민주체 제작의 변증법을 도대체 어디서 찾을 수 있을까. 억압되어 있어야 하는 민족이 처음부터 국민주권을 인정받은 상태라고 한다면, 자기 주체화

---

6) 미키 기요시가 『독일이데올로기』의 최초 일본어판 번역자였음을 기억해 두자. エンゲルス, マルクス, 『ドイッチェ・イデオロギー』, 三木清 訳, 岩波書店, 1930.

운동이 동시에 독립을 위한 운동일 필요는 어디에도 없게 된다. 조선총독부와 타이완총독부는 모두 식민지 민족주의를 우려했기 때문에 조선독립운동이나 타이완독립운동을 탄압하려고 했다. 일본 정부가 민족주의와 공산주의를 일본제국을 위협하는 두 개의 위협이라고 몇 번이나 선전했던 까닭도 바로 이 때문이고, 조선반도의 주민이나 타이완 본토인을 일본 국민으로 통합하기 위해 정책을 만들려고 했던 것도 바로 이 때문이다. 그런데 패전 직후를 제외하고 미국은 일본을 점령한 기간 동안 일본 민족주의에 대해 탄압하지 않았고, 일본인을 미국인으로 삼으려 시도하지도 않았다. 다만 한 시기의 오키나와를 제외하고는 말이다. 오히려 천황 히로히토의 옹립 등의 수단을 통해 제국적 국민주의로부터 민족주의적 국민주의로의 전향이 장려되었다.

일본에서 점령부터 독립까지의 과정을 거치며 국민주의는 자기제작의 의미를 잃은 채 용인되었다. 국민주의의 이야기에서 '독립'은 획득해야 하는 것이다. 왜냐하면 독립의 획득은 국민이 주체로서 자기를 제작했다는 증명이 되기 때문이다. 그런데 '일본인'은 '독립'을 획득하지 않았다. 명백히 이 과정에서 반항과 내전이 생략되었다. 일본 전후사에서 독립을 둘러싼 투쟁의 흔적을 찾을 때, 우리는 기껏해야 육전협(六全協) 이전의 일본공산당의 무력투쟁이나 다카하시 가즈미(高橋和己)의 『사종문』(邪宗門)과 같은 문학작품에서 내전이 몽상되었던 정도만을 찾을 수 있다.

독립항쟁이라는 점에서 국수주의 우익의 퇴폐는 특히 어마어마하다. 죽음을 걸고 독립을 쟁취한다는 국수주의 이상을 내건 행동은 어디에서도 발견되지 않았다. 기껏해야 패전 25년 후에 미시마 유키오가 보여 준 국수주의 쿠데타의 패러디만 낳았을 따름이다. '독립'한 뒤에도 가까스로 일본공산당이나 반미좌익 운동 안에는 민족주의의 맹아가 살아남았지만, 끝내 좌익 민족주의조차도 국민적 자기연민을 넘어서는 일은 없었다.

미국 점령정권에 의해 주어진 '국체수호'에 만족했던 보수파는 결코 '주어진 독립'의 마술에서 국민주의를 구출할 수 없었다. 기껏해야 그들의 민족주의는 '친미반소'의 민족주의, 즉 식민지 지배자를 동경하는 피점령민에 의한 국민주의라는 대단히 기묘한 민족주의였을 따름이다. 고이즈미·아베 정권의 국민주의 역시 이런 그로테스크한 국민주의의 연장선상에 있었다.

군사적인 폭력에 의지해 지배하지 않았다고 딱 잘라 말할 수는 없지만, 미국의 정책 담당자는 지배지역 주민의 국민주의를 부정하거나 탄압할 필요가 없는 방책을 모색했다. 오히려 식민지 지배에 반대해서 저항하며 피투성이의 갈등 속에서 국민주체를 만드는 것이 아니라, 식민지 지배를 적극적으로 수용하는 국민주의가 몇몇 지역에서 만들어져 갔다. 식민지 지배를 계속하기 위해, 미국은 현지의 국민주의를 탄압하지 않고 국민주의를 통한 위성국 지배를 바랐던 것이다. 민족독립의 역사 이야기를 빼버림으로써 일본의 국민주의는 새로운 역할을 획득하게 된다.

인종주의 비판의 소멸과 새로운 국민주의

전쟁이 진행되는 동안 영미제국주의에 대한 비판이 거세게 행해진 것과는 대조적으로 인종주의 비판에 대한 검열은 일본 지배자층으로부터 한 번도 저항을 받지 않았다. 이것은 인종주의 비판이 일본의 식민지 지배에 대해서도 훌륭하게 응용할 수 있다는 사실과 관계가 있을 것이다. 인종주의 비판이 보편성에 기대는 입장에서 이뤄지는 한, 그것은 타자의 규탄뿐만 아니라 자신들의 처벌에도 열려 있어야 한다. 같은 규범에 의해 자기와 타자가 처벌받는다는 것이 보편성에 대해 우리가 위임하는 제1의 요건이다. 자기처벌을 배제(forclusion)하지 않음은 인종주의 비판에서도 절대적인 요청이다. 뒤집어 말하면 식민지 지배의 책임을 피하기 위해서는 미국의 식민지주의와 상관있는 인종주의를 봐도 보지 않은 척하는 게 최고다. 연합국의 입장에서 일본 관계자의 인종주의에 관해 일부러 관용을 보이는 것은 자신에 대해서 관용적이기 위한 중요한 포석이다.

도쿄재판은 천황의 면죄와 더불어 일본 국민의 전쟁 책임을 대단히 협소하게 정의했다. 이는 미국에 영합하여 책임 문제를 해결하고자 한 것으로, 그 후 일본의 지배자층은 일부러 전쟁 책임과 식민지 지배를 결부하는 질문을 긁어 부스럼으로 여겨 일본 국가와 국민의 과거 책임에 대해 미국 정부의 판단에 의존하는 쪽을 택했다. 이와 동시에 인종주의에 대한 일본인의 비판을 허락했는데, 이는 연합군의 점령에서 나타나는 인종주의에 대해 일본인의 입을 봉쇄하는 데 가장 효과적인 정책이었다. 나는 패전 후 10년 동안에 일어난 제국에 대한 집단적 기억 상실은 자기처벌의 배제라는 역학이 훌륭하게 작동했기 때문이라고 생각한다. 그 후 1960년대에 가령 에토 준이 미국 점령정책과 미국의 일상생활에서의 인종 차별에 대해서 멸시하는 발언을 해도 결코 인종주의 문제로 비화되지 않았던 것은, 그가 미국과 일본 간의 공범성을 충실하게 내면화하고 있었음을 잘 말해 준다고 생각한다. 공범성을 지적하는 일은 '위험했기' 때문에 에토는 "세상을 시끄럽지 않게 할 정도의 구별은 하고" 있었던 것이다. 내가 공범성이라고 부르는 것은 권력관계가 사람들의 성격이나 사교 태도와도 관계 맺는 방식을 보여 주고 있다.

샌프란시스코 평화조약의 초안 작성에 참여하고, 아이젠하워 대통령의 취임으로 국무장관에 취임한 존 포스터 덜레스는 '독립' 후의 일본과 아시아 국가 간의 관계에 대해 주도면밀했다. 하지만 그의 일본정책에서 "일본인은 인종주의자가 되어야 한다"는 전략을 읽어 내는 것은 그리 어렵지 않다. 존 다워에 의하면, 덜레스는 일본을 '서양'(서측 진영으로 번역되어 왔다)에 끌어들이기 위해서 일본인의 인종적 우월감을 이용해야 했다고 한다.[7] 덜레스는 '서양측'(Western Alliance)을 '앵글로색슨의 엘리트 클럽'으로 간주하면서,[8] 근대화되지 않은 아시아 제국민에 대해 일본인은 은밀한 우월감을 갖고 있으며 '엘리트 클럽'이 갖고 있는 사회적 지위에 사로잡혀 있다고 판단했다. 1963년 저자 사후에 출판된 책 속에서 외교사 전문가 프레더릭 던은 덜레스가 다음과 같이 서술했다는 기록을 언급하며 이렇게 쓰고 있다.

> 중국인, 조선인, 러시아인에 대해 일본인이 갖고 있는 인종적이고 사회적인 우월감을 이용해서, 공산주의 세계의 인간들보다도 훨씬 우생적인 (superior) 자유주의 진영 세계 그룹의 인간들과 대등한 동료관계를 맺도록 자유주의 진영에 참가하도록 일본인을 설득할 수는 없을까.[9]

---

7) John Dower, "Introduction on 'E. H. Norman, Japan and the Uses of History'", *Origins of the Modern Japanese State and selected writings of E. H. Norman*, Pantheon Books, 1975, pp. 40~41. 또한 다위는 Frederick S. Dunn, *Peace-Making and the Settlement with Japan*, Princeton University Press, 1963, p. 100을 끌어오고 있다.

8) John Dower, *War without Mercy*, Pantheon Books, 1986, p. 311.

9) Dunn, *Peace-Making and the Settlement with Japan*, p. 100에서 직접 번역. 원문은 다음과 같다. "It might be possible to capitalize on the Japanese feeling of racial and social superiority to the Chinese, Koreans, and Russians, and to convince them that as part of

근래 야스쿠니 신사를 둘러싼 일본·중국·한국 정부의 대응을 보고 있으면, 존 포스터 덜레스의 혜안에 당혹하지 않을 수 없다. 물론 현시점에서 봐도 일본 정치 상황에 대한 덜레스의 통찰은 정확하다. 뿐만 아니라 덜레스는 이러한 전후 일본인의 인종의식 틀을 만들어 낸 자이기도 하다. 이 틀이 지금까지 살아 있다는 점을 잊어서는 안 된다. 덜레스가 죽은 직후에 일어난 안보투쟁 등 미국의 집단방위체제에 대한 과격한 고발을 도외시한다면, 일본 정부나 일본 국민의 주류도 거의 그가 예상한 것과 같은 행동을 보였다고 말할 수 있다.

또한 이러한 일본인의 인종주의에 대한 통찰 속에 덜레스 본인의 인종주의가 드러나고 있음을 간과해서는 안 된다. 당시 상황을 생각하면, 덜레스 자신의 인종주의는 새삼스럽게 떠들어 댈 것도 없다. 특히 당시 미국 남부의 주에서는 아직 흑인에게 투표권이 주어지지 않았으며 공중화장실에서 버스 좌석까지 인종별로 격리되어 있었던 시기, 즉 1960년대에 일어난 공민권운동 이전에 있었던 발언이었다. 그와 동시에 1930년대부터 40년대 초엽에 걸쳐 일본 지식인이 영미 백인지상주의를 비난한 캠페인 이후에 나온 발언이라는 점도 간과할 수 없다. 나치스 독일에 의한 대량학살의 기억과 일본제국에 의한 영미 인종주의 비판 선전은 전후 미국에서 그 국민적 기억을 재편성하기 위한 요인이 되었다. 이러한 미국의 국민적 기억을 고쳐 쓰는 과정에서 일본을 포함한 지역들에 대한

---

the free world they would be in equal fellowship with a group which is superior to the members of the Communist world."
이가라시 다케시도 「덜레스각서」(1950년 6월 6일)의 완전히 같은 부분을 인용하고 있는데, 흥미롭게도 여기에는 덜레스의 인종주의에 대한 지적이 없다. 번역문도 오히려 원문의 인종주의적인 의미를 피하려는 듯이 번역되어 있다. 五十嵐武士, 『對日講和と冷戰』, 東京大學出版會, 1986, pp. 145~146.

지역 연구가 성립되었다. 지역 연구가 미국의 국민공동체의 (정신분석에서 말하는) '방어' 기제로 이해되어야 하는 이유는 바로 이 때문이다.

덜레스의 판단이 맞았든 틀렸든 간에, 그의 일련의 대일정책안은 대단히 멋지게 미국의 지도자가 일본 국민에게 무엇을 기대하고 있는지를 말하고 있다. 거기에는 '기대되는 일본인상'이 확실하게 각인되어 있다. 그 일본인상에서 '서양'의 역할을 떠맡은 앵글로색슨의 대표로서 덜레스 그 자신의 자화상을 볼 수 있다. '기대되는 일본인상'과 '기대하는 서양인상'이 여기에 동시에 상호형상적으로 제시되어 있는 것이다.

여기에서 주의해야 할 것은 일본인의 인종주의를 이용하려는 덜레스의 전략에는 일본인 측의 선택지가 미리 정해져 있고, 그 선택지를 일본인이 뽑도록 정책을 실시해야 한다는 주장이 담겨 있다는 점이다. 덜레스가 가장 우려했을 선택지는, 일본인이 '엘리트 클럽'에 들어가는 것을 거절하고 덜레스(당시 미국 정책 결정자 일반)의 엘리트 근성의 전제가 되었던 것, 즉 세계를 인종의 위계로만 보는 의식 그 자체를 경멸하는 것이었다. 요컨대 인종이나 문명의 범주로 상하관계를 구상하는 것이 아니라, 엘리트 클럽에 참가해 득의양양해하는 의식 그 자체를 은밀히 거절하는 것이다. 그것은 사회적인 평등이라는 보편성에 실천적으로 참가(commit)하는 것이다. 덜레스가 일본인에게 기대했던 것은 보편성의 선택지를 자진해서 버리는 일이었다. 바로 그렇기에 진정 "일본인은 인종주의자가 되어야 한다"고 그는 주장한 것이다.

오해하지 않도록 말해 두자면, 나는 전후 처음으로 일본인이 인종주의자가 되었다는 따위를 말하려는 것이 아니다. 역사적으로 봐도 그 이전부터 — 물론 여기에서 전칭명제로 쓰기에는 주저되는 바가 있지만 — 일본인은 충분히 인종주의자였다. 메이지 초부터 근대세계에서 국민국가를 만들고 국민으로서 정체성을 갖는 주체를 만들어 내기 위해서, 일본 사회는 인종주의를 도입하지 않을 수 없었다. 일본인뿐만 아니라 아시아의 민족들도, 나아가 근대세계와 관계 있는 사람들 대부분은 근대화 과정에서 인종주의자가 된다. 그것은 역사적으로 부여된 조건이었다고 말할 수 있다. 다만 '기대되는 일본인상'으로 주목받는 인종주의자가 된다는 것은 단순히 인종주의에 찬동하거나 참가하는 일이 아니다. 사람은 이미 인종주의의 내부에 있기에 인종주의를 옷처럼 입었다 벗었다 할 수 없다. '기대되고' 있다는 것은 인종주의로부터 탈출할 장래를 더 이상 희구하지 않으며, 인종주의의 현존을 더 이상 고발하지 않겠다는 것이다. 그것은 인종주의 없는 미래를 모색함으로써 현존하는 세계를 바꾸려는 태도를 버리는 일이다. '폭력의 예감'과 보편성을 접합하는 일종의 수단을 단념하는 것이라고 말해도 좋다.

이러한 '기대되는 일본인상'을 갖고 있다는 이유로 덜레스 자신이 인종주의자라는 선에서 만족하고 있다고 생각해서는 안 된다. 또한 그는 자신을 인종주의자라고 인정한 것도 아니었다. 미국의 지도자는 인종주의가 계속 존속함에도 불구하고 인종주의를 계속 비판할 것이다. 마치 전쟁 중의 라이샤워처럼 말이다. "인종주의를 비판하지 않으면 손해를 보거든요." 이는 "인종주의를 비난하지 않는 자는 제국을 통치할 수 없다"는 정책적 판단인 것이다.

서양인이 인종주의에 반성적인 의식을 갖는 것은 당연하다. 그러나 기대되는 일본인은 세계를 계층화하는 질서에 반성적인 의식을 가져서는 안 된다. 인종주의에서 탈출하기를 희망한다는 것은 지금 존재하고 있는 인종질서에 대해 근본적인 위화감을 계속 갖는 것이어서, 서양과 비서양이 계층적인 질서에 휘말리는 것을 거부하는 일이다. 따라서 일찍이 베르사이유 강화회의가 열렸을 때, 우드로 윌슨 대통령에 의해 미국대표단의 법률고문에 임명된 존 포스터 덜레스는 일본대표단이 제출한 「인종 평등 제안」과 「국제연맹헌장 수정안」이 두보이스를 필두로 하는 유색인 지식인 사이에서 불러일으켰던 인종 평등을 향한 강한 관심에 괘씸해했던 기억을 가지고 있을 것이다. 제국의 질서를 유지함에 있어서 그는 인종주의 비판이 얼마나 위험한가를 알고 있었던 것이다.

다민족적인 통합을 실행하기 때문에 제국은 인종주의 비판을 피할 수 없다. 그러나 제국 내의 질서는 필히 인종주의적인 차별을 낳는다. 인종주의에 대해서 근대 국민국가의 형태를 취한 제국은 그런 까닭에 갈라진 혀로 말하지 않을 수 없다. 일본은 제국을 상실함으로써 갈라진 혀를 잃었으며, 그 결과로 인종주의에 대한 비판 능력도 상실한 것이다. 어쩌면 덜레스가 일본인에게 기대했던 것은 세계질서의 기본을 고발한다는 등의 오만함 없이 세계의 질서를 받아들이며, 그 질서 속에서 자기 분수에 상응하는 입장을 기꺼이 떠맡는 심성을 몸에 익히는 것이었을지도 모른다. 이른바 반성의식을 가진 주인과 즉자적인 질서 속에서 주인의 인정을 바라는 하인으로 이뤄진 역할 분담에서 하인의 역할을 떠맡아 주기를 바란 것이다. 또한 그것은 일본인이 체제익찬형 소수자로서의 자세를 몸에 익히는 것이었다. 이렇게 일본인은 태평양 횡단 관계에서 모델 마이너리티가 될 것이 기대되었다.

특수주의의 표현으로서의 일본문화

체제익찬형 소수자라는 삶의 방식을 전적으로 심리적인 사태로만 간주해 외교관계나 헌법 독해와 무관하다고 생각할 수 없는 이유는 국가주권의 쇠퇴, 식민지주의를 내걸지 않은 식민지 지배의 현실, 조작된 상징천황제 등의 기제와 연계되어 있기 때문이다. 그것은 개인에게 실제 작동하는 일종의 권력관계이고, 이 권력관계는 담론 차원에서 이해하지 않으면 안 되기 때문이다.

이 기대에 대답할 때, 즉 미국의 지도자와 전이(轉移)적인 관계가 완성될 때, 일본에서는 몰윤리적인 현실주의가 승리할 것이다. '기대되는 일본인상'에서 일본 국민이 책임져야 할 상대는 미국으로 대표되는 서양이고, 전쟁 책임이 서양과 일본의 대화를 넘어서는 일 따위는 없을 것이다. 전쟁 책임에 관한 발화는 아시아인들의 시야 바깥에서 소멸되어 버린다. 일본 국민의 의식 속에는 아시아인들을 제외한 국제세계가 재등장한다. 다시 말해 1930년대에 실추됐던 '국제세계'가 다시 서양으로 부활하는 것이다. 다만 칼 슈미트가 1950년대에 발표했던 저작 『대지의 노모스』[10]에서 논했듯이, '유럽공법'으로부터 새로운 노모스의 전환이 일어났으니 '국제세계'는 미국의 헤게모니하에 재편된 것이다.

독립 후 일본이 복귀해야 했던 국제세계는 이제는 미국을 중심으로 부활했다. 미국은 특수를 규정하는 보편(정확히는 일반)의 계기를 대표하는 서양으로 이러한 보편적인 극을 독점하고, 일본 국민은 미국과의 대조를 참조해 문화적 동일성을 획득한다. 이렇게 해서 일본의 국민주의는 미국과의 공범성의 하나의 계기에 지나지 않게 된다.

이 담론에서 국민주의가 조금도 억압받지 않는다는 점을 잊지 말자. 이 국민주의에 참여(commit)하는 데는 현존하는 식민지 지배를 탄핵할

---

10) Carl Schmitt, *Der Nomos der Erde im Völkerrecht des Jus Publicum Europaeum*, Duncker & Humblot, 1950(新田邦夫 訳, 『大地のノモス』上·下, 福村出版, 1976).

필요도, 식민지 지배에 저항함으로써 자유로운 주체를 구성할 필요도 없다. 민족적 자율이라는 역사 이야기에서 저항이나 내전의 요소를 훌륭하게 제거한 이상, 이 국민주의에서 식민지 지배에 대한 저항의 계기를 기대하는 것은 어리석다. 왜냐하면 일본은 완전한 주권을 이미 회복했고, '독립국' 일본에 충분히 자율적인 국민주체가 성립해 있기 때문이다. 이렇게 자율적이게 된 일본인은 기존의 국제질서 속에서 자족하고 있다. 또 일본인은 이념적인 보편성을 추구하는 것이 아니라, 부여받은 국제적인 역할을 떠맡을 것을 의무로 갖는다. 1990년대 초두 '국제세계의 일원'으로서 일본은 걸프전에 군대를 파병할 의무가 있다고 일부 일본 지식인이 주장할 때, 그들의 말은 '기대되는 일본인'상에 그들이 얼마나 훌륭히 지배되고 있는가를 보여 주었다. 당연하게도 일본 정부의 보편주의적인 발언은 매우 적어졌다. 미일 이외의 제3의 청중은 존재하지 않았기에, 일본 국민이 구사하는 논의에서는 미국이 내건 보편성이 특수적인 것에 지나지 않음을 폭로하려는 논쟁적인 요소가 점차 후퇴했다. 일본인은 전적으로 미국과의 대–형상화 속에서 주어진 특수성에 자족하기 시작했다. 이미 전쟁 중부터 국민성 연구(National Character Studies)는 미국 정부의 대일 전략으로 채용되어 왔는데, 전후 일본에서도 일본문화 연구가 번성했다. 그러면서 일본 국민의 동일성이 '문화'로서 실체화되었다. 보편주의와 특수주의는 유형화된 문화 차이로서 이해되기 시작한 것이다.

'전후 천황제 담론'은 점령지 관리, 집단보장체제하의 식민군 창설, 인종주의비판의 억압, 소비자사회화 외에도 '사상전'의 연장으로서 지역 연구를 제도화하는 작업을 담당했다. 앞서 나는 아시아 태평양전쟁 당시 라이샤워가 했던 작업의 일단을 소개했는데, 여기서 잠시 지금까지 여러 번 다루었던 지역 연구를 통해 전후 일본 연구를 일별해 보자.

1950~60년대 로버트 벨라의 작업은 보편주의적인 것에 대한 특수주의적인 것이라는 틀과 실체화된 문화관을 접합한 것으로, 전쟁이 한창일 때 루스 베네딕트가 전쟁정보국(the Bureau of War Information)에서 행한 작업인『국화와 칼』과 나란히 일본문화에 대한 영어권 연구의 기념비적인 위치를 점하고 있다.[11] 이제는 거의 고전의 지위를 획득한 논문 「일본의 문화적 동일성: 와쓰지 데쓰로의 작품에 관한 두세 가지 고찰」에서 어떻게 보편주의와 특수주의의 논의가 일본과 미국의 대비에 사용되었는가를 살펴보자. 제국일본 붕괴 20년 후이자 일본 점령 종료 13년 후에 발표된 이 논문은 분명히 사상전의 연장에서 쓰였다.

전쟁 시기에 시작되었던 국민성 연구의 성과를 계승하면서 벨라는 와쓰지 데쓰로를 전형적인 오리엔탈리즘의 틀 속에 위치시켰다. 1960년 이후 와쓰지는 어쩌면 니시다 기타로 이상으로 영미권에서 인기 있는 철학자였는데, 그 이유의 하나가 벨라의 이 논문 덕분이라고 나는 생각한다. 와쓰지 데쓰로의 논고는 니시다 기타로처럼 철학적인 엄밀성이 없고, 도사카 준처럼 마르크스주의의 비판성도 없으며, 또한 미키 기요시처럼 유럽사상의 교양이 없기 때문에, 20세기의 철학적인 사상의 훈련을 받지 않은 독자에게는 비교적 이해하기 쉽다고 느껴졌을 것이다. 와쓰지의 논의를 '일본문화'라고 말한다면 대체로 알 듯한 기분도 들고, 또 문화론을 상정하면 읽어 낼 수 있을 것처럼 보이기 때문이다. 교양의 범주에서 말하더라도 '서양' 독자를 위협할 요소가 적기 때문에, 와쓰지는 서양

---

11) Robert N. Bellah, "Values and Social Changed in Modern Japan", *Asian Cultural Studies*, vol.3. International Christian University, 1962: "Japan's Cultural Identity: Some Reflection on the Watsuji Tetsuro", *Journal of Asian Studies*, vol.24, no,4, 1965.

인의 오리엔탈리즘적 기대를 가장 잘 만족시킨 일본 사상가의 한 사람이었다.

게다가 일본의 많은 지식인이 반미의 입장을 강조(안보투쟁)하거나 또 근대화론에 대한 비판을 강조하는 냉전하의 지식 상황에서, 와쓰지는 다음의 두 가지 면에서 미국의 지역 연구자에게 매력적인 인물이었을 것이다. 하나는 와쓰지가 상황에 대한 적응력이 있는 기회주의적인 사상가였다는 점이다. 일본이 패전하자마자 와쓰지는 전중 천황절대주의에서 국민주권론으로, 나치형의 인종주의자에서 '문화국가' 민주주의자로 단숨에 변신했다. 일본에서 사회주의 혁명이 일어날까봐 그 자신이 두려워했기 때문에 그는 점령군사령부에 협력적이었다. 전중의 광신적인 애국주의에 저항하지 않았다는 사실은 미국의 연구자에게는 실로 다행스런 상황이었다. 그 때문이었는지 와쓰지의 상징천황제론은 미국의 점령을 정통화하는 역할을 맡을 수 있었다.

다른 한편, 그의 사상은 전전으로부터 연속성을 유지하고 있었다. 와쓰지는 소위 보편주의적인 사상에 항상 위화감을 갖고 있었다. 전중의 많은 지식인과 달리 그는 일본 정부의 인종 통합 정책에 반대했고, 나치형 인종순혈주의 주장을 무너뜨리지 않았다. 중국인에 대한 모멸감을 숨지지 않았으며, 그의 반유대주의나 대(對) 백인공포증은 외국인에 대한 과잉된 민감함으로 싸여 있었다. 당연히 전중에는 제국 내의 인종 통합에 위화감을 표명한 소수의 지식인 중 한 사람이었다. 이 태도는 그의 전후 문화론에서도 지속되었다. 그런 한에서 와쓰지는 이미 1920년대에 훗날 일본인론으로 전개될 문화적 국민주의의 기선을 잡을 수 있었다. 그는 사회관계에서 우연성이나 항쟁을 특별히 혐오했고, 조화와 예상가능성(predictability)을 좋아했다. 『인간의 학문으로서의 윤리학』(이와 더불

어 그의 『윤리학』)에 나와 있는 그의 유명한 '관계'[間柄] 개념은 사회관계에서 물상화된 예상가능성 바로 그것이다. 그는 인간관계에서 우연성이나 예상불가능성을 완전히 배제하고, '사이좋음'(ナカヨシ)을 최고의 규범으로 하는 윤리학을 구상했다. 그의 '사이좋음의 윤리학'은 의도치 않았지만 외국인공포증의 윤리학이었다. 나치를 닮은 그의 순혈주의는 그의 윤리관의 당연한 귀결이었던 셈이다. 이 점에서 와쓰지 데쓰로는 전전과 전후를 통틀어 실로 일관된 사상가였다. 이러한 와쓰지에게 주목한 벨라의 식견에 경탄하지 않을 수 없다.

전후 미일관계에서 와쓰지 데쓰로에게 기대되었던 역할은 오리엔탈리즘의 '원주민 인포먼트(informant, 피조사자)'였다. 그는 일본문화의 대표라는 역할을 실로 교묘히 해냈다. '서양인' 형상과 대비되는 '원주민' 형상에 투사된 다양한 기대를 훌륭하게 만족시켰기 때문에, 정말로 그와 '서양인'의 교섭에서 '서양인'이라는 동일성에 위협을 주는 일은 전혀 없었다. 이 점에서 와쓰지는 문명론적인 전이(civilizational transference)에 있어 가장 적합한 '원주민' 철학자였던 것이다.

근대화론에서 본 일본문화론

로버트 벨라는 이른바 근대화론의 관점에서 와쓰지를 해석하려 했다. 우선 목적합리성의 시각에서 그는 두 가지 대조적인 사회 경향을 상정했다. 그는 탤컷 파슨스의 사회학 용어를 이용하여 이 두 가지 경향을, 목적을 실현하기 위해 가장 효과적인 수단을 선택할 자유를 긍정하는 '보편주의적 태도'와 기존의 제도를 지키기 위해 자유를 제한하려는 '특수주의적 태도'라고 불렀다. 전자는 자본주의적 사회변용을 허용하는 근대적 경향이고, 후자는 그런 사회변용에 저항하는 전통적 경향이다. 전자는 목적합리성을 추구하기 위해 사회분쟁도 불사하지만, 후자는 항쟁의 원인이 되는 사회변용 그 자체를 기피하려 한다. 벨라는 이 대비를 일본문화 분석에 적용했다. 그가 일본문화를 대표하는 사상가로 취한 자가 와쓰지 데쓰로였다.[12] 와쓰지는 젊은 시절에는 서양의 보편주의적인 문화를 모방하려고 했으나, 나이가 들어감에 따라 일본으로 회귀하여 일본 민족 안에서 자족하는 특수주의적인 논의로 되돌아갔다. "나이가 들고 보니 역시 일본인이구나!"라는 셈이다. 그것만이 아니다. 와쓰지는 서양의 교양을 지닌 자유주의적 태도를 유지하면서도 서양의 보편주의적 원칙과는 다른 자신의 문화적 출신을 정직하게 표현한 사상가였다. 물론 일본에 보편주의적 사상가가 없었던 것은 아니라고 벨라는 덧붙이고 있다. 그러나 그들은 와쓰지처럼 일본문화를 대표할 수 없었다. 왜냐하면 일본문화는 특수주의적인 문화이기 때문이다. 이렇게 해서 와쓰지 데쓰로에게 일본문화를 대표하는 철학자의 지위가 부여되었다. 베네딕트의 국민성 연구가 그랬던 것처럼, 우선 '문화'가 국민 전체에 대응해서 실체화되었음을 지적해 두자. 또 보편주의와 특수주의의 대비가 이념의 실현과 관계된 사회적 투쟁의 장면에서 분리되어 '문화주의' 유형론의 차원으로 왜소화된 것을 지적해 두자. 이때 보편성과 특수성은 고전논리의 종과 유의 범주 차이와 다르지 않게 된다. 비교가 반복운동과 관계없이 개념화되고 있다. 즉 비교가 가진 번역적 성격이 완전히 무시되었다.[13]

---

12) Bellah, "Japan's Cultural Identity".
13) '번역'에 대해서는 酒井直樹, 『日本思想という問題:飜譯と主體』, 岩波書店, 1997, pp. 1~31 를 참고하기 바란다.

일본 철학계에서는 1930년대에 이미 이런 고전논리에 의한 보편성 이해는 비판받았고, 와쓰지의 해석학도 이미 그 철학적 약점이 폭로된 상황이었다.[14] 비판점의 하나로 역사적 실천에 대해서 간과했다는 점을 주의해 두자. 다시 말해 기술이나 해석과 같은 작업이 대상을 마치 기술 주체와는 독립된 실체로 규정하려고 해도, 그것이 사회편제에 대한 움직임인 것은 피할 수 없다. 와쓰지는 사회적 실천에 대한 항쟁으로서 역사적 실천을 철저하게 꺼렸다.

이런 문화론의 경향을 강하게 갖고 있던 와쓰지의 철학이 일본의 문화적 동일성을 몸으로 표현하는 철학적 인간학으로 부활하게 된 것이다. 이렇게 종래의 '근대적' 사회와 '전통적' 사회의 이항대비가 보편주의와 특수주의의 대비로 횡령되었다.

마침내 보편주의와 특수주의의 문화주의적 해석이 미국이나 서유럽의 일본 연구의 기본 구조로 제도화되었다. 벨라는 일본의 모든 사상가가 특수주의적이라고 결코 말하지는 않았지만, 어느새 특수주의적이지 않은 일본사상가나 발언은 '있을 수 없는 일'이나 되는 듯이 미국은 보편주의적이고, 일본은 특수주의적이라는 도식이 일본문화 해석의 전제로 연구자의 의식에 내면화되었다. 그리고 전전 일본지식인에 의한 민족주의 탄핵 논의를 특수주의옹호론으로 독해하는 작업도 무비판적으로 통용되었다. 즉 그때까지 서양은 근대·합리적·보편주의적이고, 비서양은 전통·불합리·특수주의적인 것이라는 서양 중심주의 구조가 전후

---

14) 다나베 하지메의 '종의 논리'는 하이데거에서 찾을 수 있는 일반성과는 다른 보편성의 고찰방법을 계승하고 있고, 생물의 분류 범주로서의 유와 종을 해체하는 것이었다. 酒井直樹, 「'日本人であること': 多民族國家における國民主體の構築の問題と田邊元の'種の論理'」, 『思想』, 1997年 12月.

미국을 중심으로 재편성되었는데, 와쓰지는 이 서양 중심주의에 딱 맞는 재료로서 서양인의 정체성을 갖고 있는 연구자에 의해 일종의 페티시로서 사랑받았다.

이렇게 보면 와쓰지 데쓰로의 문화론이나 윤리학만큼 "일본인은 인종주의자가 되어야 한다"는 기대를 훌륭하게 만족시킨 철학적 인간학도 없을 것이다. 요컨대 미국과 일본 사이에 만들어진 보편주의와 특수주의의 대비는 국민적 전이구조를 반영한다. 그래서 몇몇 미국인 연구자에게 일본은 자신의 제국적 국민주의의 투사 대상이 되고, 대다수 일본인에게 미국은 스스로의 문화적 국민주의의 투사 대상이 된다. 즉 미국과 일본 사이의 공상적 관계는 근대 대 전통, 보편주의 대 특수주의, 다민족 대 단일민족 등 다양한 이항대립의 '압축의 결정점'으로 기능했던 것이다. 문화론적 국민주의는 이렇게 미국 헤게모니의 기능적 일환으로서 통합되었다. 일본인의 문화적 동일성을 요구하는 국민주의적 논리가 전후 미국의 지배에 대한 간섭이 되지 않은 것은 지금 너무나도 확실하다.

뿐만 아니라 특수주의적인 국민성에 자족하는 한 일본 국민은 제3자에게 서양과 일본이라는 대-형상적 구성의 기제를 넘어 말을 걸 수 있는 능력을 처음부터 갖지 못한 사람으로 미리 정립된다. 서양에 대해서만 일방적으로 관심을 두기 때문에 아시아인들을 대등한 대화 상대로서 취급할 능력이 아예 자라지 않는다. 즉 일본인은 아시아인에 대해서 인종적 우월감을 갖고 있기 때문에 그들에게 열린 태도로 접근하려 하지 않는다. 덜레스가 반세기 전에 의도한 것처럼 일본은 아시아인으로부터 분단된 채이다. 그렇기에 고이즈미 정권 아래에서 일어난 '야스쿠니 신사 문제'만큼 동아시아의 현실이 아직도 존 포스터 덜레스의 유산에서 자유롭지 못함을 훌륭하게 나타내는 사례는 없다. "일본인은 인종주의자가 되어야 한다"는 말이 바로 이런 사태를 함의하고 있다. 국민적 아이덴티티에 자기연민적으로 구애받는 사람들이나, 타자에게 열리는 것보다도 국민공동체 속에 닫힘으로써 자기위안을 확보하려는 은둔형 국민이야말로 미국정권이 은밀히 기대하고 있었던 것이다.

　이렇게 상정된 일본인의 국민성과 대비할 때, 미국민의 국민주의적 폭력성이나 인종주의에 대해 문제시하는 일은 어렵게 될 것이다. 미국이 구상한 전후 동아시아의 헤게모니에서 이런 자기연민에 빠진 인종주의자의 역할이야말로 '기대되는 일본인상'이었다. 구미 및 일본의 일본 연구자 사이에서 와쓰지 데쓰로가 인기를 얻었던 까닭은 문명론적 전이를 고려하지 않으면 이해할 수 없다. 일본문화론은 보편주의 간의 경쟁에서 보편주의와 특수주의 간의 공범성으로의 이행을 가장 잘 보여 주는 영역이었다.

　로버트 벨라의 「일본의 문화적 동일성: 와쓰지 데쓰로의 작품에 관한 두세 가지 고찰」이 최초로 발표된 것은 1965년의 일이다. 지금으로부터 40년도 더 이전의 논문을 분석해서 일본 연구의 현상이라고 말할 수 있을까 하는 의문은 당연하다. 지역 연구에서 문명론적 전이구조가 어떻게 유지되고, 어떻게 시간과 더불어 열악[劣化]해졌을까. 우리는 '전후 천황제 담론'에서 탈출한 것일까?

　새로운 전개는 있다. 여기에서 그 새로운 움직임을 상세하게 다루며 쫓아갈 여유는 없지만, 유감스럽게도 로버트 벨라가 보여 준 와쓰지 데쓰로 독해에서 확인한 이론 도식과 수사는 일본에 관한 지역 연구에 아직 잔존해 있다. 전전의 배화(排華)사상에서 전중 나치스를 흉내 낸 반유태주의나 민족과학의 제언까지, 인종주의자 와쓰지를 증명할 자료는 충분하다. 전후 그의 명성은 높아갔지만 놀랍게도 와쓰지의 철학적 인간학이 지닌 뚜렷한 인종주의적 성격을 지적하는 비평가는 적었다. 이 점에서도 존 포스터 덜레스의 기대는 배반당하지 않았다. 1970년대의 오리엔탈리즘 비판, 1980년대의 문화인류학(그 속에 내재한 식민지주의적인 앎의 구조) 비판, 그리고 1990년대의 포스트콜로니얼 연구에도 불구하고 동아시아에 관한 지역 연구는 냉전기의 유제를 아직도 폐기하지 않고 있다. 아마도 그 이유는 지식 생산과 제도화된 권력 사이의 상관관계에 대해 지역 연구자 자신이 충분히 주목하지 않고 있기 때문일 것이다. 더욱이 오리엔탈리즘 비판이나 민속지의 권력구조 분석, 심지어 포스트콜로니얼 연구가 오로지 '유행이론'으로 소비되고, 교육과 학문이 미시정치 장면에 가닿지 않는다는 사정도 있을 것이다. 그럼에도 불구하고 지역 연구의 체제 자체는 이미 자기정당화할 수 없는 상황에 직면했다.

6장 _ 동일성(아이덴티티)에서 희망으로

아시아 태평양전쟁이 연합국의 승리와 대일본제국의 붕괴로 끝난 후 새
로운 권력관계는 태평양 횡단적인 교섭 속에서 어떻게 완성되었는가. 또
한 더글러스 맥아더가 '앵글로색슨의 호수'라고 부른 태평양 —— 물론 태
평양의 동안뿐만 아니라 서안과 남안도 이미 미국의 것이라는 생각이 여
기에 함축되어 있다 —— 을 둘러싼 헤게모니는 현재 어떻게 변용되어 있
는가. 이 문제에 대해 지금껏 나는 몇 가지 다른 측면에서 고찰해 왔다.
헤게모니가 성립하는 데 있어서 공상은 대단히 중요한 역할을 한다. 졸
저『일본, 영상, 미국』에서 나는 영상과 집단적인 기억을 다루었는데, 나
의 관심사는 집단적인 기억과 공상의 관련성이었다. 이 책의 앞의 장에
서도 공상의 영역을 몇 차례 언급했는데, 공상을 역사 기술에 집어넣기
위한 수단에 대해 모색해 왔던 것이다. 그리고 전후 일본의 국민주의에
는 일정한 역사적 조건하에 구성된 체제익찬형 소수자라는 '삶의 방식',
'존재의 자세' 혹은 '사회적인 태도'가 중요한 역할을 해온 점도 지적해
왔다.

체제익찬형 소수자를 파악하는 방법

체제익찬형 소수자는 공상의 요소를 많이 가지고 있지만, 그렇다고 해서 개인 심리에 환원할 수 있는 현상은 아니기 때문에, 체제익찬형 소수자라는 기제를 개인의 마음에 한정된 심리적인 것으로 이해하는 것만은 미리 피해 두고자 한다. 그것은 심리가 아니라 '법과 질서'에 관련된 것이며, 나아가 콕 집어 말하면 사법의 권위보다 질서 유지에 관련된 것이다. 법의 심판이라기보다 자주성을 중시하는 질서를 창출하는 것과 관련되었다고 말해도 좋을 것이다. 이 경우, 기제란 질서에 장해가 되는 것을 제거하는 것이며, 사람들과 사회의 자연적인 움직임을 방해하지 않는 것이다. 다시 말해 여기서 말하는 질서는 일반적으로 '안전'(security)이라고 불린다.

미셸 푸코는 근세 중상주의 국가는 국가이성과 경찰로 특징지어진다면, 18세기 후반 경찰국가에 대한 반동으로 일어났으며 과도한 통치를 피하고자 하는 통치이성은 국가와는 다른 영역인 시민사회에서 고유의 자연적인 법칙성으로 형태 지어진다고 했다. 통치이성은 '사회'의 발견에 바탕을 두고 국가에 의한 과도한 통치를 배제하고자 한다.[1] 그때까지의 국가이성에 의한 질서와는 다른 권력의 형태를 갖고 있다.

일원적인 중세적 지배와 달리 베스트팔렌 체제로 만들어진 '국제세계'를 체현하는 유럽의 경우, 16세기 말에서 18세기에 걸쳐 훈련·학문

---

1) Michel Foucault, *Sécurité, Territoire, Population, Cours de Collège de France, 1977-1978*, Gallimard & Seuil, 2004, p.248(高桑和巳 訳, 『ミシェル・フーコー講演集成：安全・領土・人口』, 築摩書房, 2007).

(disciplines)이 지방적이고 영역적으로 증식하여 직장, 학교, 군대에서 관찰되었다. 이 훈련·학문의 증식은 사법적인 권력의 그것과는 달리, 왕국의 주민 개인과 그 영토 일반의 규제라는 목표하에 새로운 형태를 취하기 시작했음을 보여 준다. 그리고 이 새로운 형태의 권력이 바로 푸코가 '경찰'이라고 부른 것이다. 그것은 사람들과 영토를 규제하는 훈련·학문이 영속하는 국가 개변(改變)을 말한다. 이러한 '경찰'이 출현하면, 당연히 주권의 존재 방식도 크게 변한다.

그러나 18세기 후반에는 이러한 국가이성에 의한 통치에 대립하는 '사회'의 자연성에 정통성을 의존하는 새로운 통치이성이 출현했다. 이 통치성은 사회에 관한 과학적 지식으로서 경제학으로 상징되지만, 그 이전의 국가이성과 달리 도시의 인간관계를 관리·규제하는 것에 주안점을 두는 것이 아니라, 농민과 토지 그리고 '인구'의 내재적인 운동에 관심을 표했다. 18세기에 나타난 새로운 통치이성은 통치술에 직접 귀속하는 것이 아니라 '사회과학'이라는 지식의 집적에 매개되었다. 왜냐하면 경찰의 규제라는 인위성에 대항하는 사회의 자연성 —— 이것은 '사회과학'의 대상으로서의 법칙성, 시장의 법칙성으로서 나타날 것이다 —— 이야말로 이 새로운 통치성의 중심에 있기 때문이다.

16세기에서 17세기에 걸쳐 보편주의적인 제국의 질서가 후퇴하고, 중세의 총합적인 우주론적·신학적 질서가 해체되어, 포괄적인 법(자연)으로부터 자연과학의 대상이 되는 자연성(법칙성)이 분리된 것은 잘 알려져 있다. 당위의 규범으로서의 자연과 물체의 법칙성으로서의 자연이 분리된 것이다. 지금까지도 유럽의 근대철학에서 그것은 실천적 이성과 인식론적 이성의 괴리로 논해져 왔다. 주지하듯 물질적 자연성은 근대자연과학의 담론을 개척했다. 그런데 18세기에서 20세기에 걸쳐 국가주권의 전면에 또 하나의 자연성이 등장했다. 사회의 자연성, 즉 '인구'에 내재하는 법칙성이 통계적(국가학적)으로 드러난 것이다. 다만 이 지식은 앞에서도 언급했듯이 국가의 통치 방법에 직접 종속하지 않는, 국가학적(통계적)인 법칙성의 지식이다. 통계적인 것이 국가적이라는 'statistics'의 어원학은 사회과학의 생성과 통치이성의 근친성을 감추고 있다.

이 자연성은 개인의 경쟁과 최대의 이익을 지향하는 특수한 이해(利害)가 총체로서 최대의 이익을 달성한다고 한다. 그리고 사회의 자연성을 상징하는 것으로서 '인구'와 '영토'가 '안전'과 더불어 통치이성의 중심 과제가 될 때에 나타났다. 국가에 의한 신민·주체의 규제에 의해서가 아니라 시민사회에서의 과잉 통치를 비판하는 자유주의가 등장할 때, 우리들은 통치성이 생정치로 변용하는 것을 볼 수 있다.[2]

본 장은 생권력과 자유주의의 상관성을 일본 점령과 관련해서 볼 것인데, 푸코의 자유주의에 관한 고찰은 이 책 전체의 범위 —— 특히 '국제 세계'에 관한 것 —— 와도 관계되기에 간단히 언급해 둔다. 푸코의 공개 강연에는 포함되어 있지 않지만, 강연 준비로 작성했던 원고의 여백에 기록되어 있는 내용은 우리의 고찰에 중요한 의미를 가진다고 판단하여 언급해 두기로 한다.

경찰국가와 비교해서 자유주의적인 통치가 자기 권한의 무제한적인 증식을 허용하지 않는다는 점은 분명하다. 자유주의는 기본적 인권, 의회 입헌주의, 표현의 자유 등을 통해서 통치이성에 제약을 가한다. '자유주의'의 미덕으로 여겨지는 통치이성의 자기 제약은 국가이성의 체제에 있어 외교 관계의 분야에서 가장 특징적이다. 베스트팔렌 체제에 대

---

2) *Ibid*., pp. 349~366.

해서 이야기되듯이,[3] 국가이성은 유럽이라는 영역 속에 제국의 존재를 허용하지 않는, 국가 간 세력 균형을 만들어 냈다. 그런데 자유주의는 국가이성에 의한 통치에 대항함에도 불구하고, 자기 증식과 자기 제약을 두 종류의 국제 관계 사이에 분배했다. 그것은 유럽의 보편주의적인 제국을 금지하는 '국제적' 외교 관계에서는 기본적 인권, 의회제 입헌주의, 표현의 자유를 통한 자기 제약을 엄수한다. 동시에 자유로운 이해의 무제한적인 추구를 '국제적' 외교 관계 밖에서는 허용한다. 다시 말하면 국가이성의 무제약적인 자기 증식은, '국제세계'의 밖에서 제국주의로서 온존하게 만들었던 것이다.[4]

동시대 국가 간 균형이 유지되기 위해서 국가이성은 제국적 원리의 소멸과 동시 진행되어야 한다. 자유주의적 이성은 제국적 원리의 기동(起動)과 동시 진행된 것이다. 단 제국의 원리는 '제국'이라는 형태에서가 아니라 '제국주의'라는 형태에서 고무되었다. 그리고 자유주의적 이성은 개인과 기업정신 사이에서 공명하면서 '제국주의'를 기동시켰던 것이다.[5]

국가 주권의 무한 증식은 제국주의로서 온존되었다. 자유주의는 '국제세계'와 '잔여'의 구별을 유지함으로써 경찰에 의한 무제한적인 규제를 거부함과 동시에 그것을 온존시켰다. 지금부터 보고자 하는 것은, 자

---

3) *Ibid.*, pp. 233~318.
4) Michel Foucault, *Naissance de la biopolitique Cours au Collège de France. 1978-1979*, Gallimard & Seuil, 2004, pp. 23~24.
5) *Ibid.*, p. 24.

유주의가 바로 이 '국제세계'와 '잔여'의 구별 그 자체를 재구성하고자 하는 현장이라고 해도 좋을 것이다. 그리고 이 현장을 안내해 주는 마술사로서 에토 준을 들고자 한다.

푸코의 역사 분석은 고대 유대사회에서 출발해 고전 그리스, 로마에서 20세기 서유럽에 이르는 '우리 서양'의 역사로 이야기된다. 푸코는 '사목권력'을 서양의 특징적인 현상으로 간주하지만, 나는 푸코의 이런 옥시덴탈리즘을 묵인할 작정은 아니다.[6] '사목권력'이 근대적인 생권력의 개인화와 전체화 회로의 하나로 '우리 서양' 이외에도 유효한지, 또한 역사 분석에 있어서 '서양'이라는 범주가 현재 어느 정도 의의가 있는지에 대해서는 의문이다. 물론 사목권력 그 자체가 근대의 통치이성을 설명하는 것은 아니고, 그것은 몇 차례나 변용을 겪고 다른 통치 방법에 의해 보완되어 왔다. '사목권력'은 근대 동아시아에서도 고찰의 대상으로 삼을 수 있다. 그런 의미에서 '일시동인' 구호하에 국민국가의 지도적 담론이 된 천황제와 아시아 태평양전쟁 그 후의 변용이 어떻게 생권력에 길들여져 왔는지를 '사목권력'을 참조하면서 고찰해 보자.

이런 후에 왜 우리가 심리의 영역에서 공상을 해방시키려는지 간단히 설명하기로 한다. 심리는 '개인'을 실체화한다. 즉 일정한 권력관계의 회로의 효과로서 '개인'이 성립한다는 것을 보이지 않게 만든다. 개인을 실체적인 것으로 규정하는 순간, 오히려 사목권력의 기능은 보이지 않게 된다. 나는 '개인'에 상당하는 위상이 사회적인 현실 속에 존재하지 않는

---

6) 미셸 푸코의 서양 중심주의와 지역 연구자의 서양 중심주의에 대해서, 나는 지금껏 비판을 행해 왔다. 최근의 작업으로 Naoki Sakai and Jon Solomon, "Introduction: Addressing the Multitude of Foreigners, Echoing Foucault", *Traces, Translation, Biopolitique, Colonial Difference*, no.4, Hong Kong University Press, 2006, pp. 1~35가 있다.

다고 말하려는 것이 아니다. '개인'은 어떻게 나타나든 간에 담론에 있어
서 권력관계 회로의 무엇인가와 관련하면서 나타난다. 투명한 개인 따위
는 권력관계를 고찰하는 데 장애가 된다.

이런 단서를 바탕으로, 이 장에서는 체체익찬적 소수자와 식민지 지
배체제의 일환으로 작동하는 국민주의의 상관관계를 집중적으로 다루
겠다. 왜냐하면 체제익찬형 소수자란 권력관계의 회로가 현실화될 때의
효과라고 생각할 수 있기 때문이다. 그것은 '개인'의 존재 방식이라기보
다도 다양하게 열린 회로에 맞도록 사람들이 행동할 때에 실제 작용하는
현상이다.

거기서 체제익찬형 소수자라는 기제에 대한 고찰은 담론의 매체
(element)로서 행해져야 한다. 그것은 담론 분석으로 해명될 것이다. 다
만 담론이라는 용어가 1970년대 이후 일종의 지적 의장(意匠) 혹은 장식
[衣裝]이 되어 버렸기 때문에 간단한 주의를 필요로 한다.

물론 모든 개념 혹은 학문 용어는 남용과 오용을 피할 수 없다. 개념
을 순수하게 정의해 그 규정된 의미만으로 한정하고 싶은 것이 철학자의
꿈이겠지만, 개념과 비유 간의 차이가 해체될 때 철학자의 순수한 개념
규정에의 꿈은 실은 내쳐진 것이다. 그럼에도 불구하고 본 장에서 담론
을 굳이 사용한 전략적 이유는 불필요한 오해를 피하고 싶기 때문이다.

'담론'을 사상이나 문헌, 의론, 학설, 혹은 책 대신에 사용할 생각은
없다. 나는 '나쓰메 소세키 담론'이라든가 '국가주의 담론'이라는 용어를
채용하지 않는다. '나쓰메 소세키의 사상' 혹은 '국가주의 논의'라고 말
하면 그만이기 때문이다. 또 담론을 책이나 편지, 일기, 강연 기록, 인터
뷰 녹음처럼 언어적 기록이라는 의미로도 사용하지 않는다. 이것은 별도
의 논문으로 논술하였으므로 ── 상세한 설명은 졸저 『과거의 목소리』를

참조하기 바란다 ─ 재차 여기에서 논하지는 않겠지만, '언어'가 담론에 있는 것이지 담론이 언어에 있는 것은 아니기 때문이다. 개념에서의 내포와 외연의 구별은 '언어'의 내부와 외부의 구별에 기반을 두고 있는 듯 보이지만, 이 구별을 설명하려고 하면 논의가 아주 복잡해질 것이다. 담론은 종종 이러한 언어 내부의 사건으로 생각되지만, 내가 굳이 담론에 호소하는 이유는 사실 그 반대를 보이고 싶기 때문이다. 담론은 일정 정도 제도화된 현실을 가리키지만, 이 제도화된 현실이 반드시 언어적인 기록으로 된 문헌 내 혹은 발언 내의 사건인 것은 아니다.

오늘날 일본의 의료산업에서 어떤 용어가 사용되고 있는지는 모르겠지만, 예를 들어 병원 수술실에서 집도의가 "메스!"라고 하나의 명사로 이루어진 발화를 했다고 하자. 분명히 그가 말한 하나의 명사로 이루어진 문장은 언어적인 문헌을 이룬다고 해도 좋다. 하지만 묵묵히 집도의의 손에 메스를 쥐어 주는 간호사의 동작, 나아가 수술대에 누운 환자의 신체에 칼을 대는 집도의의 행위를 언어적인 기록 그 자체로 간주할 수는 없다. "메스!"라는 발화에는 언어적이라고 할 수 없는 다양한 신체의 움직임과 상황이 둘러싸고 있어, 그 속의 어떤 요소가 발화와 결부되는가가 발화 의미의 일부가 된다. 발화가 사건이 되는 이유는 발화가 의미를 이루기 때문이다. 이 발화는 명령을 이루고, 이 명령에 종속하는, 발화를 동반하지 않는 행동이 분명히 보인다. 확실히 여기에서 내가 든 사례는 임상의료 담론의 존재 방식을 나타내고 있다. 나아가 여기에는 권력관계의 회로가 제도화되어 존재하고 있다.

언어학, 논리학, 서사학, 의미론과 같은 분야의 지식을 기초로 여기에 있는 권력관계를 설명할 수는 없다. "메스!"라는 발화가 수술실이라는 상황, 집도의와 마취의 및 간호사라는 등장인물 간에 어떤 관계를 갖는가를 한정짓는 일은 그리 간단하지 않다. 하지만 이들 관계가 음성학적인 법칙, 수사론의 문법, 또 의미론과 서사학의 전형으로 환원할 수 없다는 것도 알 수 있다. 또한 여기에서 논리학의 법칙만을 발견하는 것도 아니다. 여기에서 문제가 되는 것은 언어를 넘어선 사태이다. 그렇기에 요컨대 우리는 담론 분석을 하지 않을 수 없는 것이다.

그 사례로 나는 에토 준의 다양한 퍼포먼스를 들어 보겠다. 그것은 어디까지나 체제익찬형 소수자를 구성하는 다양한 권력관계의 회로를 보여 주기 위해서이다. 체제익찬형 소수자는 지금까지 내가 새로운 식민지 지배로 논해 온 조건 속에서 발생했음은 말할 필요도 없다. 여기서 확실히 해둘 것은 새로운 식민지 지배를 특징짓는 것은 공범성이라는 점이다. 분명히 종속관계가 있지만, 이 통치의 관계는 지배하는 자(주관)와 지배당하는 자(대상)의 타동사 관계로 곧바로 환원되어서는 안 된다. 지배하는 자의 입장과 지배당하는 자의 입장이 어떻게 연출되는지, 이 양자 간에 지원과 강제가 어떻게 배분되는지, 공감, 권유, 도발, 처벌, 감언은 어떻게 나눠 사용되는지 등은 통치의 실천을 역사적으로 해석하기 위해 간과할 수 없는 중요한 요소가 된다. 그런데 주관(가해자)과 대상(피해자) 간의 타동사적인 관계로만 보면 ─ 물론 식민지 지배에는 가해와 피해의 관계가 없다는 식으로 말할 수 없다 ─ 통치가 갖는 전략적인 실천의 다양성이 약화되고 말 것이다.

에토 준의 강연과 저작, 잡지에 발표된 논문 등은 태평양 횡단적 헤게모니를 이해하는 데에 귀중한 자료가 된다. 그 이유는 스스로를 패자의 입장에 둔 자가 국민적 아이덴티티를 둘러싸고 다른 청자에 대해서 자기 현시, 애원, 아부, 협박 등 다양한 전략을 사용하는 모습을 여실히 볼 수 있기 때문이다. 그리고 그의 담론에 대한 해석은 일본 점령을 통해 점차 수립된 '전후 천황제 담론'에 대한 훌륭한 도입이 될 수 있기 때문이다.

연기와 등장인물의 역할

미국 어느 대도시에 있는 대학에서 일어난 일이다. 이미 일본에서는 보수논객으로서 널리 알려져 있던 문예비평가 에토 준 씨의 공개강연에 나는 청중으로 참가하게 되었다. 25년 전의 일이므로 대학의 관계자가 그를 초대했는지, 현지 일본 소사이어티 등 일미우호기관이 초대했는지에 대해서는 정확히 기억나지 않는다. 하지만 지금도 여전히 인상에 남아 있는 것은 에토 씨가 일본영사관 소유의 커다란 검은색 승용차를 타고 굳이 강연회장이 있는 건물 정면까지 온 일이었다. 개인이 일본 정부의 차를 타고 온다는 게 신기했기 때문일까, 승용차 앞 좌측에 작은 일장기가 나부끼고 있던 모습을 아직까지 기억하고 있다. 그것은 어린 시절 일본의 한 백화점 식당에서 먹었던 '어린이 런치' 위의 작은 일장기를 떠올리게 했다. 강연이 있었던 건물은 대학 구내에 세워져 있었기에, 일반적으로 차가 대학 내로 진입하는 일은 금지되어 있었다. 필시 대학당국의 특별한 허가를 받았기에 교정의 깊숙한 장소에까지 차를 타고 들어올 수 있었으리라. 아무리 유명한 학자나 문학자라도 이 건물에서 강연할 때에는 걸어오는 것이 보통이었다. 차를 목적지까지 바싹 갖다대는 일은 미국의 국무장관이라든가 항상 암살 위험에 노출되어 있는 제3세계 국가원수 정도밖에 없었으므로, 일본의 일개 문학평론가가 강연을 위해 정부 차로 온다는 것은 야단스러운 느낌이었다. '에토 준이 그렇게 대단한 사람이었던가'라는 게 솔직한 내 인상이었다.

차가 도착한 뒤 에토 씨는 대학 관계자를 따라 어둑어둑한 강당 뒤쪽의 문으로 들어왔다. 강당의 천장은 높았고, 스테인드글라스를 모방한 창에서 외광이 비스듬히 들어오고 있어, 그가 연단에 오르자 그럭저럭 그의 전모가 잘 보였다. 외교사 교수가 그를 길게 소개했다. 감색 상하의와 새하얀 셔츠, 거기에 평범한 넥타이를 한 그는 자신을 소개하는 교수의 말을 고개 숙인 상태로 듣고 있었다. 이 강연이 있었던 1980년대에는 이 전통적인 연구대학에서 신사복과 넥타이를 맨 교수를 찾아보기 힘들었다. 당시 이미 저명한 지식인은 대학생을 상대로 말을 할 때에는 편안한 의상을 입음으로써 친밀감을 강조하는 것이 관례였기 때문에, 에토 씨의 옷차림은 그와 대학인 간의 거리를 한층 강조해 스스로를 학구적이 아닌 관료 혹은 정치가로서 연출하려는 듯한 느낌이 들었다. 대학에 오는 강연자들 다수는 기묘한 친밀감을 보여 주는데, 나는 그런 것에 질려 있던 터라 그의 이런 자세에 은근한 호의를 느꼈다. 이와 동시에 그가 일본 정부를 대표하는 외교관이나 관료처럼 받아들여지고 싶은 것은 아닐까 하는 일말의 의심도 없지는 않았다.

길고 긴 소개가 끝났다. 에토 씨는 소개해 준 교수에게 간단하게 예의를 표하고 정중하게 원고를 안주머니에서 꺼냈다. 그 모습은 마치 의식(儀式)을 시작하는 듯했다. 이렇게 강연이 시작됐다. 외교사 교수의 소개글과는 대조적으로, 그의 강연은 격조 높다기보다 오히려 과도하게 의례적인 문체였다. 영어 발음을 틀리지나 않을까 긴장하면서 그는 강연을 계속해 갔다. 국제적인 무대에서 외교의례를 수행하는 일본국 전권대사 같은 느낌이었다.

정중하게 연설 탁자에 원고를 펼치고 그 지면에 주의를 집중하고 있었기 때문일까, 그의 시선이 청중을 향하는 일은 거의 없었다. 그의 시선이 연설 탁자 위에 둔 원고에서 떨어져 때때로 허공을 향하는 일은 있었으나, 결코 내가 앉아 있던 청중의 좌석까지 내려오지는 않았다. 원고와 허공 사이를 그의 시선은 몇 번인가 왕복했다. 그는 자신을 응시하는 청중의 눈빛에 직면하는 일에 어쩐지 주저하는 듯했다. 흡사 청중 앞에서 움츠러들어 있는 것처럼. 나로서는 그가 청중에게 말을 걸려는 생각 따윈 없는 것처럼 보였다. 그는 청중을 흡사 거기에 없는 존재마냥, 무시하고 있는 것처럼 보였다.

일본어로 발표된 그의 글을 이미 알고 있는 사람에게는 예상 외의 내용이라곤 없었다. 그는 전후 일미관계에 관해 이야기했고, 전후 일본의 정신 상황에 대해 말했다. 그는 전후 일본인이 자신의 역사를 짤 능력을 상실한 것, 일본인이 자신들의 국민의 이야기를 잃어버린 사실을 개탄했다. 그런 다음 그는 미국에 의한 점령이 일본의 역사를 빼앗았음을 이야기했다. 그러나 일본인의 이야기를 빼앗아 미국의 정책 결정자가 달성하고자 한 것은 무엇이었을까, 혹은 미국인들은 왜 일본인이 이야기를 잃기를 기대했을까, 이에 대해서 그는 어떤 분석도 보여 주지 않았다. 미국의 점령정책과 일본 국민이 자신의 이야기를 잃은 것 사이에 어떠한 인과관계가 있는지에 대해서도 그는 설명하지 않았다. 게다가 그는 미국이 일본을 지배하고 있다고 말하고 싶었던 것 같지만, 지배한다는 것이 어떠한 사태를 가리키는가를 설명하려는 것도 아니었다. 그의 강연을 들을수록 나는 점차 더는 참을 수 없게 되었다. 강연이 절반쯤에 이르자, 순간 나는 '이 사람은 취해 있구나'하고 느꼈다. 물론 에토 씨가 술에 취해 있거나 각성제나 마약에 취해 있는 징후는 전혀 없었다. 그러나 이 사람은 깨어났을 때에 '괴롭겠구나'라는 생각이 들었다. 나는 '바라건대 이 사람은 미래 영겁에 걸쳐 잠에서 깨어나지 않는 편이 좋지 않을까'라고 몰래 생각했다. 강연을 이어가는 그의 진지함에는 청중을 거부하는 자세가 있어서, 그가 자기 세계에 매몰되고 싶어 하는 것 같이 느껴졌다. 그렇기에 그의 강연에서 자기 도취의 모습을 볼 수 있었던 것이 아니었을까.

에토 씨의 강연은 분명히 연기였고, 또 그 연기는 무대장치를 필요로 했으며, 그 안에서 그는 명백하게 하나의 배역을 연기하고자 했다. 따라서 그의 강연은, 그가 연기하는 배역이 의미를 갖도록 하는 제도를 창출함과 동시에 그 제도를 확인하는 것이기도 했다. 그 배역의 윤곽은 그때까지 그가 써왔던 평론에서 어렵지 않게 예상할 수 있다. 다만 그가 생각하고 있는 시나리오에 어떤 결정적인 착오가 있었을 뿐이다. 그에게는 이 착오가 보이지 않았을 것이다. 선명한 착오가 보이지 않는다는 건 그가 공상 안에서 살기 때문이다. 나는 그렇게 직감했다. 그는 '자신의 이야기'에 취해 있었고, 공상에 취해 있었다. 이데올로기라고 불러도 상관없는, 그 공상에 취해 있는 모습은 보기에 따라서 비참하다고 부를 수 있을 정도였다. 이와 동시에 그것은 언제라도 해학으로 바뀔 수 있는 비참함이었다. 나는 웃음을 억누르느라 고생했다.

관례대로 강연 후에는 질의응답 시간이 있었다. "'자신의 이야기'를 부정한 이유는 전후 민주주의를 세우기 위해서 필요한 조치였던 것이 아니었을까?"라거나 "전전의 일본교육은 민족주의적으로 흘렀던 것이 아닐까?"와 같은 식의, 전후 일본에 대한 교과서적인 지식에 근거한 질문이 두세 개 있었던 것을 제외하고, 청중은 침묵을 지키고 있었다. 에토 씨는 만족한 듯 적은 수의 질문에 정중하게 대답했다. 미국인의 무지를 깨우치는 듯한 은근히 무례한 대답 방식이었다. 그러나 일본 전문가나 외교사, 정치학의 전문가나 대학원생은 기묘하게 입을 다물고 있었다. 그가 이러한 강연을 미국의 대학에서 일본 연구나 외교사의 전문가 앞에서 행하는 일에 대한 당혹감이 그들을 사로잡았던 것은 아닐까, 라고 나는 20여 년이 흐른 지금 생각하고 있다.

전문적인 지식을 갖고 있을 청중 대다수가 에토 씨의 강연에 어떻게 대응하면 좋을지 망설이고 있었던 일과 내가 그의 강연을 비참한 희극으로 느꼈던 일 사이에는 관련이 있다고 생각한다. 그러나 이 관계를 정식화해서 일찍이 '앵글로색슨의 호수'라 불린 태평양의 동안과 서안 사이에 전개된 문화정치를 내가 해석할 수 있기까지 10년 이상의 세월이 걸렸다. 강연이 한창 무르익었을 때 느꼈던 웃음 충동은 개인적인 기억의 밑바닥에 침잠되었다. 이 충동은 국민사라는 실천계의 대상화 작업과 데이비드 크로넌버그 감독의 「M 버터플라이」를 보고 난 뒤의 감동으로 생생하게 되살아났다.

나는 1970년대에 이미 국민사의 대상화, 역사화 작업을 시작했고, 또한 1980년대 초엽에는 민족 이야기와 국민의 독립이라는 주제에 관해 역사의식이나 신화적인 국민의 형성 혹은 국민적인 동일성이 감성(미학)적으로 어떻게 구성되는가라는 점에 천착하고 있던 터라 에토 씨의 논의가 갖는 한계점을 지적하기란 그다지 어렵지 않았다. 하지만 문제는 그를 논파하는 일이 아니었다. 슬라보예 지젝이 견유주의적(cynical) 이성에 대해서 말했듯, "확실히 그렇겠죠. 그러나"라고, 주장의 진부함을 인정하면서 그는 같은 논의를 계속할 것이다. 그리고 실제로 그는 그랬다.

자칭 견유주의자의 거드름 때문에 그는 자신의 논의가 현실주의적이라고 생각하고 있었던 듯싶은데, 지금의 시점에서 보자면 실은 충분히 각성하지 못한 상태였음이 명백하다. 물론 소급적으로 보고 있기 때문에 이렇게 말할 수 있겠지만, 내가 웃음 충동에 사로잡힌 일과 그의 현실주의가 해학적으로 생각되었던 일은 완전 별개의 일도 아니다.

내가 관심 가진 것은 바로 이 점이다. 어떤 설정이 에토 씨를 움직였고, 어떤 무대장치가 그에게 기대된 역할을 연기하게 했으며, 또 그 정서적인 내실과 그의 '너무나도 문학적인' 정치를 지탱하고 있는 공상이 어떤 담론에서 드러났는가를 해석하는 것. 이런 문제에서 보자면, 데이비드 크로넌버그 감독의 「M 버터플라이」는 너무나도 정확하게 에토 씨가 취해 있던 공상의 장소뿐만 아니라 청중이 움츠러든 이유까지도 동시에 가르쳐 준다. 뿐만 아니라 그 후 일본에서 점점 번성하게 된 '새로운 역사 교과서를 만드는 모임'이나 종군위안부에 관한 사실(史實)을 거부하는 논의의 일반적인 형식 및 거기서 작동하는 집단적인 감상(感傷)의 존재 방식도 가르쳐 준다.

인칭의 존재 방식과 국민으로서의 입장

청중을 거의 무시하는 것처럼 보이지만, 에토 씨의 강의에는 몇 군데 수행적(performative)으로 제시된 조건이 있어서, 그는 청중과 그 조건들을 공유하고 있는 것에 대해 의심하지 않았다. 아시아 태평양전쟁의 결과 미국은 승자이고 일본은 패자라는 것, 이것은 당연한 것으로 여겨졌다. 물론 아시아 태평양전쟁은 일본의 항복과 연합국을 대표하는 미국의 점령으로 끝이 났다. 그렇지만 청중이 모든 일을 두 나라간의 관계로서만 이해하고 있었는지 그 여부는 확실치 않다. 중고생이 배우는 역사 교과서에는 일본과 미국이 전쟁을 해서 미국이 승리했다고 되어 있다. 그러나 청중 속에는 국제정치학자나 외교사가도 있었는데, 이들은 두 나라 간이라기보다도 미국과 동아시아 일반의 관계로 생각했을지도 모른다. 즉 모든 일을 두 나라 간의 관계로 생각하는 것은 논자의 인식론적인 선택의 결과여서, 미국이 놓여 있던 국제정치의 위치를 억지로 무시하고 있는 느낌을 준다. 이러한 설정에 청중은 기묘한 느낌을 갖지 않을 수 없는데, 이런 청중의 망설임을 느꼈기 때문일까, 그의 강연에는 무엇인가 절박한 음조가 있었다.

내가 '그의 강연의 조건'이라고 생각하는 것 중에는 국제정치에 관한 판단을 내리기 위한 역사 조건이나 상황을 판단하는 전제라는 의미에서의 조건뿐만 아니라, 청중이 어린아이인가 혹은 외교사 전문가인가, 그렇지 않으면 일본어를 알지 못하는 사람들인가, 라는 의미에서의 수행적인 조건까지도 포함되어 있다. 강연자는 어린아이에게는 어린아이가 알기 쉬운 화제나 어휘를 사용하여 말하려고 할 것이다. 상대가 외교사 전문가라면 역사적인 지식을 자세하게 설명할 필요가 없고 국제정치의 기술용어를 사용하는 것도 허락된다. 혹은 일본어를 알지 못하는 청중에게는 강연 중에 인용한 일본어 용어에 관해서 그때그때마다 설명을 덧붙이며 배려할 것이다. 그런 조건들은 강연에서 표현된 지식을 이해하기 위한 논리적인 요청이기보다도, 강연의 발화가 수행되는 상황에 관한, 이른바 '전(前)술어적'으로 예상되는 입장의 배분이다.

지금까지 에토 씨의 강연 무대와 그의 연기를 상세하게 묘사한 까닭은 그가 청중과의 관계를 어떻게 지각하고 있었던가에 대해 주의하고 싶었기 때문이다. 단적으로 말해서 일미관계라는 화제의 강연에서 그는 연기를 통해 청중과 융합되었다. 일본대표가 미국대표를 향하여 무엇인가를 말하고 있었던 것처럼 그는 자신의 강연을 '일본인'이 '미국인'을 향해서 말하고 있다고 굳게 생각했던 것은 아닐까. 결국 에토 씨의 강연에서는 강연자인 그의 입장과 강연을 듣는 청중의 입장이 일본을 대표하는 강연자와 미국민의 대표인 청중이라는, 대조적인 두 입장을 구별하지 못하게 된 것이다.

강연자와 청중의 관계는 다양하게 이뤄질 수 있다. 말할 것도 없지만 연구대학과 같은 코즈모폴리턴적인 환경에서 청중은 특히나 잡종적이어서, 그들을 간단하게 '미국인'으로 싸잡을 수 없다. 그런 청중을 구성하는 개인의 국적을 총화하는 것을 문제삼기 전에, 강연자와 청중과의 관계가 인칭의 관계이자 화자와 청자의 관계임을 간과할 수 없다. '나'와 '당신'이라는 지시어는 개인 발화자와 청중의 성격을 보여 주는 것이 아니라, 상대적으로 담론에 의해 규정되어 한정된다. 사람이 '나'에게 익숙해지는 것은 모든 사람은 다른 발화자와의 관계에서 '나'로 자기를 지시할 수 있기 때문이다. 일본어의 근대화를 생각하면 알 수 있듯, 가령 원래 하인을 의미했던 '나'(僕)라는 명사가 인칭지시 기능을 획득하는 과정에는 사회적 신분과 자기지시 사이에 혼동이 있었는데, 이는 인칭지시와 주체적 입장이 불가분의 관계에 있음을 보여 준다. 에토 씨가 강연했던 무대 세팅만 생각해도, 강연자와 청중의 관계가 문학 전문가와 사회과학 전문가, 혹은 아시아인 강연자와 국제적인 청중, 아마추어 정치학자와 프로 정치학자라는 경우처럼 다른 방식으로 상호 한정될 수 있었을 터이다. 즉 다른 선택지가 존재할 수 있다. 그렇지만 에토 씨는 자신과 청중의 관계를 놀랄 정도로 단순하게 상대 '국민'의 관계로 환원하려고 한 것처럼 생각된다. '일본인'이 '미국인'에게 말하고 있다고 말이다.

지금까지 발표되었던 그의 작품을 읽어 본 바로는 그가 맹목적인 문화주의자가 아닌 것은 분명하다. 고지마 노부오(小島信夫)의 「아메리칸 스쿨」에 나오는 영어교사는 모든 '진주군'(進駐軍)은 '미국인'이고 그들은 영어교사인 자신의 가짜 영어 실력을 알아챘다고 생각했지만, 에토 씨는 결코 그렇게 생각하지 않았다. '미국인' 중 영어 능력의 계층 차이를 분간할 정도로 에토 씨의 영어 실력은 뛰어났다. 자신의 최초 미국 체류를 자전적으로 그렸던 『미국인과 나』에는 미국 사회의 중층적인 차별 구조와, 차별과 관련해 준비되어 있는 사회적 상승에의 욕망이 정확히 표현되어 있다.[7] 사회적인 차별과 거기서 갈등하는 개인의 심정에 대한 그의 감수성이 이 작품을 뛰어나게 만들고 있다. 동양에서 온 신참자 에토 준 씨에게도 미국 사회의 치부가 보일 정도였다는 것이 몇 번이나 표명되었다. 이 작품을 읽는 독자에게 자신은 미국인을 독자로 상정하고 있음을 보여 주고 있는 것이다. 이런 한에서 사람과 사람의 인칭관계는 그때그때의 상황이나 감정과 이해의 역학에 의해 결정된다는 것을 알 수 있다.

일본인으로 자기를 인지한다는 것

사람과 사람의 만남은 감정이나 이해의 역학과 역사적인 조건이 제시하는 많은 가능성을 어떻게 선택해 취하는가라는 선택의 상황을 낳는다. 처음 만난 사람에 대해서 상대를 어떻게 인지하고 또 어떻게 인지되는가는 만남의 정치를 형태 짓는다. 상대의 선택과 나의 선택이 일치하는 것은 오히려 드문 사태여서, 선택지 간의 모순이나 충돌, 나아가 타협이라는 조정이 이루어지는 것이 통상적이다. 만남의 장에서 신참자를 '백인 부시 씨'라든가 '상류계급 출신의 아베 씨', 혹은 '성도착자 푸틴 씨'로 소개하지 않는 까닭은, 상호 인지 가능성의 선택이 외교 수사의 핵심을 이루고 있기 때문이다. 소개할 때의 의례는 이러한 상호 인지 정치의 서곡

---

7) 江藤淳, 「アメリカ人と私」, 『江藤淳』, 日本圖書センタ, 1998에 수록.

이라고 말할 수 있다. 따라서 대학처럼 지식의 생산과 전달을 주목적으로 내건 조직에서는 신참자를 소개할 때 계급 출신, 소득에 따른 계층, 혹은 인종과 같은 동일성이나 때로는 성별까지 고의로 무시하는 것이 일반적이다. 그 대신 교수, 조교수, 강사, 박사 취득자(닥터라는 칭호), 대학원생과 학부생 등의 신분은 신참자를 소개하는 경우라도 항상 참조된다. 대학 바깥이라면 오히려 피할 것 같은 교수라든가 박사라는 칭호가 빈번히 쓰이고, 또 학력을 기초로 상대와 자신을 상호 인지하는 것이 대학에서는 금지되지 않는다. 다 알다시피 공식적 상호 인지의 이면에서 '본심'의 상호 인지가 이른바 무대 뒤에서 행해지는 것은 신기한 일이 아니다. 상대가 교수라 해도 실은 '노동계급 출신'인지, 상대가 박사 칭호를 갖고 있어도 실은 '흑인'이나 '자이니치'인지 하는, '아이덴티티'의 확인 작업은 상호 인지로부터 완전히 배제되어 있지 않다. 신참자가 교제를 돈독히 해가면 사회의 그림자에 숨겨진 부분이나 치부를 알아 갈 수 있다. 즉 사람은 무수한 상호 인지의 회로에 잠재적으로 열려 있는 것이다. 달리 말하자면 개인 주체는 무수한 주체적 입장에 걸쳐 있고, 주체의 동일성은 과잉 결정되어 있다. 반대로 주체적 입장이 선택지로써 이미 주어져 있고, 사람이 어떤 선택지를 선택하는지를 보면, 발화행위의 상황이 어떻게 구조화되는지를 이해할 수 있다. 발화행위의 상황이 어떻게 구조화되어 있는지를 보기 위해서는 담론 분석을 피할 수 없다.

강연자와 청중의 관계는 상호 인지 정치의 일환이다. 그래서 에토 씨가 청중을 전적으로 '미국인'으로서만 인지하려는 것은, 대학에서의 강연이라는 성격을 생각하면 '적절하지 않다'는 느낌을 주었다. 하지만 그런 '부적당함'에도 불구하고 그는 자기가 좋아하는 상호 인지 구도를 강하게 청중에게 밀어붙이고자 했다. 그런데 그때까지 그가 발표해 온 저작에는 '미국인'과 '일본인'이라는 국민적 동일성에 의한 이항대조적인 상호 인지를 고집하는 상황이 여러 번 있었던 것에 주의해 두자. 『미국인과 나』에는 다음과 같은 일화가 실려 있다.

화자의 아내가 지인들과 가진 차 모임에서 골동품으로 최고 가치를 지닌 일본도의 코등이가 옷장에 못으로 박혀 손잡이 대용으로 사용되고 있는 것을 보았다. 이 이야기를 들은 화자는 노여움에 떤다. 그래서 그는 "전쟁에 패한다는 것은 코등이가 옷장 손잡이로 변하는 것을 이 눈으로 봐야 하는 일이다. 그렇게 나는 가슴에 새겼다"[8]고 썼다. 지나치게 멜로드라마틱한 장면이라서 그만큼 독자의 기억에 남을 부분이지만, 여기서는 미국과 일본이 단지 전승국과 패전국으로 취급되고 다른 상호 인지의 관계가 오히려 진지하게 간과되고 있다.

일본도 코등이가 본래 사용 가치의 맥락에서 분리되어 사용되고 있다는 사실은 일본문화에 대한 모독으로서 '일본인'인 화자에게는 용서하기 힘든 일이라는 것이다. 일본인이라는 아이덴티티를 고집하는 모습이 거듭 강조되는데, 그것은 그가 품었던 정서를 정당화하는 근거가 된다. 골동품으로써 일본도가 갖는 본래적 문화 가치라는 사고방식 그 자체가 ── 사람을 베는 백정을 펠리시즘적 상징으로 전시하는 골동 취미 ── 이미 추잡함을 담고 있다. 또한 이런 문화의 본래성을 유린하는 현상은 미국뿐만 아니라 유럽에서도, 또는 일본에서도 얼마든지 볼 수 있다. 그것은 식민지체제가 전 세계에 퍼트린 외국의 문물에 대한 이국 취미라는 이름의 오만함이 있는 곳이라면 어디에서나 일어난다.

화자는 이 현상을 다음과 같은 구체적 예로 언급한다. 아내의 지인(R

---

8) 앞의 책, p. 92.

부인, 혹은 미세스R)의 친절에 대해 그는 다음과 같이 분석한다. "일본에 대한 '친절'이 'condescending', 즉 생색내기인 것은 당연하다. 여기에서 그 '친절'은 도덕적으로 열등한 야만적인 국민을 '이끌어' 준다는 교육적 선의의 표명이 되기 때문이다."[9] 에토 씨가 여기에서 언급하고 있는 것은 『미국인과 나』가 출판된 지 14년이 흐른 뒤에 발표된 『오리엔탈리즘』에서 에드워드 사이드가 상세하게 분석하고 있는 것, 즉 사이드를 단숨에 비교문학 이외의 분야에서도 유명하게 만든, 지식의 생산 기제로서의 '오리엔탈리즘'이다. 하지만 미국인이 구가하는 오리엔탈리즘은 일본인이나 일본의 문물에만 표적을 갖는 것은 아니다. 1960년대 당시의 미국은 세계 최대의 이국 취미를 거래하는 무역시장이었으므로 아시아, 아프리카나 라틴아메리카의 사물에 대해서도 그 같은 사례는 많았다. 그런데 『미국인과 나』의 화자는 일본도의 코등이에만 주목했다. 혹은 일본에만 주목했다. 일본의 문화적 상징만 이를테면 능욕당하고 있다는, 일상의 사물에 대한 화자의 관심의 극단적인 협착증을 보여 준다. 남아시아, 아프리카, 중동의 문화도 똑같이 능욕당하고 있지만, 그것들은 그의 관심을 끌지 않는다. 그는 모든 사물의 그림자에서 능욕당한 일본문화를 찾아낸 것이다. 왜냐하면 일본은 '미국'에 졌기 때문이다. 그러나 전 세계적으로 '미국'에 패하지 않은 국가가 몇이나 있을까.

일본에서 소수자의 입장으로 사는 사람에게 이러한 현상은 지겹도록 보이는 일이다. 그런데 화자는 이런 현상을 전쟁에서 패한 국가와 승리한 국가의 관계에만 한정하고 있다. 물론 여기에서 전쟁에 청일전쟁, 미국-스페인 전쟁, 중일전쟁까지 포함한다면 다양한 관찰 시야가 열리

---

9) 앞의 책, p. 95.

겠지만, 그렇게 오리엔탈리즘의 경험을 부연하는 것을 그는 단호하게 거부한다. 따라서 화자가 만나는 모든 것들에 그 자신의 국민적 동일성이 각인된다. "케네디가 제아무리 '위대'해도 그는 일본의 이익을 대표하지 않는다."[10] 이것은 전후 일본인이 갖고 있던 미국에 대한 편애를 에토 씨 등이 야유한 것처럼 들리지만, 이 지경이 되면 국민적 동일성에 의탁한 일종의 피해망상(paranoia)이다. 여기에서 제언되고 있는 공식을 뒤집어서 생각해 보자. "일본인이라면 일본의 이익을 대표한다." 이것은 사실일까. '일본인'을 그렇게 믿어도 좋을까. 이것은 사실의 언명이라기보다도 오히려 그의 공상적인 희망 ― "나는 일본인을 믿고 싶다" 혹은 "일본인이 내 기대에 값하는 만큼의 국민이 되었으면 한다" ― 을 잠언적으로 말해 본 것에 지나지 않는다. 예상했던 대로 그는 확신을 갖고 자신을 바칠 무언가를 구하고 있었고, 그것을 미국 체재 중 프린스턴에서 발견한 것이다. "강의라는 행위를 통해서 나는 과거에서 현재까지의 일본문화 전체에 대해 자신을 바치고 있다는 감각"을 마침내 갖게 되었음을 그는 느꼈던 것이다.[11]

『미국과 나』의 화자를 에토 준 본인이라고 단정하지는 말자. 새삼스럽게 말할 것도 없지만 물론 그렇게 한다고 해서 에토 준이라는 개인이 즉자적으로 존재하는 것도 아니다. 이 책에서 해명하고 싶은 것은, 이처럼 작가의 자전으로 그려진 사태가 실은 국제정치나 공상의 정치에 여러 가지 회로를 준비하고 태평양 횡단적인 전후 천황제 담론을 재생산하는 모습이라는 점이다.

---

10) 앞의 책, p. 121.
11) 앞의 책, p. 103.

자기 인지와 대타성

주지하듯이 에토 씨에 의해 이렇게 발견된 일본이라는 '아이덴티티'는 전후 일본의 거부와 일본 국가로의 동일화의 논리로서 단련되고 완성되어 갔다. 제2장에서 간단히 다루었던 "미일전쟁은 끝나지 않았다"는 도발적인 발언도, 이런 문맥에서 우선 주목할 필요가 있다.

프린스턴 대학에서 2년 간의 체류를 마친 뒤, 그는 수년 후에 다시 미국을 방문했고, 어느 날 비즈니스맨이 된 고교 시절의 친구와 뉴욕에서 식사를 했다. 그 자리에서 친구는 화자에게 말했다. "전쟁을 하고 있기 때문이지. 미일전쟁이 20여 년 전에 끝났다는 따위의 말은 너 같은 문인이나 학자의 잠꼬대야."[12] "미일전쟁은 끝나지 않았다"라는 표현은 일종의 비유적 표현이다. 비유이기 때문에 그 표현이 참조하는 사태와 충족적인 관계를 예상할 수 없다. 일본 정부도 미국 정부도 1960년대에 선전포고한 적이 없기 때문에 이 표현이 맞지 않다는 말은 에토 씨의 논의에 대한 트집 잡기조차 되지 않는다. 하지만 이 비유는 성공한 비유라고 말할 수 없다. 수사적인 도발성에 비해 이 비유에는 독자에게 사물을 새롭게 보게 하는 힘이 결여되어 있기 때문이다. 전후 일본과 미국 사이에 일견 평화적인 국제 협조 관계가 존재하는 듯 보여도, 실은 양국은 격렬하게 경쟁하고 있다고 말하는 것이라면 이해할 만하다. 그러나 그 경쟁이 '전쟁'과 같은 것이라면, 전쟁 상태에 있는 한 적어도 일본은 미국으로부터 독립해 있을 것이다. 전쟁을 하고 있다면 일본 정부는 적어도 미

---

12) 江藤淳, 「エデンの東にて」, 『文藝』, 1969年 4月号(福田和也 編, 『江藤淳コレクション』, 築摩書房, 2001).

국 정부의 의향 따위를 배려하지 않고도 정책을 펼 수 있을 것이다. 그러나 에토 씨가 말하고 싶은 것은 그런 것이 아니었다. 이들 논의의 핵심은 1945년 전쟁에서 패한 뒤부터 일본이 미국의 지배를 받고 있느냐 그렇지 않느냐이다. 하지만 전쟁이 계속되고 있다면 훨씬 전에 '강제수용소'에 들어가거나 강제 송환되었을 것이기에, 그의 친구가 뉴욕에서 일을 하는 것 따위는 생각조차 못할 일이다.

그가 이 비유를 통해서 사람들이 홉스적인 '자연 상태'에 있고 미국 사회 속에서 만인에 대한 만인의 투쟁으로 개인과 개인이 끊임없이 치열하게 경쟁하고 있다고 말하고자 했다면 이해할 수 있겠다. 그러나 이럴 때에도 그가 생각하는 전쟁은 국가와 국가의 전쟁이라 개인에 대한 국가의 폭력적인 억압은 처음부터 도외시되고 있다. 국가주권을 미화하는 그의 국가관에는 군주제 사회계약론이 가진 국가 폭력성에 대한 각성이 없다. 또 공화제 사회계약론이 가진 국민주권에 대한 신앙도 없다. 에토 씨가 정열적으로 말하고자 한 국제정치의 현실은 '소꿉놀이'의 영역을 벗어나지 않는다. 그가 생각하는 전쟁은 엄청나게 감상적인 것이고, 조금이라도 멈춰 서서 이 비유를 숙고했다면 무식이 드러나는 일은 없을 것이다. 그의 논의 속에서 전쟁 비유는 기능부전을 일으켰던 것이다. 그런데 왜 많은 일본 독자는 이 기능부전을 알아채지 못했던 것일까?

내가 참가했던 그의 강연에서도 미일전쟁에 관한 설익은 비유가 있었는데, 그 비유에는 그의 감상성이 잘 드러나 있었다. 그는 "당신 미국인들은 우리 일본인으로부터 우리의 고유 이야기를 빼앗았다"는 논제에 필사적으로 목매고 있었던 것이다. 그러나 그의 강연에는 자신이 무엇을 하고 있는가라는 반성의 의식은 소멸되어 버렸다. 그가 취한 게 아닐까라고 내가 의심했던 것도 이 때문이고, 생각지도 못한 웃음이 터져 버린 것도 그의 연출이 그 장소에서 "붕 떠 버렸기" 때문이다.

　　마치 전쟁 상태인 것처럼 '일본인'과 '미국인'이 대결 상태에 있다고 하자. 에토 씨는 청중과 접촉함으로 '국민'의 대결이라는 무대 설정 위에서 말을 이어 갔다. 그는 그때까지도 일본인의 '자기 이야기'에 관해 말하고 있었는데, 그 '자기 이야기'라는 설정에는 몇 개의 함정이 있다. 이 설정이 갖고 있는 결점을 지적하는 일은 그다지 어렵지 않다. 지금까지 나는 줄곧 그 도착성을 지적해 왔다. 더욱이 미국이 일본인의 이야기를 빼앗았다는 에토 씨의 주장은 매우 기이할 뿐만 아니라 점령과 지배에 대해서는 참기 힘든 나이브함이 있었다. 이 점에 대해서는 일본 점령과 현재 진행 중인 이라크 점령을 비교하면서 이미 살펴봤다.

　　어쨌든 그의 무대 설정을 진실로 받아들인 다음, 강연자인 에토 씨가 '미국인' 청중을 향하여 "왜 당신 미국인은 우리 일본인으로부터 우리 고유의 이야기를 빼앗았는가?"라고 질문하는 구도를 고찰해 보자. '미국인'이라고 일방적으로 규정되어 있지만, 실은 미국 국적을 갖지 않은 사람도 많이 포함되어 있는 이 청중은 이 질문에 어떻게 답하면 좋을까. 상대를 동일하게 한정 짓는 작업이 항상 강제적인 폭력적 선 긋기의 결과인 것처럼, 에토 씨의 이야기는 청중 속에 앉아 있는, 그러나 도무지 '미국인'에 동일화할 수 없는 개인들을 단숨에 배제한다. 왜냐하면 그는 청중이 누구인가에 대해서는 흥미가 없기 때문이다. 또한 그에게 중요한 것은, 청중을 '미국인'으로서 한정지음으로써 대조적으로 한정되는 강연자와 동일한 인물로서의 화자인 '일본인'으로서의 아이덴티티였기 때문이다. 그는 '미국인'에게 말하고 있다고 생각했지만, 거기에 있는 청중 속에는 타이완 국적을 가진 자도, 한국 국적을 가진 자도, 멕시코 국적을 가진 자도, 서독 국적이나 영국 국적을 가진 자도 있었다. 그렇게 잡다한 국적이나 민족은 미국과 일본이라는 대조에서 본다면 어떻게 되어도 상관 없다. 사람은 아이덴티티를 얻은 다음 그런 잡음을 잘라 버리는 일에 주저하지 않는다. 동일성(identity)은 그러한 사소한 자들을 단호히 잘라 버림으로서 성립하는 것일 터이다.

물론 청중이 갖는 다양성을 잘라 버리는 것에 문제가 있다고 말하는 것은 아니다. 그렇게 잘라 버리는 일은 보통 어쩔 수 없다. 텔레비전 뉴스 프로그램에서 일본에 관한 일로 인터뷰를 받으면, 가령 재미 일본대사관 직원은 일본 국민의 대표가 미국 국민에게 말한다는 식으로 응답하지 않으면 안 될 것이다. 텔레비전을 보는 몇백만 명의 시청자 속에는 미국 국민이 아닌 자도 다수 있겠지만, 이 경우 청중의 다의성이 무시되는 것은 당연하다. 여기에서 내가 독자의 주의를 환기시키고 싶은 것은 다양성을 무시했다는 게 아니라, 강연의 장에서 그러한 명분이 별도로 요청되지 않았음에도 불구하고, 에토 씨는 일본 국민의 대표가 미국 국민에게 말을 한다는 명분을 스스로에게 억지로라도 부여했다는 점이다.

아마도 에토 씨는 청중으로부터 "당신 일본인은 우리 미국인에게 전쟁에서 패했기 때문이다"라는 답을 듣고 싶었을지도 모른다. 하지만 그런 답을 끌어냈다고 해서 그가 이 강연에서 무엇인가를 성취했다고 말할 수 있을까? 무릇 에토 씨는 강연에서 무엇을 성취하고 싶었던 것일까? 그렇게 응해 주기를 간절하게 바라는 발화 행위로 인해 일어난 사태를 수행적으로 고찰해 보자.

「나비부인」이라는 알레고리적 설정과 상호 인지의 구조

여기서 에토 씨의 일본인이라는 '아이덴티티'를 향한 고집을 지탱하고 있는 상호 인지 구도를 이해하기 위해서 오페라로 유명한 「나비부인」을 거쳐 가는 것을 허락해 주었으면 한다. 피에르 로티(Pierre Loti)의 소설인 『국화부인』(*Madame Chrysanthème*)이나 존 롱(John Luther Long)의 단편 「나비부인」(Madam Butterfly)을 기초로 쓰인 이 가극은 1904년 초연된 이래 꾸준한 인기를 누리며 거듭 영화화되거나 여러 차례 개작되었다. 내가 특히 주목하고 있는 것은 데이비드 헨리 황(David Henry Hwang)의 희곡 「M 버터플라이」를 저본으로, 황 자신이 각본을 쓰고 데이비드 크로넌버그가 감독한 영화 「M 버터플라이」다.

「나비부인」이 이 정도로 인기를 누린 이유는 음악적인 매력 외에도 작품이 오리엔탈리즘의 집약적 표현이라는 점도 있을 것이다. 거기에는 서양과 동양에 관련된 공상이 이성애 이야기를 통해서 공식화되고 있다. 원래 미국 해군 대위 B. F. 핀커튼과 나가사키의 게이샤인 초초상 사이의 연애극은 '게이샤'란 말을 유명하게 만들었고, '게이샤'가 동양적인 여성의 상징적 표현인 듯한 통념을 일본 이외의 장소에서 만들어 냈다. 게다가 전후 미일 관계에서도 '게이샤'는 미국의 일본 점령과 그 이후 지도-종속 관계를 비유하는 말의 핵심을 이루고 있다. 최근 영화 「나의 게이샤」(My Geisha)에서 「게이샤의 추억」(Memoirs of a Geisha)에 이르기까지 게이샤의 이미지는 미국이나 서유럽의 매스미디어에서 재생산되고 있다. 「나비부인」을 패러디한 영화 「M 버터플라이」는 이 오리엔탈리즘 욕망의 분배를 매우 훌륭하게 드러냄으로써 전후 동아시아 정치 상황의 훌륭한 알레고리가 되었다.

「M 버터플라이」는 중국 주재 프랑스대사관 직원을 둘러싸고 실제 일어났던 스캔들에 기반하고 있다. 무대는 1960년대의 베이징과 파리이다. 주인공은 베이징 주재 프랑스대사관의 하급직원 르네 갈리마르와 베이징 경극단 배우인 송이다. 이야기는 르네 갈리마르가 베이징 경극풍의 리사이틀에서 송이 연기하는 나비부인에 매혹되는 것에서 시작한다. 갈리마르는 나비부인 이야기에 너무 매료되어 있었기 때문에 나비부인을 연기한 송을 사랑하게 된다. 그렇다 해도 갈리마르가 사랑에 빠져 버린 대상이 「나비부인」이라는 일화 속의 '초초 상'의 이미지인지 아니면 송이란 사람인지, 송이 연기하고 있는 역할인지, 송 개인인지에 대해서는 불분명한 채로 이야기는 진행된다.

「M 버터플라이」는 오페라 「나비부인」이 왜 '서양' 시청자를 매혹하는지에 대해 '서양 남성'과 '동양 여성'이라는 대조적 역할 속의 이성애 구도를 기본 요소로 분해해서 보여 주고 있다. '서양 남성'은 자기중심적이며 능동적이고 이동을 좋아하고 변덕스럽다. 그에 반해서 '동양 여성'은 자기 희생을 마다 않고 수동적이고 정주하기를 바라고 순종적이다. '서양'과 '동양'의 비교는 단순한 문명의 유형적 비교이기 이전에 실은 남자의 시각에서 본 남자와 여자의 성격 비교이다. 「나비부인」은 지배하는 서양과 지배당하는 동양이라는, 서양 남성이 품고 있을 법한 이성을 향한 진부한 욕망을 가장 직접적으로 표현한다. 르네 갈리마르가 송에게서 발견했던 것은 이성을 향한 '서양 남성'의 욕망이 머무는 지점이고, 송과의 만남을 통해서 갈리마르는 '동양 여성'을 향한 '서양 남성'의 욕망에 눈을 떴다.

동시에 이 각본은 르네 갈리마르를 프랑스 관료기구의 말단이며 사회적으로는 하층민 출신의 인물로, 우연히 베이징의 대사관에서 열린 리사이틀에 참가하기까지 「나비부인」이라는 오페라의 이름조차 들어 본적 없는 교양 없는 인물로 설정해 두었다. 게다가 그는 베이징의 경극에서는 일본의 가부키가 그렇듯이 여성 역할을 종종 남자 배우가 연기하는 것조차 몰랐다. 사회 계층적으로 프랑스 본국에서는 출세한 적도 없고, 사람 위에 군림하는 일 따위는 결코 없는 인물로 뚜렷하게 상정되어 있다. 그런데 갈리마르는 송과의 만남으로 자신이 능동적이고 자기중심적인 '서양 남성'이 되는 것에 눈 뜨게 된다. 자신이 '서양 남성'이 되는 것은 자기희생을 마다 않는, 수동적이고 순종적인 '초초 상'이 있기 때문이다. 얄궂게도 그는 오페라 「나비부인」 속 등장인물 핀커튼에 관해 "그는 초초 상의 사랑을 받을 가치가 없다"고 몇 번이나 언급하고 있다.

갈리마르는 송이라는 베이징 경극단의 여가수에게서 자기와 대조적인 역할을 하는 '동양 여성'이라는 주체적 입장을 찾아냈다. '동양 여성'이라는 이른바 청자의 입장과 대조함으로써 그는 가까스로 '서양 남성'의 입장을 취할 수 있게 되었다. 프랑스 대사관, 심지어 프랑스 사회 내 하급관리로서의 자신의 주체적 입장을 모른 척하기 위해서 그는 서양과 동양이라는 다른 대조적인 선택지를 고른다. 여기에서 강력하게 작동하는 것이 바로 '남자'와 '여자'라는 이성애 구도이다. 그러나 놀랍게도 갈리마르는 송이 베이징 경극단의 여가수이면서 생리적으로는 남자라는 점을 전혀 눈치채지 못했다. 이 점은 사실(史實)로도 뒷받침할 수 있는데, 「M 버터플라이」의 원형이 된 스캔들이 저널리즘에서 널리 엽기적인 흥미를 끌었던 것도 이 때문이다.

뿐만 아니라 갈리마르는 송의 자기희생을 마다 않고 수동적이고 순종적인 '동양 여성'인 송의 이미지를 계속 고집했다. 왜냐하면 그의 욕망의 대상은 궁극적으로는 '동양 여성'으로서의 송을 통해서 확보된 '서양 남성'으로서의 아이덴티티였기 때문이다. 나아가 자신이 '서양 남성'이고 송은 '동양 여성'이라는 대조적인 이성애의 구도를 유지하기 위해, 송과 그 사이에 일어난 사건뿐만 아니라 베트남에 대한 중국의 정책에 이르기까지, 갈리마르는 서양(남자) 대 동양(여자)의 도식으로 모든 것을 이해하려고 했다.

서양(남자) 대 동양(여자)이라는 이성애 구도만을 생각한다면 확실히 서양은 능동적이고 이동성이 강하고 타인의 영역에 진출하고 상대를 종속시키는 것에서 기쁨을 찾는다. 이에 반해서 동양은 수동적이고 자신의 토지를 고집하고 외부 침입자를 거절하는 방식을 모르고 단지 수용할 줄만 안다. 그런데 이런 자신의 공상 속에 사로잡힌 갈리마르는 적절한 조작의 대상이 된다. 중국공산당은 송을 통해서 갈리마르를 조종한다. 갈리마르에게 중국의 비밀 정보를 줌으로서 프랑스대사관 내에서의 그의 승진과 발언권 강화를 도모한다. 동시에 프랑스 외무성의 비밀 정보를 수집한다. 게다가 갈리마르를 통해서 그릇된 정보를 프랑스 외무성에 보내려고 한다. 즉 갈리마르는 프랑스대사관 안에서 자신도 모르는 사이에 중국의 스파이 임무를 연기해 버린 것이다. 「M 버터플라이」의 후반부는 무대를 파리로 옮겨 외무성의 문서 운반 담당자로까지 전락한 갈리마르가 마침내 스파이 혐의로 체포되어 감옥 안에서 '나비부인'을 연기하면서 자살하는 결말을 보여 준다.

서양과 동양이란 이성애의 구도와는 정반대로 갈리마르와 송의 관계는 조종당하는 무지한 프랑스인과 조종하는 치밀한 중국인이라는 완전히 역전된 관계가 나타난다. 「나비부인」의 차원과 첩보 활동의 차원 양쪽을 동시에 보면, 갈리마르와 송의 의도하지 않은 공범 관계를 발견할 수 있다. 갈리마르는 오리엔탈리즘의 욕망 배치를 통해서 '서양 남성'에 동일화된다. 그러나 그 대신 송은 갈리마르를 조작함으로 중국의 국민주의 욕망을 충족시킨다. 갈리마르와 송의 관계가 영속되는 까닭은 오리엔탈리즘의 내재적인 제도화에 의해서도 아니고, 중국공산당의 첩보활동 때문도 아니다. 두 개의 다른 욕망의 회로가 일정한 통로를 만들고, 이 통로를 통해서 갈리마르와 송의 행동이 제어되고 있기 때문이다. 「M 버터플라이」는 마지막에 가서 이 통로가 주제적으로 묘사되어 있지만, 그것은 서양과 동양이 지배자와 피지배자의 역할로 분담되는 욕망의 회로도 아니고, 첩보활동 속의 조종하는 자(중국공산당)와 조종당하는 자(갈리마르)의 욕망의 회로도 아니다. 그것은 이성애의 회로와 동성애의 회로가 연결된 공범성의 통로이다.

주체적 입장의 배치와 동일성

「M 버터플라이」는 오리엔탈리즘에 빠진 남성 욕망의 회로를 적출하고 그것을 패러디한다. 거기에는 '서양 남성'이란 물신화된 아이덴티티에 사로잡힌 르네 갈리마르의 희비극이 훌륭하게 제시되어 있다. 「M 버터플라이」는 미국 백인 남성의 시각으로 본 전후 일본과 미국의 관계 및 거기서 전개된 욕망의 회극을 예리하게 해부해서 보여 주는 작품이다. 이 작품이 미국 텔레비전에서 방영된 적이 있었는데 이 프로그램에 초대된 네 명의 영화비평가 — 네 명 모두 백인 남성 — 는 분노에 가득 찬 어조로 이구동성으로 크로넌버그의 작품을 탄핵했다. 네 영화비평가의 좌담회는 오프닝 프로그램으로 방영되었는데, 얄궂게도 그것은 익살스럽고도 멋지게 이 작품의 서막 역할을 다했다.

백인성이나 서양의 남성성을 비판하는 이 작품에서 묘사된 갈리마르의 자기 인지 절차는 의외로 오리엔탈리즘에 반발하는 에토 씨의 심리까지 보여 줬다. 갈리마르는 송이란 아름다운 동양 여성의 형상에 빠져 있다. 이때 그에게는 송이 종종 보였던 야유도 비웃음도 전혀 전달되지 않았다. 그는 백인성이나 서양 남성이라는 것, 즉 인물에 성격을 부여하는 사태가 공상의 산물임을 볼 수 없었던 것이다. 동시에 자신이 서양 남성인 것은 송이라는 그의 상대가 동양 여성으로 존재하는 한에서만 가능하다는 것을 어렴풋이나마 이해하고 있었던 것이다. 역할의 무대 설정이 바뀌었을 때, 그는 서양 남성으로 계속 있을 수 없을 것임을 알고 있었던 것이다. 송이 남자임을 알아채지 못한 것은, 그가 서양 남성성을 철저히 희구한 것과 상호규정적인 관계에 있다. 서양 남성의 역할이 보증되는 상호 인지 회로 안에 남아 있기 위해서는 송을 동양 여성으로 인지해야 한다. 송이 여자가 아니라는 점이 분명히 나타나는 그 즉시 그가 희구하는 능동적이고 자기중심적인 서양 남성의 아이덴티티는 무산될 것이다. 에토 씨가 끝까지 청중을 '미국인'으로 설정하려고 한 모습과 갈리마르가 송에게서 남성을 인정하지 않으려는 방식 사이에는 유사한 행동의 회로가 열려 있다. '미국인'과 '일본인'이라는 대조적 역할 설정 속에는 상호 인지 회로가 들어가 있다. 에토 씨는 이 회로 밖으로 나가는 것을 기피했던 것이다. 강연을 들으면서 내가 '이 사람은 취해 있다'고 느꼈던 것은 바로 이 때문이었다. 에토 씨에게는 청중이 보였지만 실은 보고 있지 않았던 것이다. 마치 갈리마르에게 송이 보이고 있었지만 그(그녀)가 남자라는 것을 볼 수 없었던 것처럼.

여기에서 나는 에토 씨가 공상 속에서 현실의 청중을 보고 있지 않았다고 말하려는 게 아니다. 이 점에 주의해 주길 부탁한다. 자기 인지로부터 공상의 요소를 배제할 수 없고, 주체적 입장의 인지는 여러 가지 역할의 배치 회로 속에서 결정되기 때문에, 만나는 여러 인물에게 분배하는 공상의 역할을 무시하고 인지를 생각할 수 없다. 자기 입장을 안다는 것은 복수의 인물에게 할당한 역할 배치 속에서 다른 등장인물과 연관시켜 자기 역할을 아는 것에 불과하고, 갖가지 역할에서 기대되는 행동규범을 이해해서 그 규범에 따라 연기하는 것이다. 일정한 연기가 기대되는 자신을 인지한다는 것은 다른 역할의 연기가 기대되는 타자와의 연관 속에서 자기 입장을 인정하는 것에 다름 아니다. 즉 복수의 역할 배치 속에서 자신에게 특별히 정해진 행동을 공상적으로 그려 보는 것이야말로 일반적으로 자기 인지라고 불리는 사태이며, 자기 인지는 역할 배치 속에서 다른 역할 인지와 함께 연동하여 공상된다. 아이덴티티라고 불리는 것은 이런 권력관계의 회로 속에서 발현한다.

그러면 갈리마르가 송을 남자로 볼 수 없었던 사태는 어떻게 일어날 수 있었을까? 갈리마르는 송에게서 '초초 상'을 보고 있었을 뿐, '초초 상'과 함께 작동하는 '여장남자' 같은 역할을 예상하지 않았기 때문이다. 복수의 역할은 일정한 구도를 만든다. 그러나 구도는 하나만이 아니다. 모순되거나 함께 맡을 수 없는 구도도 다수 존재하기에 사람들은 이 구도에서 저 구도로 돌아다닌다. 아침식사를 만들어 주는 어머니, 회사에서 매일 밤늦게 돌아오는 아버지라는 역할과의 관계에서 나에게 주어진 역할은 딸이며, 나는 그 하나의 역할 구도 속에서 자기를 인지한다. 그러나 병원에서 건강 진단을 해주는 의사나 학교 셔틀버스 운전사와의 관계에서도 나에게는 일정한 행동방식이 기대되고 있다. 이런 구도 내에서도 나는 역할을 맡고 있음을 안다. 게다가 교단에서 학급 학생의 출석을 체크하는 선생님과 교실에서 자리를 나란히 하고 있는 동급생과의 관계에서도 나는 나 자신을 인지한다. 제일 처음의 구도에서 나는 어머니와 아버지의 자식이고, 두 번째 구도에서는 병원의 환자이고 버스 승객이다. 세 번째 구도에서는 초등학교의 학생이다. 각각의 구도는 다른 상호 인지의 회로와, 다르게 기대되는 행동의 형태를 제출하고 있다. 그러나 하나의 구도가 다른 구도와 공역적이라는 보증은 어디에도 없다.

하나의 구도에서 다른 구도로 옮겨 가면 나의 자기 인지는 변한다. 구도를 옮기면 나의 역할은 바뀌고, 나를 향한 타자의 시선도 변하며 나에게 기대되고 있는 규범까지 변한다. 구도가 바뀌면 나의 행동방식뿐만 아니라 사물을 보는 방식도 변한다. 구도가 바뀌면 세계는 다른 얼굴을 드러낸다. 구도의 변환이 반드시 원활하게 되는 것은 아니어서, 새로운 구도 속의 역할 분담이나 기대를 배우기 위해서 고통스러운 시행착오를 겪는 일도 얼마든지 있다. 그러나 구도가 복수이고 잠재적으로 인간이 무한한 구도의 사이를 건너간다는 것을 알고 있으면, 하나의 구도에서 특정지어진 자기 인지의 방식을 개인의 절대적인 동일성 따위라고 굳게 믿는 것을 피할 수 있다.

르네 갈리마르가, 그리고 에토 준이 빠져들었던 것은 하나의 구도에 의한 자기 인지를 마치 움직이지 않는 것으로 봤던 굳은 믿음이었다. 에토 씨의 경우 에릭 에릭슨의 에고심리학에서 빌려 온 용어 '동일성'(identity)을 편애하는데, 동일성이라는 말은 에토 씨 평론에서 보자면 이를테면 '징후'가 되어 버린 것처럼 보인다. 그는 영원불후(永遠不朽)한 동일성이 있을 수 있다는 기묘한 선입견에 붙들린 것처럼 보인다. 그것은 에토 씨의 불안과 관련되어 있다. 나쓰메 소세키의 텍스트를 고찰한 초기 평론에서 봤듯이, 세상 속에 버려진 아이처럼 버려졌다는 불안은 소세키 작품만이 아니라 그의 논의의 주제를 이루고 있다. 그런데 그는 동일성과 이 세상 속에 내던져져 있다는 불안을 어떻게 관련지어 이해해야 하는가라는 문제에서 그만 실수를 저지르고 말았다. 인간이 아이덴티티를 빼앗겼기 때문에 세상 속에서 자신의 위치를 발견할 수 없고, 그 결과 자신이 세상 속에 버려진 아이처럼 내팽개쳐 있다는 것. 즉 그는 동일성을 빼앗긴 것이 세상 속에서 실존적인 불안을 느끼는 원인이라고 생각해 버린 것이다.

그것은 원인이 아니라 징후이다. "자신이 세상 속에 버려진 아이처럼 내팽개쳐져 있다"는 표현은 대략 말하자면 실존철학에서 말하는 '피투적(被投的) 사실성'을 말한다. 피투적 사실성과 국민이나 민족과 같은 동일성 사이에는 인과관계가 없다. 그런데 이 징후에 대해서 에토 씨는 다음과 같은 처방전을 냈다. "확고한 동일성을 확보할 수 있다면 사람은 이 세상 속에 내팽개쳐져 있다는 불안으로부터 도망칠 수 있다"고. 하나의 구도 속에 있을 때 자신 혹은 자신들의 입장만이 한정된다는 것에 다시 주의해 두자. 동일성의 확보라는 말은 그런 주체적 입장과 대조적인 배치를 형성하고 있는 다른 주체적 입장까지 확보된다는 것이다. 갈리마르가 '서양 남성'의 동일성을 확보했을 때 동시에 '동양 여성'의 동일성까지 확보된다는 것이다. 정신분석의 용어를 굳이 사용한다면 동일성은 전이적(transference)으로 구성된다. 비슷하게 에토 씨가 고집했던 구도 속에는 '일본인'이라는 자신들의 동일성이 확보됨과 동시에 '미국인'의 동일성이 확보되었다. 그에게 있어서 청중을 '미국인'으로서 일방적으로 규정하는 것이 대단히 중요한 까닭은 바로 이 때문이었다.

그런데 이런 동일성이 확보되면 그 구도에서 기대되지 않는 행동이나 사건은 '거기에는 없는 것처럼' 취급되어 버린다. 다시 말해 하나의 구도에서 다른 구도로 눈뜨게 만드는 기회가 일관되게 배제되듯이 말이다. 명확하게 에토 씨의 강연, 즉 수행(performance)은 일본인의 아이덴티티를 확립하려는 것이었다. 일본인의 정체성을 희구하면 할수록 그의 강연은 '일본인'과 '미국인'이라는 대조적인 주체적 입장의 배치 속에 갇히는 결과가 되었다. 사람을 '일본인'이나 '미국인'이라는 국적으로 인정하는 것이 아닌, 서로 다른 상이한 말 걸기와 듣기의 구도로 보는 입장을 에토 씨는 차츰 잃어버렸던 것이다.

에토 준의 정치가 갖는 극단적인 감상성은 여기에서 온다. 경제·외교·군사적이고 조직적인 폭력의 무대인 국제정치가 자기 연민과 공감의 공동체를 확인하는 의식으로 환원되고 만 것이다. 요컨대 그에게 국제정치는 소꿉놀이를 넘지 않았다. 기껏 '자신의 이야기'를 하는 것이 정치의 목표가 되었고, 그의 국민주의는 거기까지 퇴행해 버렸다.

보편성과 응답 책임

거듭 말하지만 공상과 현실의 차이를 상정하고, 그런 다음 에토 준의 강연에 현실성이 결핍되었다고 말하려는 게 아니다. 공상에는 복수의 구도가 있어서, 사람은 한 구도에서 다른 구도로 이동할 수 있다. 하나의 구도는 반드시 다른 구도에 열려 있다. 그의 강연이 우스꽝스러울 정도로 감상적으로 느껴졌던 까닭은, 그가 필사적으로 하나의 구도에 갇히고 싶어 했기 때문이다. 에토 씨와 르네 갈리마르의 끝은 「M 버터플라이」의 마지막 부분에서 볼 수 있다.

프랑스정부에 대한 첩보활동을 사주했다는 죄, 또한 외국 첩보원에게 협력했다는 죄로 송과 갈리마르는 재판을 받았다. 송은 외국 추방에, 갈리마르는 금고형에 처해졌다. 그리고 법정에서 귀가하는 길, 두 사람은 경찰차에서 마지막으로 동석한다. 물론 송은 더 이상 여장이 아니다. 그가 '동양 여성'을 연기할 필요가 없어진 것이다. 송은 갈리마르의 아이덴티티를 보증하는 역할에서 해방된 것이다. 「M 버터플라이」의 전편을 관통하는 주제, 즉 동성애 혐오(homophobia) 비판이 가장 명확하게 표명된 곳은 바로 이 장면이다. 송은 갈리마르와 자신의 관계가 한 남자와 다른 남자의 애정관계였음을 알라고 갈리마르를 다그쳤다. 그는 호송차 속에서 전라가 되어 갈리마르를 향해 남성으로서 자신의 적나라한 몸을 보여 줬고, 그를 남성으로 인지하도록 다그쳤다. 요컨대 갈리마르가 '서양 남성'과 '동양 여성'이라는 구도의 상호 인지에서 벗어나 다른 상호 인지의 구도로 열리기를 간절히 바란 것이다. 갈리마르의 시각에서 같은 장면을 묘사해 보면 이럴 것이다. 갈리마르는 더 이상 '동양 여성'이 아닌 송으로부터 "나는 '동양 여성'이기를 멈췄어. 당신도 '서양 남성'이기를 그만둬"라는 격렬한 힐문을 받았던 것이고, 송으로부터 응답 책임을 요구받은 것이다.

나는 여기서 변증법적 구성이라면 '계기'라고 부를, 두 가지 문맥과 만났다. 하나는 한 구도 속 상호 인지에 있어서의 타자 인식이고, 다른 하나는 한 구도가 다른 구도로 열려 갈 때 일어나는 응답 가능성이다. 후자의 사태를 잠정적이나마 '보편성'이라고 불러 두자. 이 두 가지 문맥 혹은 계기를 간단히 얽어 보자. 이 두 가지는 '전후 천황제 담론'을 분석하는 곳에서 실마리 역할을 담당했는데, 사후적으로 설명을 해 두고 싶다.

1.

갈리마르는 송을 '동양 여성'으로밖에 볼 수 없었다. 그는 송을 "보고 있어도, 실은 보고 있지 않았고", "듣고 있어도, 실은 듣고 있지 않았던" 것이다. "보고 있지만 보고 있지 않았던" 것은, 송을 인지하는 것이 갈리마르 자신의 자기 인지의 보증 이외에 다른 어떤 것도 아니었기 때문이다. 그에게 있어서 송을 규정적으로 인지하는 것은 피규정적으로 자신의 동일성을 확인하는 작업이었기 때문이다. 에토 씨가 청중을 "보고 있어도,

보고 있지 않았던" 것은 청중을 '미국인'으로 규정하고 있었고, 그것은 자신이 '일본인'으로서의 아이덴티티를 피규정적으로 확인하기 위한 절차에 지나지 않았기 때문이다. 자신의 아이덴티티를 유린하는 용기를 갖지 못할 때, 사람은 공감의 공동체의 세계에 빠진다. 공감의 공동체의 세계는 자기 확인의 욕망에 점거당한 감상성의 세계이고, 거기에는 상호 인지를 위한 타자만이 존재한다. 에토 준이 말한 '자신의 이야기'는 그러한 공상의 기제에 의존하고 있다.

앞 장에서 내가 분석한 것은 국무장관 존 포스터 덜레스의 미국의 대동아시아 정책 구상과 거기에서 보인 "일본인은 인종주의자가 되어야 한다"라는 일본인에 대한 기대와 전후 일본 국민주의의 연계였다. 덜레스는 영미 자유주의 국가들을 국제정치의 '엘리트 클럽'으로 간주하고, '엘리트 클럽'에의 입회를 희망하는 일본인을 인정하고 있었던 것이다. 덜레스(그리고 당시 미국의 정책 결정자 일반의)가 가진 엘리트 근성의 전제는 세계의 인종적 위계로, 이것은 사람들의 공상 속에서 하나의 역할의 배치 구도로서 기능하고 있다. 확대해서 세계를 인종의 위계로만 보는 의식을 거절하는 일은, 이런 구도에서 다른 구도로 이행하기 위한 번역에 자신을 맡길 것을 요청한다. 번역 매체는 희망이고, 번역 행위는 항상 희망에 의해 전개된다. 바로 그렇기 때문에 희망이 없는 곳에서는 번역이라는 발화행위가 일어나지 않는다. 그것은 '보편성'에의 기투(企投)를 의미한다. 그것은 사회적인 평등이라는 보편성에 실천적으로 참여(commit)하는 것이다. 덜레스가 일본인에게 기대한 것은, 보편성이라는 선택지를 기꺼이 방기하는 일이고, 바로 그렇기에 그는 정말로 "일본인은 인종주의자가 되어야 한다"고 느꼈던 것이다.

지금까지 내가 몇 번이나 에토 준을 전후 체제익찬형 지식인의 전형으로 언급해 온 이유를 알 수 있을 것이다. 에토 씨는 일본의 독립을 말하고 사상에서의 미국의 일본 지배를 말하면서도, 엘리트 근성의 전제가 되는 것, 즉 세계를 인종의 위계로만 보는 의식을 결코 거부하지 않았다. 오히려 그의 평론을 지탱하고 있었던 것은 '엘리트 클럽'에 대한 동경과 '엘리트 클럽'에 의해 인지되고 싶다는 거의 원망에 가까운 바람이고, 그는 이 바람을 솔직하게 표명함으로써 같은 바람을 몰래 품고 있으면서도 목소리를 내서 말할 수 없었던 다수의 좌익 지식인을 꾸짖었던 것이다. 비대해진 대일본해군에 관한 에토 씨의 몽상은 '엘리트 클럽'과 가족에 매달린 그의 바람의 소재를 가르쳐 준다. 그래서 인종주의의 현실은 결국 그의 '우국의 정'에 의해 해소되어 버렸다. 에토 준에게 철저하게 결핍되어 있었던 것은 바로 이 보편성에의 기탁이었다. 그는 희망의 부재를 동일성에 의해 보충할 수 있다고 믿어 의심하지 않았다.

'자신의 이야기'란 결국 일본인에게 불쾌감을 더해 주는 말은 듣고 싶지 않다, 일본인 이외의 청자는 무시하고 일본인에게 적당한 것만 말하고 싶다는 소망과 관계된다. 그러나 일본인이라는 국민을 인정하기 위해서는 일본인 이외의 존재가 전제되고 있음을 간과해서는 안 된다. 갈리마르에게 송이 필요했듯이, 일본인의 아이덴티티를 위해서는 미국인을 필요로 한다. 내가 지금까지 '분리의 기제'로 말해 온 사태에 에토 씨가 말한 '자신의 이야기'가 밀접하게 결부되어 있음을 알 수 있다.[13]

분리란 공재성(共在性, coevalness)에서 유래하는 상황에 격리나 거리화를 가져오는, 동일성의 구조로서의 만남을 표상하는 틀이다. 동시적

---

13) 酒井直樹, 「比較という戰略」, 『日本/映像/米國』, pp. 219~276[사카이 나오키, 『일본, 영상, 미국』]을 참고하기 바란다.

인 만남에서 시작되는 상황에 동일성을 강요하는 것이다. 여성국제전범이나 위안부 문제에 대한 우익의 행동거지를 건드리며 서술했듯이, 분리란 '부끄러움을 알지 못하기' 때문에 생긴 공상적인 기제이다. 이렇게 말하는 것도 '우리'의 아이덴티티를 규정짓기 위해 일본인 이외의 국민을 예상하면서도, 분리에서는 '우리' 이외의 시선을 묵살하는 것이 포함되어 있기 때문이다. 공감으로 묶여진 '우리' 이외의 존재의 시선을 무시할 때, 사람은 실은 타자로부터의 호소의 잠재성까지 묵살하고 있는 것이다. 타자의 외침을 묵살하는 것은 그런 외침에 응하는 의무에서 자신들을 면제하는 일이다. 분리가 있는 곳에서는 외침에 응할 필요가 없기 때문에, 응답의 의무라는 의미에서의 책임도 면제된다. 그것은 어느 특정 타자에게서 거리를 취하는 일이고, 차별을 도입하는 일이다. 여기서는 국민이라든가 인종 혹은 민족과 같은 집단적인 동일성에 의거한 독백론(모놀로그)의 발화 기제와 공상의 관계가 훌륭하게 드러나 있다.

2.

역할을 보증하는 구도가 붕괴할 때에 만나는 타자와 안정된 구도에서 만나는 타자는 그 기본적인 양상이 다르다. 응답 책임은 일정한 구도 속에서도, 혹은 구조의 붕괴에서도 일어날 수 있다. 그러나 제국적 국민주의의 보편주의로는 파악할 수 없는 '보편성'을 생각하기 위해 번역 같은 보편성을 고찰하지 않으면 안 된다. 그것은 상호 확인을 위한 역할 배치가 존재하지 않는 장소에서 일어나는 응답 책임이 될 것이다. 그래서 문제가 되는 응답 책임은 그 동일성이 주어진 배치 속에서 동일화할 수 있는 타자가 아니다. 그것은 감상적인 아이덴티티의 세계에서 나가는 일이다. 감상적이지 않음이란 고통도 부끄러움도 혹은 기쁨도 없는, 무정한 세계라는 말이 아니다. 거기서 인간이 폭로되는 것은 감상이 아니라 정이고, 바로 그렇기 때문에 인간은 동일성 상실을 두려워하며, 정으로 만나는 것을 두려워한다. 『일본, 영상, 미국』에서 봤듯이, 공감의 공동체의 공상을 유지하기 위해서 상상된 부ㄲ러움의 기회에서 도피하는 것이 국민정치의 어젠다가 되어 버렸던 것이다. '전후 천황제 담론'에서 '자신들의 이야기'가 왕성해짐에 따라 보편성의 응답 책임에 대한 용기가 후퇴해 간 것이다.

내가 번역이라고 부르는 행위는 독백으로 발생할 수 없다. 그것은 '이언어적인 청자에게 말 걸기'로서만 현실화된다. 그리고 거기서 인간은 '균질언어적인 청자에게 말 거는 구조'에 특유한 감성이 아니라 정으로 만나면서 새로운 사회관계를 개척한다. 번역으로서의 보편성은 고통, 수치 그리고 기쁨과 같은 정으로 만나기 위한 용기를 요구한다. 용어상의 혼란을 피하기 위해 한 가지 사항을 말해 두면, '국체의 정'은 감상으로, 내가 생각하는 정을 회피할 때 일어나는 정서에 지나지 않는다.

말할 필요도 없지만, 용기를 갖지 못할 때 인간은 희망도 잃는다.

'잔여'라는 시각

──결론을 대신하여

이 책에서 내가 시도했던 것은, 일본국 헌법에 얽힌 역사를 '국제세계'에서 제외된 사람들, 즉 요컨대 '잔여'의 시각을 배제하지 않고 고찰해 보는 것이었다. 15년 전에 나는 이주민의 입장에서 본 헌법을 논했다(「국제사회 속의 일본국 헌법」).[1] 이 책에 '잔여'라는 개념을 도입한 까닭은 이 이주민의 입장을 더 나아가 철저하게 고찰하고, 이민이라는 하나의 사회적인 존재 방식과 희망이라는 시간적인 존재 방식의 연관을 해명하기 위해서였다.

지금까지의 헌법론은 이주민이 아니라, 일반 국민[常民]의 입장을 전제로 해왔다고 생각할 수 있다. 이전에 내가 헌법을 생각하는 방식에도 일반 국민의 시각이라는 주박(呪縛)은 남아 있었다. 그것은 일반 국민의 입장이 지금까지 문제화되지 않았기 때문이었다. 일반 국민의 입장을 상대화하기 위해서는 일반 국민과 이주민의 차이를 검토해 두는 편이 좋

---

1) 酒井直樹, 「國際社會のなかの日本國憲法」, 『死産される日本語・日本人』, 新曜社, 1996, pp. 73~98.

다. 왜냐하면 일반 국민과 이주민의 시각 차이를 전제로 한 다음, 일반 국민에서 이주민으로라는 식으로 시각을 이동하는 방식으로는 문제를 충분히 해명할 수 없기 때문이다. 이동하지 않는 일반 국민은 거의 존재하지 않고, 이주민도 거주의 장소를 갖는다. 보통 이주민은 국민국가의 영토 바깥에서 그 내부로 들어온다거나, 혹은 안쪽에서 바깥으로 이동한 뒤에 되돌아가지 않는 사람들이라고 이해된다. 이런 방식의 이해는 국경을 기축으로 삼은 정주(定住)와 이동의 차이를 말한다. 그런데 정주도 이동도 그 비유적인 다의성을 배제할 수 없다. 게다가 정주와 이동의 차이는 지리적인 구별에 불과한 국경을 횡단하는가 그렇지 않은가라는 점에서 드러나서 문제를 단순화시키기에, 국경 안에 거주하는 사람들을 특권화하는 국민국가의 영토성의 원칙을 무비판적으로 재생산한다. 그래서 정주와 이동이 갖는 다의적인 가치가 잘려지고 만다.

자유를 향한 인간의 투쟁을 이동이라는 시점에서 고찰해 보자.[2] 인간을 사회적 혹은 지정학적인 공간을 이동하는 자라고 생각해 보자. 일반적으로 인간은 식물이 아니기 때문에 — 식물인간이라는 용어도 있지만, 이는 스스로 이동할 능력을 잃어버린 사람을 이르는 말이다 — 뿌리를 갖지 않는다. 고정된 토지에 뿌리를 내리는 일은 없다. 요컨대 이동은 사람들의 삶에 있어서 어떤 근본적인 존재 방식을 보여 준다. 강제수용소나 감옥은 이동하는 동물로서의 인간의 삶을 부정하고 인간을 뿌리 내리게 만들고자 하는 강제이다. 인권 침해의 극한적인 비유로서 강제수용소가 인용되는 까닭도 바로 여기에 있다. 그렇기에 이동이 인권에 대

---

2) Yann Moulier Boutang, *De l'esclavage au salariat, Économie historique du salariat bridé*, Presses Universitaires de France, 1998에서 많은 시사점을 얻을 수 있었다.

한 투쟁의 지표임을 알 수 있다. 자유를 향한 이동은 반드시 기존 이해의 분배에 변화를 야기하기 때문에, 이동을 제한하고 사람들의 자유를 제한하려는 차별이 일어난다. 이와 동시에 무리하게 이동시키는 것에 대한 투쟁으로서의 정주도 있다. 영국사에서 엔클로저 운동의 예는 유명하다. 또한 미국의 원주 아메리카인의 제노사이드나 일본의 아시오 광산의 광독 사건이나 나리타 투쟁은 이동의 거부가 자유에의 투쟁이라는 측면을 갖고 있음을 가르쳐 준다. 자유의 제약은 사람들의 사회적인 공간을 성별, 계급, 인종, 국적 등의 경계로 가르고, 갖가지 벽을 만들고, 사람들을 공간 속으로 집어넣으려는(또는 배제하는) 것이므로, 이동에 대한 반동적인 제도를 낳는다.[3] 여기서 반동적이라고 말하는 이유는 경계의 제도화는 어디까지나 인간들의 이동에 대한 이차적인 반발의 움직임이고, 사람들이 이동하지 않으면 경계는 존재할 필요가 없기 때문이다. 경계는 이동에 대한 반동으로 드러나는 차별이다.

이렇게 이동이 갖는 다의성을 고려하면서 다시 문제점을 생각해 보자. 경계는 권리에 대한 사람들의 희구를 억압하는 제도로 드러난다. 성차, 계급 그리고 인종을 생각해 본다면 잘 알 수 있다. 성차는 성에 관련된 규범을 변경하고자 하는 투쟁에 대한 탄압을 변명하기 위해 정통화되었다. 계급은 노동의 조건이나 자본의 축적에 관한 차별이 제도화된 것이다. 인종은 사회적인 불평등을 자연화해서 정통화하기 위한 차이의 체계이다. 지금까지 이민이 새삼스레 국민국가의 영토성을 토대로 고찰되었던 이유는, 국경이 사람들이 갖는 권리를 향한 희구에 대한 제도화된 억압을 가장 집중해서 표현하기 때문이다. 그러나 이요타니 도시오가 지

---

3) *Ibid*.

금까지 해석해 왔듯이[4], 이러한 이동에 대한 사고방식에는 커다란 문제가 있다.

사람들은 여러 가지 방식으로 사회적인 공간 속에서 구성된 경계 속에 둘러싸인다. 그러나 사람들은 에워싸인 채로만 존재하는 것은 아니다. 사람들은 벽을 부수거나 넘어간다. 사회적인 공간을 이동하고, 자신들의 생존을 향상시키려는 노력을 결코 단념하지 않는다. 이 비유의 문맥에서 정주는 둘러싸인 상태 그대로 삶을 연장하는 일이고, 이동은 그러한 에워쌈을 넘어가고자 하는 운동이다. 근대에서 정주민과 이주민의 차이는 기존의 생활 조건에 만족하는 사람들과 권리를 구해 투쟁하는 사람들 사이의 차이를 상징적으로 드러낸다. 아미노 요시히코(網野義彦)가 비농업민과 차별의 문제를 국민국가가 만들어지기 이전의 중세의 맥락에서 고찰하고자 했던 것은 잘 알려져 있다. 이미 「국제사회 속의 일본국 헌법: 사회성의 비유로서의 '이민'과 헌법」에서 논했듯이, 헌법이 권리를 구해 투쟁하는 사람들에게 사회 문제를 생산할 기회를 계속해서 주는 이념적인 보증으로서 존재한다면, 헌법이 우선적으로 정주민이 아니라 이주민에게 말을 걸고 있다는 점은 특별나게 놀랍지도 않다.

물론 여기에서 말하는 이민은 사람들의 존재 방식을 말하는 것이다. 즉 이민의 상황에서 인간은 권리를 구해서 투쟁하는 자이고, 이동하는 자이다.

그런데 단순히 이민을 향한 로맨티시즘으로 끝내지 않고 헌법론을

---

4) 伊豫谷登士翁, 「序章 ─ 方法としての移民」, 伊豫谷登士翁 編, 『移動から場所を問う』, 有信堂, 2007, pp. 3~23; 『グローバリゼーションとは何か』, 平凡社, 2003; 『グローバリゼーションと移民』, 有信堂, 2001 등.

다시 읽기 위해서, 이민의 개념을 역사적으로 전개해야 한다. 그래서 근대 특유의 역사적 존재로서의 국민국가의 영토성을 암묵적 규범으로 삼지 않고 이민을 고찰하기 위해서, 나는 '잔여'라는 단어로 호소해 왔던 것이다.

제3장에서 논했듯이, 우선 '잔여'에 대해서 크게 말하면 두 가지 맥락이 문제가 된다. 하나는 근대세계에서의 '서양'의 성립과 관련된다. 그것은 이른바 '국제세계'의 성립이고, 국제법이 유효한 서양과 국제법의 제약 없이 국가의 폭력이 자유롭게 행사되는 '잔여'가 분리되어 있는 역사와 관련되어 있다. 이것은 잘 알려져 있듯이, '서양'(the West)과 지구에서 서양을 제외한 나머지 지역, 즉 '잔여'(the Rest)이다. 이것은 오늘날 우리의 지구 규모에서 통용되는 상식으로 등록되어 있다. 다른 하나는 국민으로서 국가주권에 참여하는 자들과 그러한 참여에서 탈락되어 버린 자들이다. 그것은 '국민'과 '국민이 되기에 부족한' 자의 차이로 생각해 두자. 이 차이는 국민인 다수자와 소수자의 차이로 바꿔 말할 수 있을지도 모르겠다.

'잔여'는 동시에 소수자의 일이기도 해서, '잔여'를 일의적으로 한정하는 것은 극도로 곤란한 작업이다. 이 두 가지 맥락 중 어느 경우에도 잔여는 다의적(polysemic)이다. 뿐만 아니라 개념적인 일관성도 결여되어 있다. 왜냐하면 잔여의 부정인 '서양'도, 다수자도, 실은 반사적으로 다의적이고 일관성을 결하고 있기 때문이다.

일본 국가에 한정해서 보자. 여기서 내가 할 수 있는 것이라곤 몇 개의 사례를 들어 다수자로서의 일본인의 경계를 일의적으로 한정하는 일이 곤란하다는 점만을 시사할 뿐이지만 말이다.

가령 일본에 귀화한 재일한국인과 재일조선인이 일본적(日本籍)을 갖는다면 일본인일 터이지만, 언제 그 민족적·인종적 출신이 폭로되어 차별의 대상이 될지는 알 수 없다. "삼국인!"(三國人)이라는 욕을 뒤집어 쓰고, 제2차 세계대전 이전 유럽의 유대인처럼 정식 시민의 자리에서 언제라도 쫓겨날 수 있기 때문이다. 혹은 일본인 부모를 가지면서도 일본 이외의 국적을 가진 자를 생각해 보자. 성인 일본인의 경우, 일본은 다국적을 인정하지 않기 때문에 일본 이외의 국적을 가질 수 없다. 다국적자는 잠재적인 범죄자이고, 언제 일본 국가에 의해 일본 이외의 국적을 버리라는 다그침을 받을지도 모른다. 국가의 강요를 거부한다면 불법 입국자가 될 것이다. 그들은 언제라도 '잔여'의 지위로 떨어질 수 있다. 게다가 혼혈 일본인은 일반적으로 순계(純系) 일본인에서 이탈한 자로 간주되기 때문에, 어떤 일이 일어나면 인종 차별의 대상이 된다. 뿐만 아니라 '비국민'의 레테르가 붙어도 놀랍지 않다. 혼혈 연예인에서 잘 보이듯이, 신체적인 특징이 현저할 경우 그들은 물신화된 동경의 시선, 혹은 그 반대의 차별적인 시선에 노출된다. 동경과 차별은 기묘한 양의성을 갖고 있어, 이러한 조건에서 살아가는 사람들에게 불안을 갖지 말라고 말하는 것이 무리라고 할 수 있다. 이외에도 외국인노동자나 재일난민(재일 한국인과 재일조선인의 대부분은 일본에서 태어나 자랐지만, 이 범주에 들어간다)은 일본에서 태어나 일본 국가에 의해서 키워졌음에도 불구하고 일본인으로 자기를 규정하는 것에 주춤거린다. 오키나와인이나 아이누인도 마찬가지다. '이상한 일본어'를 한다며 주변의 수군거림을 들어야 하고, 또한 학교 친구들과 화제나 습관을 공유할 수 없기 때문에 '이지메'의 표적이 될까 봐 전전긍긍하며 살아가는 귀국자녀. 상대의 감정에 잘 공명할 수 없기 때문에 끊임없이 고립감에 시달리는 자폐증 발달장애자나, '정상'의 성(性) 지향에서 일탈했기 때문에 성적 이상자(異常者)로 '보통의 사회'에서 배제되어 버린 사람들. 정규 고용의 기회를 박탈당했기에 '보통'의 가정을 만들어 정규 시민으로서 생활을 영위할 수 없는 젊은 노동자 예비군. 이외에도 '일본인이 될 수 없는' '잔여'의 사례는 많다. 일본인과 외인(外人)의 차별, 즉 '자타 구별'의 차별이라는 문맥을 바꿀 때마다 일본인과 비일본인의 경계는 끊임없이 요동친다. 경계 그 자체가 다의적이고 유동적이다.

그럼에도 불구하고 일정 역사 속에서 혹은 일정 사회 상황에서 보자면, 경계는 개인의 자의에 따라서 움직이지 않는 절대성을 띠고 있다. 차별은 객관적으로 존재하고 있어, 주관적으로 마음을 달리 먹는다고 변하는 것이 아니다. 사람은 역사적인 사실성으로서 경계에서 만난다.

경계에서 이탈하는 사람들은 어딘가에서 자신은 '일본인'과는 다르다고 느끼고 있다. 자신과 일본인 간에는 어떤 종류의 격절(隔絶)이 있어서 일본 국민 혹은 일본 민족에서 어떤 형태로든 멀어져 있다고 말이다. 따라서 그들은 일본인이라는 아이덴티티에 대해서 불안을 가지지 않을 수 없다. 그러나 이와 동시에 바로 이 격절 때문에 그들은 일본인에 동일화할 수 있는 자들이기도 하다.

일본인으로서의 불안이 일본인의 아이덴티티를 위한 필요조건이라는 것을 다시금 확인해 두자.

아이덴티티를 생각할 때 가장 좋은 예는 신분증명서, 즉 ID카드 (Identity Card)이다. 아이덴티티 카드를 제시해 달라고 요구받는 일은 본인의 신원이 의심스럽기에 본인의 동일성을 증명하는 일이 필요함을 말한다. 어떤 개인이 혐의의 시선에 노출되어 심문을 당할 때 신원(아이덴티티)이 문제되는 것이다. 신원에 대한 혐의와 동일성의 불안은 동전의 양면이고, 어느 한 사건 내지 사물을 아이덴티티를 묻는 자와 물음을 당하는 자라는 측면에서 봤을 때 드러나는 대칭적인 현상이다.

　그러나 나의 신체와 신분증명서는 별개의 사물이기 때문에 나의 신원을 확인할 수 있다. 사람이 즉자적으로 신원을 갖는다는 것은 있을 수 없다. 사람들은 신원을 자연적으로 갖지 않는다. 운전면허증을 제시하도록 요구받을 때, 운전자는 검문하는 경찰관에게 자신의 신원을 제시해야 한다. 그때 "나는 K입니다"라고 경찰관에게 말해 봐야 아무런 효과도 없다. '나'는 '나' 이외의 어떤 존재도 아니기 때문이다. 실은 그런 감각적인 확신에서의 '나'의 존재 방식에서 보자면, 인간은 동일성을 결하고 있다. 그래서 경찰관이 "거짓말 하지 마. 당신이 K일 리 없어. 증거를 보여 줘"라고 말하는 식으로, 일이 진행되는 것도 당연하다. 경찰관의 눈앞에 있는 나의 특징은 '나'의 동일성을 확증할 수 없기 때문이다. 다른 증거에 의해서 나의 신원을 확인하지 않으면 안 된다. 그래서 얼굴 사진을 넣은, 발행소의 권위를 명시한 운전면허증이나 여권, 혹은 얼굴 사진을 넣지 않은 것으로 치자면 주민표(住民票)나 호적등본과 같은 ID카드를 필요로 하게 된다. 근대 세계에서 최종적으로 신원을 보증해 주는 것은 국가다. 개인의 신원이 국가에 의해 보증되지 않을 때 어떤 일이 일어나는지에 대해서는 해외여행을 간 적이 있는 사람이라면 모두 예상할 수 있다.

　신원 증명에는 본인의 얼굴과 얼굴 사진으로 드러나는 그런 분열이 필요하다. 이 분열이 없을 때, 신원 증명은 불가능하게 되고, 그 사람은 신원 불명이 된다. 그래서 나의 정면 얼굴을 찍은 사진 등으로 나의 얼굴을 대조할 때, 그때 비로소 나는 아이덴티티를 인정받는다. 더구나 얼굴 사진에는 국가의 보증이 필요하다. 국가에 의한 확인이 없을 때, 나는 궁극적으로는 아이덴티티를 가질 수 없게 된다. 신원은 어떤 것에서의 분열, 혹은 반성적인 거리를 통해서 개인을 확정하는 데 꼭 필요한 대용품인 것이다.

이와 마찬가지로 사람이 국민이나 민족에 자기획정하기 위해서는, 한편으로 멀리 있으면서 다른 한편으로 가까워지고 싶다는 욕망이 있어야 한다. 그래서 일본인에 대해서 불안을 갖는 자만이 일본인에 동일화할 수 있다. 사람은 일본인인 것이 아니라 항상 일본인이 되는 것이다. 사실을 말하면 '일본인'이란 최종적으로는 이데올로기상의 사태이다. 물론 이 이데올로기상의 조작은 와타나베 고조가 자신의 기념비적 저작인 『사법적 동일성의 탄생』[5])에서 변화의 자취를 더듬어 확인했듯이, 기명 (記名)제도, 얼굴 사진이나 지문 판별 장치 혹은 홍채 인식기 등에서 호적 실인(實印) 등록제도나 주민등록을 거쳐 학교제도 일반 등, 갖가지 물질적인 기제에 의해 지탱되고 있다.

이러한 이데올로기 제도의 어디선가에서 자격을 잃은 사람이 많을 것이다. 이러한 기제에 교묘하게 편승하지 못한 자들은 더 많을 것이다. 이렇게 말하는 이유는 어떠한 문맥에서든 일본인임에 불안을 갖지 않는 사람이 거의 없을 것이기 때문이다. 필립 리오레(Philippe Lioret)의 영화 「하늘에서 떨어지다」(Tombés du ciel, 1993)에서 묘사됐듯이, 해외에서 여권이나 신원 증명 서류를 잃어버린 사람들을 생각해 보면 알 수 있다. 어느 누구라도 신원을 잃으면, 그 극한 상태로까지 가면 관타나모 강제 수용소의 수용자처럼 취급받을 수 있다. 오늘날 아이덴티티의 문제를 진지하게 생각하는 사람들에게 있어 강제수용소 문제는 피할 수 없는 문제다. 물론 이미 몇 번인가 이 책에서 제시해 왔듯이, 여기서 내가 원용하고 있는 '잔여'라는 개념은 강제수용소의 존재와 번역에 관한 이론적인 고

---

5) 渡邊公三, 『司法的同一性の誕生』, 言叢社, 2003.

찰을 경유하고 있다.[6]

영화 「하늘에서 떨어지다」는 이란에서 온 망명자로서 신원을 증명할 수 없었기 때문에 드골공항의 국제출발 터미널에서 17년 동안 갇힌 메흐란 카리미 나세리의 실화에서 촉발받아 만들어졌다(2004년에 공개된 스티븐 스필버그 감독의 「터미널」도 나세리와 앤드류 돈킨의 공저 『터미널맨』[7]을 기초로 하고 있다고 한다). 여기에는 신원증명서를 상실한 인물이 주권국가의 외부도 아니고 내부도 아닌 — 혹은 외부이기도 하고 내부이기도 한 — 공간에 잡혀 버린 양상이 제시되어 있다. 그것은 국가에 의한 신원을 거절당한 인간의 존재 방식을 드러내고 있다. 이러한 존재의 있는 모습 그대로를 조르지오 아감벤은 '벌거벗은 생명'이라고 불렀다.[8] 영화 「하늘에서 떨어지다」의 영어 제목이 'Lost in transit'('환승 중에 미아가 되어'라고 번역하면 될까)인 점에서 훌륭하게 드러나 있듯이, 진정으로 그것은 번역자가 차지하는 '환승하는 주체'의 위치이기도 한 것이다.[9]

엄밀하게 말하면 번역자는 일인칭을 취할 수 없는데, '나'라고 말하고 또한 그렇게 의미하는 것이 불가능한 발화자이기 때문이다. 다른 식

---

6) 예를 들면 다음과 같은 저작들로부터 많은 계시를 얻었다. Giorgio Agamben, *Homo sacer, Sovereign Power and Bare Life*, trans. Daniel Heller-Roazen, Stanford University Press, 1998(高桑和己 訳, 『ホモ・サケル：主權勸力と剝き出しの生』, 以文社, 2003). 또한 번역에 대해서는 酒井直樹, 『日本思想という問題：飜譯と主體』, 岩波書店, 1997의 서문을 참고하기 바란다. 이 외에 강제수용소와 국민적 동일성에 대해서는 Naoki Sakai, "Two Negations: the Fear of Being Excluded and the Logic of Self-esteem", ed. Richard Calichmann, *Contemporary Japanese Thought*, Columbia University Press, 2005, pp. 152~192을 참고하기 바란다.

7) Sir Alfred Mehran and Donkin, *The Terminal Man*, Corgi Adult, 2004(最所篤子 訳, 『ターミナルマン』, バジリコ, 2005).

8) Agamben, *Homo sacer*를 참조하기 바란다.

9) '환승하는 주체'에 대해서는 酒井直樹, 『日本思想という問題』를 참조하기 바란다.

으로 말한다면, 번역자란 진정으로 '나'라고 말할 수 없는 사람이 되는 것을 말한다. 따라서 말하는 사람과 듣는 사람의 두 항에서 이뤄지는 커뮤니케이션 모델의 표상에는 잘 맞아떨어지지 않는다. 번역자는 화자이고 또한 청자이기도 하지만, 화자로서도 또한 청자로서도 인칭의 체계 속에서 위치를 차지할 수 없기 때문이다. 그 점에서 번역자는 '환승하는 주체'이고, '너'와 '나'의 배치 속에서 안정된 위치를 차지할 수 없다. 그래서 메흐란 카리미 나세리의 일화를 들었을 때 내게 곧장 떠올랐던 것은 번역자의 숙명이었다. 나세리가 공항의 터미널이라는 국가의 영토 안이기도 하고 또한 그 외부이기도 한 특권적인 장소에서 비결정의 상태인 채로 지내지 않으면 안 되었던 까닭은 그가 이른바 번역자의 위치에 반영구적으로 빠져 버렸기 때문이었다.

물론 번역자의 입장을 '국경' 일반의 문제에서 고찰할 수도 있다. 국경은 국경의 이쪽과 저쪽을 구별하는 지리상의 제도라고 볼 수 있는데, 실은 다른 주권국가의 상호 인지의 체계에 의해 정해져 있다. 요컨대 인접한 국가의 주권에 의해서만 결정되는 것이 아니다. 모든 국경은 '국제적'인 것이다. 그것은 인접한 토지간의 관계만이 아니라, 인접하지 않은 국가의 영토까지도 부감하는 세계지도를 필요로 한다. 나아가 다나베 하지메의 용어를 쓴다면, [국경은] '도식세계'에 의해서 그 의의를 부여할 수 있다. 국경은 단순히 지리적으로 존재하는 것이 아니다. 그것은 지도 제작적으로 존재한다. 다시 말해 국경은 국가주권 간의 관계를 표상 가능하게 하는 '도식'에 수반된 제도로써 존재하고 있다. 즉 국경은 토지 위에 그어진 경계일 뿐만 아니라, 사람이 '세계 속에 있는 존재자'에 어떻게 관계하는가를 한정하는 '도식'을 반드시 동반한다.

영어 location에는 야외 촬영 등의 의미와 더불어 동사 locate(위치를 부여하다, 장소를 주다)의 명사형, 즉 위치지음의 의미가 담겨 있다. 위치지음이란 어떠한 작업일까. 그것은 앞에서 검토한 아이덴티티와 그렇게 다른 사태가 아니다. 양자 공히 지시대상과 그 표상 간에 관계를 맺는 일이고, 관계를 맺음으로써 지시대상에 술어를 다는 것("여기에 있는 인물은 일본인인 X이다", "이 증명서를 휴대한 개인은 일본에 귀속한다" 등)이다. 위치지음은 본인의 신체에 달라붙어 있는 '여기'나 '거기'를 형상적인 배치 속의 점에 대응시키는 일이다. 요컨대 현재 살아가고 있는 장소를 지리적인 위치에 베끼는 것, 마치 '본인'과 그/그녀의 얼굴 사진을 대조하는 것처럼 개인과 개인이 귀속하는 국가 영토의 지도상의 표상 간의 베끼기 관계를 만드는 일이다. 따라서 로케이션은 기본적으로 지도제작적인 작업이다.

'신원 증명'에 의해 개인과 국가에 의한 인정 작업이 이뤄진다면, 신원은 개인을 국가의 영토에 대응시키는 지도제작적인 베끼기 작업이다. 입국심사 장면에서 국가의 영토에 대응시킬 수 있다고 해도 입국이 그대로 허가될 리는 없다. 애초 국가의 영토에 대응시킬 수 없을 때 개인은 입국을 거부당할 것이다. 신원 미상이나 무국적자에게는 국경의 안쪽으로 오는 것이 허락되지 않는다. 그것은 그/그녀가 기본적인 인권을 옹호받지 못하는 일이고, 적어도 법적으로 인간으로 취급될 보증이 없다는 것이다.

바로 그렇기에 국경을 넘는 것은 '인간'과 '인간이 아닌 자'의 낙차를 만든다. 나세리는 이 국경을 넘고자 했기에 '인간이 될 수 없는 자'로 떨어지고 말았다. 그렇다면 나세리는 국제세계의 '잔여'의 존재를 훌륭하게 상징하고 있다고 할 수 있다. 그는 주권국가에 귀속되는 것도, 또 대표(표상)되는 것도 불가능한, 국제세계에서 배제되어 제거되어야 할 운명에 있는 존재자이다. 진정으로 그는 국제세계의 번역자인 '환승하는 주체'의 삶을 살게 된 것은 아닐까.

번역자는 진정으로 아감벤이 말한 '주권의 역설'을 산다. 번역자는 한편에서는 입법자로서 경계의 한계를 예외적으로 정한다. 동시에 경계가 일단 정해지면 소거된다. 그녀는 예외자이고, "자신이 소속되어 있는 전체에 포함될 수 없다. 자신이 이미 포함되어 있는 바로 그 집합에 소속될 수 없다."[10] 번역되는 언어와 번역하는 언어가 명확하게 분리되어 표상될 때에 번역자가 소거되어 버리는 것은 이 때문이다. 경계의 설정은 환승 중인 주체를 필요로 한다. 그러나 일단 경계가 설정되면 환승 중인 주체는 문자 그대로 배제되어 없었던 것이 되어야만 한다.

번역자가 어떤 언어와 그 언어가 아닌 것을 맺어 주고 동시에 언어의 경계를 정하는 자이기도 하듯이, '잔여'는 국제세계를 표상화하기 위해서는 반드시 필요하지만 일단 국경이 각인되면 소거된다.

그렇다 해도 나는 '일본인이 되지 못한다'고 자신 있게 말할 수 있는 사람이 이토록 적은 이유는 왜일까? 사람들은 일본의 '잔여'가 되는 것을 어떻게 교묘하게 피해 왔던 것일까? 바꿔 말하면, 일본 국가가 일본에 살고 있는 사람들의 대부분을 국민으로서 주체화하는 작업에서 이 정도로 성공하고 있는 이유는 무엇일까? 여기서 나는 또 하나의 기제를 고찰해야 한다고 생각한다. 요컨대 그것은 일본인과 비일본인 사이의 대(對)-형상화의 기제이다. 사람은 언제라도 '잔여'가 됨에도 불구하고 ── 혹은 진정으로 잔여가 되기 때문에 ── 비일본인을 형상으로 고정화하고 배제적으로 정립함으로써 스스로 일본인으로서의 신원을 확보한다.

---

10) Agamben, *Homo sacer*(『ホモ・サケル』, p. 39).

다시 말해 비일본인을 명확하게 한정할 수 있는 '외인'이라고 표상함으로써, 이중의 부정을 거치며 자신을 "비일본인이 아니다", 즉 '일본인이다'라는 동일성으로 확인한다. 이 이항(二項) 간의 형상화를 통한 자기획정의 기제와 신원 확인의 기제가 접합하고 있을지라도, 이 둘은 원래 서로 다른 기제임을 확인해 두자. 일본인과 비일본인 사이에는 명확하게 거리가 상정되어 있다. 이 거리는 신원 증명의 분열로 생겨난 거리와 다르다. 자기획정 일반의 분열의 규제에 의하면 모든 일본 거주 사람들은 '잔여'가 될 수 있다. 그런데 대-형상화의 논리에서 일본인과 비일본인은 다시금 분리된 것으로 표상되기 때문에 '잔여'는 고정된 것으로 표상된다. 대-형상화의 기제는 이렇게 제1의 기제가 낳은 불안의 부인으로 기능한다.

이 책은 '잔여'가 갖는 이러한 다의성과 가소성(可塑性)을 살피고, 일본 헌법과 관련된 역사와 태평양 횡단적인 헤게모니의 맥락과 모순을 고찰해 봤다. 그 과정에서 역설적인 사실을 발견했다. 이 역설이 파리강화회의에서 일본 정부가 제출한 국제연맹헌장 개정안에 대해 가령 아프리칸 아메리칸 미국인 지식인이 보여 준 반응과 일본 정부의 인종주의에 대한 이해 사이에 있는 깊은 골로 나를 유혹했다. 아시아 태평양전쟁은 한편으로 일본이 '국제세계'와 '잔여' 사이의 경계를 다시 긋기를 요구한 전쟁이었다. 일본이 '국제세계'와 '잔여' 간 차별을 해소하고자 했다고 단정지을 수는 없다. 다른 한편으로 연합국의 승리는 '국제세계'와 '잔여' 간의 차이를 재구성하는 결과가 되었다. 전후 동아시아에서 제국일본과 대영제국의 식민지 지배체제는 미국에 의해 계승되었다. 그러나 그 이전의 식민지 종주국과 달리 미국은 민족국가나 민족주의를 표면화해서 논란을 일으키는 것을 피하려고 했다. 물론 베트남전쟁에서 잘 드러나듯이 미국은 반식민지 민족운동에 대해 군사적인 탄압을 널리 행해 왔다. 점령된 일본의 경우 냉전의 진행을 따라 민족주의는 오히려 장려되기에 이르렀다. 민족주의를 횡령한 새로운 식민지 지배가 출현한 것이다. 그리고 기묘하게도 일본에서는 명확한 인종주의에 의한 지배의 한복판에서 인종주의에 대한 비판이 소멸해 버렸다. 일본의 식민지체제 내에서 빈번하게 일어난 일본인과 그 '잔여' 사이의 인종주의적 폭력 실천뿐만 아니라, 서구 식민지주의나 인종주의 정책 그리고 민족주의에 대해서 전중(戰中)에 공언되었던 비판이 전후 일본 사회에서 거의 소멸되어 버린 것이다. 1950년대 이후 아시아·아프리카의 반식민지주의에의 지원이나 제3세계 인민과의 연대를 지향한 좌익운동 속에서 가까스로 존속할 정도였다.

지금까지 아시아 태평양전쟁 이후의 역사를 태평양 횡단적인 시각에서 그리려는 시도가 없었을 리 없다. 그러나 그러한 시도는 국민사를 미리 상정하고 행한 작업이기에 미국 국민이나 일본 국민에의 귀속을 새롭게 긍정적인 가치로 인정하는 것으로 기획되었다. 이 경우에도 암묵적으로 '잔여'는 회피되어야 할 입장으로 간주되었다.

명확히 아시아 태평양전쟁 이후 수립된 동아시아 집단안보보장체제에 의해 일본, 한국, 타이완 등은 한국전쟁 이후 주권국가로서 '국제사회'에서 대우받게 되었음에도 불구하고 여전히 '잔여'의 처지에 놓여 있었다. 특히 일본 지식인의 경우 국민사의 실천계에서 옴짝달싹하지 못하게 되었기 때문에 '잔여'라는 시각에서 볼 수 있는 기회를 놓치고 말았다. 전후 일본의 역사는 그런 의미에서 자신이 '잔여'의 위치에 놓여 있었음에도 불구하고, 자신의 잔여성을 부인하고 국민으로서 자기획정하면서 나아가 '국제사회' 측에 있음을 강박적으로 주장하게 되었다.

내가 '잔여'이면서도 '잔여'를 부인하는 자기획정의 존재 방식으로 '체제익찬형 소수자'라는 입장을 검토했던 까닭도 바로 이 때문이다. '체제익찬형 소수자'란 식민지 지배 안에서 소수자가 종종 빠지는 자기획정의 한 형태이다. 그것은 자기의 민족성이나 사회적 신원에 대해 다수자에 의한 인지를 요구하면서 동시에 본인을 '소수자'로 삼아 버리는 체제에 익찬하는, 즉 체제의 기본 구조를 정당화하려고 한다. 다수자에 의해 '기대된' 특정 소수자의 이미지를 내면화해서, 그 이미지에 부합해 자기획정을 행하는 것이다. 그 결과 '체제익찬형 소수자'와 다수자 간에는 전형적인 전이관계가 만들어진다. 더구나 체제익찬형 소수자는 이 전이관계에서 '잔여'나 과잉이 폭로되는 일 없도록 전이의 구조를 온존시키도록 행위하기에 이른다.

이른바 다민족국가로서 자신을 정당화하고자 하는 일본제국이나 현재의 미국에서 체제익찬형 소수자를 찾을 수 있다. 그러나 나의 관심은 아시아 태평양전쟁 이후 일본과 미국을 연결짓는 체제익찬형 소수자를 발견할 수 없을까, 전후 일본의 국민주의 혹은 민족주의를 체제익찬형 소수자를 참조하면서 고찰할 수는 없을까 하는 점에 있다.

이러한 관심에서 이 시기의 대표적인 국민주의의 논객으로 나는 에토 준에 주목했다. 에토 준은 "일미전쟁은 끝나지 않았다"라는 도발적 표현을 써서,[11] 일본이 미국에 종속되어 있는 현실을 지적했다. 게다가 그는 일미의 지배와 피지배의 관계가 검열이라는 지식의 생산과 유통에 관련됐다는 사실도 날카롭게 지적했다.[12] 그는 1960년의 안보 투쟁에도 관

---

11) 예를 들면 江藤淳, 「エデンの東にて」, 『文藝』, 1969年 4月号(福田和也 編, 『江藤淳コレクション』, 築摩書房, 2001, pp. 10~42).

계했는데, 좌익의 국민주의와 자유주의적인 성향을 숙지하고 있는 작가로서 등장했다. 그때까지의 전후 일본 지식인과는 달리, 미국 사회에서 생활하며 미국 사회 내의 여러 가지 차별과 욕망의 운동을 관찰했던 그는 전후 태평양 횡단적인 헤게모니 구조를 누구보다도 일찍 잘 알고 있었던 훌륭한 비평가이기도 했다. 더구나 나에게 에토 준의 논고가 매력적인 까닭은 그가 제도적인 문제(헌법이나 국제법)나 사상적인 과제(국민주의와 개인의 주체성)를 전적으로 감성(미학)적인 관점에서 다루고 있다는 사실이다. 정치에 대한 그의 고찰은 전형적으로 '문학적'이었다. 에토 준의 감상적인 국민주의의 논의 속에서, 우리는 불안의 부인(否認)이 훌륭하게 대-형상화의 기제에 농락당하는 전형적인 예를 볼 수 있다. 나는 『일본, 영상, 미국』에서 국민적 책임과 가메이 가쓰이치로의 논의를 건드렸는데, 이 책에서는 에토 준을 다뤘다. 나는 가메이도 에토도 전후의 냉전체제 속에서 극단적으로 '감상적'인 논의를 전개하고 있었다고 생각한다. 그들은 제국을 상실한 뒤, '공감의 공동체'를 공상하는 일에 그들의 사상적 생명을 걸었다. 그러나 국민적인 부끄러움을 숨기고자 했던 것에 한정해 본다면, 그들의 감상성은 국민정치의 전략이었다. 그래서 나는 제국 상실 후의 사상사를 고찰한 다음, 그들의 감상성에 대해서 명확히 해석해야 한다고 생각했던 것이다.

문예비평가로서 자기를 규정하고 있는 에토 준이 갖가지 정치에 관련된 사건을 감성(미학)적인 시각에서 다뤘다는 점은 그다지 독창적이지 않다. 그의 논고가 읽을 만한 가치를 갖고 있다고 내가 생각했던 까닭은 개인의 공상 분야와 제도적인 주체 제작, 즉 지배와 국민적인 동일성

---

12) 대표적인 것은 江藤淳, 『閉ざされた言語空間：占領軍の檢閲と戰後日本』, 文藝春秋社, 1989.

을 그가 관련지어 보여 줬기 때문이다. 그의 언론은 태평양을 횡단하는 헤게모니의 징후로 읽어 낼 수 있다. 다시 말해 그의 논고는 태평양을 횡단하는 헤게모니의 움직임을 비판적으로 대상화하기는커녕, 오히려 그것을 훌륭하게 체현하고 있다. 에토의 논고를 고찰하고 논하는 와중에 나의 뇌리에는 일본제국 체제하의 소수자 지식인이었던 이광수나 인정식, 저우진보(周金波) 등이 전쟁 중에 했던 일이 떠올랐다.

에토의 논의는 전후 태평양 횡단적인 식민지체제 속에서 식민지체제를 대상화하는 일도 없었고, 그러한 체제와는 다른 체제로 사람을 이끄는 주체 제작에의 꿈도 없었다. 한편으로 그는 지식 생산에 의한 지배의 기제를 펼쳐 보이려고 했지만, 동시에 그런 기제 속에서 개인으로서 사회적인 인정을 구하고자 했다. 에토의 저작에는 한편으로는 내버려진 아이처럼 자신이 세계 속에 방기됐다는 형체를 알 수 없는 불안과 다른 한편으로는 가계(家系)를 거슬러 올라감으로써 자기의 위치를 확인하고자 하는 필사의 기원(祈願)이 반복해서 표명되어 있다. 그 역시 일본인이 될 수 없다는 불안에 시달렸던 사람이었다. 그가 '아이덴티티'라는 에릭슨의 통속화된 정신분석학의 동일성 개념을 빈번하게 사용했던 것도 결코 우연이 아니었다.

자기를 확증하고자 한 그는 끊임없이 인정받고자 하는 욕구에 이끌렸다. "도대체 문학이란 무엇인가. 개인의 감정을 솔직하게 말하는 일에서 시작하는 것일까, 그렇지 않으면 그것을 속여서 '정의'에 가까이 가는 일일까"라고 감정적으로 묻고 있다.[13] 여기서 '개인의 감정'이라고 불린 자기 확인의 희구가 에토의 '문학적'인 정치의 모든 것에 걸쳐 있다. 더

---

13) 江藤淳, 「戰後と私」(1966), 『江藤淳』, 日本圖書センタ, 1998, p. 164.

구나 이 욕망 ─ 그의 조부로 대표되는 구 제국 해군의 이미지를 통해서 일본 국가에 동일화하는 것 ─ 은 실은 개인의 일이지만 전후 태평양 횡단적인 식민지체제의 징후이기도 하다.

에토 준은 의도하진 않았지만 개인의 공상 분야와 제도적인 주체제작, 즉 지배와 국민적인 동일성을 연결함으로써 전후 일본의 국민주의와 태평양 횡단적인 식민지체제의 전망을 그려 주었고, 고이즈미 정권과 아베 정권을 거쳐 점차 자기폐쇄적인 성격을 강화해 갈, 일본의 국민주의의 감성(미학)적 구조를 1960년대에 미리 보여 주었다.

이 책은 국민사라는 실천계를 근본적으로 바꾸는 일, 나아가 국민사에 없는 역사의 실천계를 모색하는 일을 지향하고 있다. 다만 복수(複數)의 국민사를 조합한다고 해서 국민사가 개정될 수 있다고 생각하지 않는다. 다시 말해 지금까지의 일본사에 한국사, 조선사, 중국사를 덧붙이면 새로운 역사의 실천 조건이 마련된다고 말하려는 것이 아니다. 한글이나 중국어 문헌을 인용한다면 국민사를 피할 수 있다고 말하는 것도 아니다. 내가 모색하고 있는 것은 국민 혹은 민족이라는 역사의 기체(基體) 그 자체를 분석하면서 해체해 가는 일이다. 이 작업을 위해서 이민(移民)의 역사는 어떻게든 쓰여져야 한다. 이는 어떠한 역사적인 조건이, 어떠한 공상의 기제가, 그리고 어떠한 학문·훈련의 실천계가 국민이나 민족이 아직까지도 우리를 유혹하고 우리에게 위안의 장소를 제공하고 자기 획정의 분배(economy)를 한정하도록 허락하는지를 구체적이고 사상적인 과제에 의거해 해명하는 일이다. 또한 민족국가의 공상의 구성을 분석함으로써, 민족이나 국민에서 배제되어 은폐된 자의 사회성을 기초에 두고 역사를 다시 쓰는 일이다. 이를 위해서 민족이나 국민을 역사적으로 한정된 이민의 특별한 양태로 다시 위치 짓는 일이 필요하다.

지금까지 나는 민족이나 언어라는 민족·언어통일체를 역사화하는 작업을 통해 국민사의 생성 조건을 그 정치적인 효과의 관점에서 고찰해 왔다.[14] 지난 번에는 아시아 태평양전쟁 이전의 제국의 기억이 제국일본을 상실하고 연합국에 의해 일본이 점령된 이후 훌륭하게 재편되는 과정을, '국제세계'의 재편제와 일본 국민주의 간의 공범성하에서의 공상과 집단적인 망각의 구성으로 해석해 봤다. 거기서 민족이나 국민은 역사의 분석 개념이기 이전에 진정으로 분석되어야 할 통합체, 고찰되어야 할 기제로서 일관적으로 포착했다. 이 책에서는 굳이 오래된 민족국가 ── 일본이 제국을 상실하기 이전에 빈번하게 사용해 온 ── 를 국민국가와 거의 동의어처럼 사용했는데, 그 이유는 민족과 국가, 그리고 근대적인 주권국가는 서로 독립해 있지 않기 때문이며, 또 민족이 국민보다 원초적이라는 민족주의자의 믿음을 대상화하고자 했기 때문이다. 민족도 국민도 근대적인 주권국가의 이른바 종속변수라고 생각할 수 있다. 확실히 국민국가가 소멸하는 일은 우리가 살아가는 동안에는 없을 것이다. 그럼에도 불구하고 국민이나 민족과는 다른 공동체의 존재 방식을 모색하는 작업을 방기해서는 안 된다. 희망을 갖는다는 것은 바로 이런 것이다. 이 책에서도 민족과 국민과 사람들의 공동체 사이에 쐐기를 박는 작업은 계속되고 있다.

집단적인 망각은 전후 국민의 재구성과 새로운 국민주의의 성립에 있어서 필요한 조건이었을 것이다. 그러나 작위적인 망각을 유지하는 것

---

14) Naoki Sakai, *Voices of Past: the Status of Language in Eighteenth-Century Japanese Discourse*, Cornell University Press, 1991(酒井直樹, 『過去の声』)[사카이 나오키, 『과거의 목소리』].

이 점차 곤란하게 되어서일까, 주지하듯 일본에서는 '보통 국가'가 되어야 한다는 논의가 점차 생겨났다. '보통 국가'가 21세기 지구상 어디에 존재하고 있는지는 모르겠지만, 자신이 억압하고 있는 굴욕감을 손쉽게 예스러운 국가관에 기탁해 버리는 일이 아직도 유행하고 있는 것 같다. 국가의 '있어야 할 주권'이라는 사고 및 주권국가의 병존으로 상정된 '국제세계'의 전제에 대해서 전후 일미관계의 양상을 따라 재검토해야 한다. 왜냐하면 이러한 국민국가의 막다른 골목에서 탈출하기 위해서 뿐만 아니라, 국민이나 민족과 같은 인종주의와 관련된 사회성과는 다른 방식으로 우리의 공동성을 생각하기 위해서이다.

그리고 인종주의를 넘기 위한 보편성의 탐구는 번역의 문제로 이끌릴 것이다. 공감의 공동체라는 공상에 빠지지 않으면서 새로운 사회성을 구하기 위해서는 번역을 엄밀하게 고찰하는 작업이 필요하다. 내가 번역이라고 부르는 행위는 '이언어(異言語)적인 청자를 향한 말 걸기'에서만 현실화한다. 그리고 사람은 '균질언어적인 청자를 향한 말 걸기의 구조'에 있는 특유의 감상에서가 아니라, 정(情)과 만나면서 새로운 사회관계를 개척할 것이다. 다만 번역으로서의 보편성이 고통, 부끄러움 그리고 기쁨과 같은 정과 만나기 위한 용기를 요구한다는 점을 잊지 말자.

일본헌법이 즉각적인 보편성의 구현일 리 없지만, 거기에는 보편주의가 아닌 보편성의 단서가 있다. 보편성을 계속 희구한다는 것은 우리가 용기를 잃지 않는 일이기도 하다. 왜냐하면 용기를 잃지 않는 자만이 희망을 가질 수 있기 때문이다. 그래서 희망은 투쟁하고 있는 우리의 본질적인 규정이다.

후기

이 책의 구상은 과거 10년 이상 다뤄 왔던 두 개의 연구 과제를 추구하는 과정에서 점차 윤곽이 그려졌다.

여기서 말하는 연구 과제 중 하나는 Dislocation of the West로 총칭할 수 있겠다. 일본어 제목을 생각하면, '서양의 탈구'(脫臼)나 '서양의 탈지도화' 내지 '서양의 난민화' 외에도 몇 개의 선택지를 생각할 수 있겠으나, 이 연구에서 나는 번역과 대-형상화의 기제를 고찰함으로써 새롭게 권력의 계보학을 생각하려고 했다. 그리고 형상의 기제와 지도제작적인 베끼기, 그리고 세계라는 도식과 '서양'이라는 자기획정의 역사를 인종이나 계급의 문제와 함께 검토하였다. 나는 줄곧 '서양'과 그 '잔여'라는 이항대립이 어떻게 개인의 자기획정을 제어하고, 어떻게 학문(곧 권력)을 한정해 왔는가를 물었던 것이다.

다른 하나의 과제는 1930년대의 일본 철학과 제국적인 국민주의에 관해서이다. 제국을 상실한 후 일본의 언론은 단숨에 민족주의적인 성격을 강하게 띠었는데, 1945년 이전의 일본에 있었던 '민족' 담론이 제국을 유지하기 위한 광범위한 언론이었던 것과는 다르다. 즉 민족독립운동을 어떻게 횡령했으며 제국을 유지하는 데 어떻게 이용했는가, 근대화와 민족의 동일성은 어떻게 종합되어야 하는가, 역사적 주체를 제작하고 다민족국가를 구상하는 데 철학, 사회학 혹은 언어학은 어떻게 참여했는가, 그리고 지식인이나 대학의 학문이 어떤 방식으로 제국의 국민주의에 참가했는가를 물었던 것이다.

이 두 연구 과제하에서 몇 개의 논문을 발표했다. 그래서 독자는 이 책에 이미 익숙한 어떤 논지가 반복되고 있음을 확인할지도 모르겠다. 이 책에서도 '서양'과 그 '잔여'의 이항대립이나 제국적 국민주의에 대해 충분하지는 않지만 언급하고 있기 때문이다. 현재 진행중인 연구 성과를 검토하지 못한 채 이 책을 쓰게 된 것은 참으로 무리한 일이었다.

이 책은 '이와나미강좌 아시아 태평양전쟁'의 최종권[1) 최종장 「희망과 헌법: 아시아 태평양전쟁이 낳은 것」을 위해 2006년 5월에 쓴 원고를 저본으로 하고 있다. 당시 나는 서울에 있는 연세대학교에서 특별교수로 단기교편을 잡고 있으면서 연구실에서 원고를 준비했다. 초고는 발표된 것보다 훨씬 길었다. 의뢰 원고의 매수를 훌쩍 넘게 써 버렸던 이유는 그때까지 전후 태평양 횡단적인 헤게모니를 둘러싼 사상사에 대해서 단편적인 것을 써왔기 때문에, 여기에서 내 나름대로 정리해서 쓰겠다는 기분이 강했기 때문이다. 발표를 즈음해서 대폭 줄이기는 했지만 말이다. 그런데 때마침 『겐다이시소』(現代思想)에서 편집 전의 원고를 「도착된 국민주의와 보편성의 문제: 일본국 헌법과 관련해서」라는 제목으로 2006년 9월호 '특집: 일미군사동맹'에 발표하는 행운을 얻었다. 여기

---

1) 倉澤愛子, 杉原達, 成田龍一, テッサ・モリス-スズキ, 油井大三郎, 吉田裕 編, 『岩波講座 アジア・太平洋戦争 〈8〉 20世紀の中のアジア・太平洋戦争』, 岩波講座, 2006.

의 원고들을 기초로 책 한 권을 쓰지 않겠냐고 유혹한 사람은 이분샤(以文社)의 가쓰마타 미쓰마사 씨였다. 이미 『사산된 일본어·일본인』과 『'세계사'의 해체』, 『과거의 목소리』 등의 출판으로 신세를 지고 있던 가쓰마타 씨의 의뢰에 나는 두말없이 승낙하고 말았다. 당초 작업은 훨씬 간단한 것이었다. 그런데 한 권의 책으로 다시 쓰다 보면 수정하고 싶은 부분이나 쓰다가 빠졌던 부분이 생겨나기 마련이다. 2006년 연말에 탈고할 예정이었으나 점차로 늦어져 결국 다음해 연말에야 완성하게 되었고, 원고의 분량도 대폭 증가했다. 2007년 가을에는 출판할 수 있을 거라고 생각했지만 어쩌다 보니 해를 넘기고 말았다. 그러다 2007년 봄에 써 두었던 『일본, 영상, 미국』와 맥이 닿아 있는 저작을 어떻게든 완성할 수 있겠다고 생각했다. 실증적이고 광범위한 사상사를 쓸 작정은 한 번도 하지 않았지만, 나의 책들이 공상과 담론을 둘러싼 역사를 향한 실마리가 그럭저럭 되리라고 생각했다.

태평양 횡단적인 앎의 제도를 생각할 때 에드윈 라이샤워의 업적은, 긍정적인 의미에서도 또한 부정적인 의미에서도 아직 그 의의를 잃지 않고 있다. 일찍이 소장학자였을 시기에 그가 미국 국방성에 기밀로 보낸 「대일정책에 관한 각서」를 친구인 다카시 후지타니 씨가 미국 국회도서관에서 발견했다는 소식을 들었다. 그것은 이 자료의 존재를 공포하기 전의 일이었다. 전후 천황제나 미국의 전중 민족정책에 대해서 나는 이 「각서」가 발견되기 전부터 어느 정도 예상하고 있었지만, 나의 예상을 이렇게 훌륭하게 뒷받침해 주는 자료를 찾아냈다는 소식에 정말이지 놀라지 않을 수 없었다. 이런 내력에서 후지타니 씨의 논문 「라이샤워 전 미국대사의 괴뢰천황제 구상」이 잡지 『세카이』(世界, 2000년)에 발표될 즈음 『세카이』 편집부에게 「대일정책에 관한 각서」의 일본어 번역문을 동시에 게재해야 한다고 나는 강력하게 권고했다. 짧은 글임에도 번역에는 시간이 걸리지 않을 수 없겠지만, 유감스럽게도 일본어 번역은 실리지 않고 대신 영어 원문이 『세카이』의 홈페이지에 게재되었다. 현재까지 내가 알고 있는 한 이 「각서」의 일본어 번역은 일반 독자가 읽을 수 있는 형태로 아직 발표되지 않았다. 그래서 이해를 돕고자 「대일정책에 관한 각서」 일본어 번역문을 이 책 권말에 첨부하게 되었다. 이 자료의 존재와 그 역사적 의의를 지적해 준 후지타니 씨에게 다시금 감사의 말을 전하고 싶다.

또한 존 솔로몬 씨와 함께 편집한 『Traces』 제4권, 「번역, 생정치, 식민지적 차이」는 이 책에서 논한 '잔여'의 문제를 고찰하는 데 절호의 기회가 되었다. 특히 그 서장은 솔로몬 씨와 함께 쓴 것으로, 그 서장을 쓰면서 이 책에서 전개한 몇 개의 발상을 얻을 수 있었다. 솔로몬 씨에게도 감사 드린다.

이 책의 단서이기도 한 『이와나미강좌 아시아 태평양전쟁』을 위한 논문 「희망과 헌법」을 정성스레 편집해 주신 이와나미쇼텐 편집부의 요시다 고이치 씨, 「희망과 헌법」 요약 전의 원고를 『겐다이시소』에 게재할 것을 허락해 준 이케가미 요시히코 편집장에게도, 이 책 전의 원고가 만들어지는 과정에서 많은 원조를 받았기에 이 자리를 빌려 감사의 말을 전한다. 또한 이 책과 동시에 쓰고 있었던 『일본, 영상, 미국』을 편집해 주신 세이토샤(靑土社)의 미야타 히토시 씨에게도 다시 한 번 감사의 인사를 전한다. 직접적이지는 않지만, 『일본, 영상, 미국』에 대해서 해주신 미야타 씨의 말씀은, 이 책을 집필할 때에도 메아리처럼 울렸다. 책을 다 쓰는 단계에서는 가쓰마타 씨의 검토나 비판에 크게 고무되었다. 가쓰마타 씨를 반사판으로 하여 논지 전개를 정리할 수 있었다. 좀처럼 완성되지 않는 원고에 인내심을 발휘해 주셨던 많은 분들께 감사의 말을 전한다. 편집자로서의 수완에 다시 한 번 경의를 표한다.

2008년 3월 18일

사카이 나오키

부록_ 대일정책에 관한 각서[*]

제가 (이 각서를) 제출하는 이유는, 사소하게 보일지라도 실은 극히 중요
한 두 가지 사항에 대해서 주의를 환기하고 싶기 때문입니다. 이 두 가지
사항은 아시아에서의 우리나라의 전쟁 노력과 특히 이 지역에서 전쟁이
종결된 후의 정책 목표와 밀접한 관계를 갖고 있습니다. 군사적으로 승
리하는 것이 여하한 전쟁의 목표 달성에 있어서도 필수적인 전제조건임
은 말할 것도 없습니다. 그러나 평화를 쟁취한다는 것은 보다 근본적인
문제에서 보자면 전쟁중일지라도 간과할 수 없는 바가 있습니다.

　　일본인은 극도로 자존심이 민감하고, 대단히 민족주의적인 인민
(nationalistic people)입니다. 전쟁에 패배하면 일본인 안에 남아 있는 소
수의 자유주의자조차 환멸에 빠질 것은 의심할 나위가 없습니다. 전후
일본을 우호적이고 협력적인 국가의 동료로 되돌리기 위해서는 많은 일
본인의 협력이 필요합니다만, 우리나라의 정책에 성실하게 협력하려는

---

* Edwin O. Reischauer, "Memorandum on Policy Towards Japan ", 1942. 하버드대학교 극동
　언어학과 소속의 에드윈 라이샤워가 쓴 글로, 사카이 나오키가 옮겼다.

충분히 많은 수의 일본인을 우리 쪽으로 전향시키는 것은 대단히 힘든 과제가 되리라 생각합니다. 이번 전쟁을 경험해 버린 이상, 일본인의 선의나 협력은 어떤 가치도 갖지 못한다고 많은 미국인들은 믿고 있겠지요. 그러나 일본 인민의 협력 없이는 이 지역에 건전한 정치적·경제적 상황을 만들어 낼 수 없음은, 극동을 전문적으로 연구하는 자에게는 대단히 명백한 일입니다.

전쟁 종결 후, 우리의 가치체계 쪽으로 일본인을 전향시킬 경우 대단히 곤란한 점은 패배의 무거운 짐을 전가할 적당한 희생양이 존재하지 않는다는 것입니다. 독일과 이탈리아에서는 나치당과 파시스트당이, 나아가 고맙게도 전체주의 체제를 하나로 상징해 주는 히틀러와 무솔리니라는 인격이 가장 편리한 희생양 역할을 담당해 줄 것입니다. 패배한 독일인과 이탈리아인은 일당독재 정권을 해체하고 현재의 지도자를 추방할 수 있겠지요. 그리고 정권의 해체와 지도층의 추방이라는 행위를 통해서 그들 자신, 즉 인민이 아니라 그들의 사악한 지도자가 나빴으므로 그 때문에 패배했다고 자신을 납득시킬 수 있을 것입니다.

일본에서는 이렇게 지도자에게 책임을 전가함으로써 (인민의) 체면을 구해 줄 수 없습니다. 왜냐하면 모든 인민이 천황에게는 책임이 없음을 잘 알고 있기 때문입니다. 천황을 고발하는 것은 국기(國旗)를 비난하는 것 이상의 기분 전환이 되지 않기 때문입니다. 일본의 현실의 지도층은 오히려 익명적인 권력을 상습적으로 사용하고 있고, 책임 있는 정당은 존재하지 않고, 희생양의 역할을 연출해 줄 수 있는 걸출한 개인은 거의 눈에 띄지 않습니다. 허위의 사악한 지도자의 역할을 연기해 줄 수 있는 유일한 조직은 육군이겠지만, 바야흐로 전 국민이 어떠한 형태로든 육군과 군인 숭배라는 영원한 전통에 동화해 버리고 말아, 육군을 질책함으로써 일본인이 근심을 말끔하게 없앨 수 있다고는 생각할 수 없습니다. 사실을 말하자면, 군사적인 패배는 군부독재체제에 종지부를 찍는 일이기는커녕 군부독재체제를 강화할 우려조차 있습니다.

독일과 이탈리아에서는 나치와 파시스트의 통치에 대한 자연적인 혐오를 기대할 수 있습니다. 그것은 대단히 강한 감정으로 이 혐오 덕분에 인구 대부분이 국제연합(the United Nations)에 협력하는 정책 측으로 지지를 돌리게 되겠지요. 이것과는 대조적으로 일본에서는 전후 승리에 이르는 이러한 쉬운 방법이 가능하지 않습니다. 일본의 경우 주의 깊게 계획된 전략을 통해 사상전(ideological battles)에서 승리하리라 기대할 수 있겠지요. 당연한 일이지만 첫째론 기꺼이 협력할 집단을 우리측으로 전향시키는 일입니다. 그러한 집단이 단지 일본인의 소수파를 대표하는 경우라면 우리에게 기꺼이 협력하는 집단은 이른바 괴뢰정권이 되겠지요. 일본은 몇 번이나 괴뢰정부 전략을 호소해 왔습니다만, 이렇다할 만한 성공을 거둘 수 없었습니다. 왜냐하면 그들이 사용한 괴뢰가 역부족이었기 때문입니다. 그런데 일본 그 자신이 우리의 목표에 가장 적합한 괴뢰를 만들어 주고 있습니다. 그것을 우리 측으로 전향시킬 수 있을 뿐만 아니라, 중국에서의 일본의 괴뢰가 항상 결여해 왔던 훌륭한 권위의 무게를 그 자신이 지고 있기 때문입니다. 물론 우리가 말하고자 하는 것은 일본의 천황입니다.

우리나라에서는 일본천황이 개인적으로 어떠한 신조를 갖고 있는지 알고 있는 자가 없습니다만, 그가 받은 교육이나 인생 대부분의 시기를 보낸 교제관계에서 판단한다면, 일본의 기준에서 말해도 천황은 자유주의자이고 내심은 평화주의자라고 생각해도 좋을 것입니다. 국제연합과 협력하는 정책 쪽으로 천황을 전향시키는 일이 그의 신민을 전향시키는 것보다도 훨씬 쉬운 일일 겁니다. 대단히 그럴 듯한 일입니다. 천황이, 아마도 천황만이 그의 신민에게 영향을 주어, 그들로 하여금 현재의 군부지도층을 탄핵하게 만들 수 있을 겁니다. 만약 천황이 그의 조부(메이지 천황—사카이 나오키 주)처럼 진정한 지도자로서의 자질을 갖고 있다면, 우리 사정은 점차 좋아질 겁니다. 설사 그의 반미치광이 부친(다이쇼 천황—사카이 나오키 주) 정도의 능력조차 없다고 판명되어도, 협력과 선의의 상징으로서 그의 가치는 대단히 귀중합니다.

전후에 일본인이(패전으로 인해 받은) 정신적인 상처로부터 회복하기 위해 천황이 연기할 수 있는 역할은 현재 상황과 확실히 관계하고 있습니다. 전쟁이 종결된 후 사상전을 위해 천황을 귀중한 동맹자 혹은 괴뢰로써 사용 가능한 상태로 온존시키기 위해서는, 현재의 전쟁에 의해 오점이 찍히지 않도록 우리는 그를 격리해 두어야 합니다. 바꿔 말하면 미국인에게 천황을 아시아에 있어서의 히틀러나 무솔리니의 등가물, 혹은 일본판 전체주의를 체현하는 인격인 것처럼 선전해서는 안 됩니다. 신문이나 라디오에서 천황을 널리 모독하는 것은 전후 세계 우리에게 있어서의 그의 이용 가능성에 손해를 줄지도 모릅니다. 이러한 정책을 취하는 한, 우리의 도구로써 천황에게 협력하거나 혹은 극단적인 경우 천황을 받아들이거나 할 마음의 준비를 미국인에게 빼앗는 일이 될 것입니다. 당연히 그 결과로 천황 자신과 천황 주변인이 우리 정부에게 협력하는 분위기가 약해지겠지요. 과거 수개월, 히로히토라는 이름은 사악한 일본 체제를 상징하는 것으로 상당히 사용되었습니다. 전후 문제를 고려해서 정부에서 마련해 둬야 할 것은, 우리나라의 보도기관에 대한 것입니다. 즉 히로히토에 대한 언급을 가능한 한 피할 것, 오히려 도조 히데키 혹은 야마모토 이소로쿠(山本五十六)[1], 나아가 우스꽝스런 신화적 인물

미스터 모토[2] ─ 군복 차림의! ─ 를 현재 우리나라가 전쟁 상태에 있는 적국 일본의 인격적 구현으로 사용하는 방식이 지도되어야 한다고 생각합니다.

제가 제언드리는 것보다 더 중요한 제2의 것은, 아시아의 항쟁에서 보이는 인종적 측면에 관한 것입니다. 일본은 국제연합에 대한 전쟁을 황인종·갈색인종이 백인종으로부터 해방을 얻기 위한 성전으로 삼고자 합니다. 중국의 용기 있는 저항이 이런 종류의 프로파간다를 과도하게 이용하는 일본을 막고 있습니다만, 일본의 프로파간다는 샴(태국)이나 동남아시아의 식민지, 그리고 중국의 일부에서도 어느 정도 성공을 거두고 있습니다. 중국이 전쟁에서 탈락하는 사태가 생길 경우, 일본인은 아시아에서의 투쟁을 전면적인 인종 전쟁으로 변환시킬 수 있을지도 모릅니다.

일본의 주장이 잘못이라는 것은 필리핀과 중국에서 얻은 미국의 실적을 본다면 더 잘 이해됩니다. 그럼에도 불구하고 우리는 의도치 않게 일본의 위험한 프로파간다를 도와주고 있습니다. 일본인을 조상으로 둔 미국 시민을 미국 국적을 갖지 못한 일본인과 함께 서해안으로 이동시킨 것은 긴급한 군사적 배려에서 필요한 행동이었음을 의심하지 않습니다. 그러나 백인종은 아시아인을 백인과 평등하게 간주하지 않으며, 여전히 더욱 차별하고 있다는 견해를 가지고 아시아인들을 찬동시키고자 하는 일본인에게 이러한 행동은 강력한 논거를 주는 일이 되고 맙니다.

---

1) 일본의 해군장교, 진주만 공격을 계획하고 함대를 지휘했다.─옮긴이
2) 1939년 미국 영화 「미스터 모토」(MR. MOTO) 시리즈에 나오는 인물. 일본 비밀요원 겸 미국에서 대학교수를 역임하고 있는 모토의 탐정 시리즈.─옮긴이

현재에 이르기까지 일본인을 조상으로 하는 미국인은 우리의 목적·에 있어서 부채 이외의 어떠한 것도 아니었습니다. 한편으로 우리나라에서 인구의 이동과 군사적인 감시라는 커다란 문제를 만들고, 다른 한편으로는 아시아의 일본인에게 프로파간다의 비장의 카드를 주어 왔던 것입니다. 이 상황을 역전시켜 이러한 미국 시민을 아시아에서의 사상전의 자산으로 변화시켜야 하겠지요. 현시점에서 이번 전쟁은 아시아에서의 백인우월주의를 온존하기 위한 전쟁이 아니라, 인종과 관계없이 모든 인간에게 보다 좋은 세계를 수립하기 위한 전쟁이라는 것을 보여 주기 위해서 (일본계 미국인의) 미국에 대한 성실하고 열의에 가득 찬 지지만큼 좋은 증거는 없습니다. 전쟁이 군사적으로 승리를 거둔 시점에서, 일본인을 조상으로 둔 미국 시민은 일본인의 마음을 비집어 여는 계기의 역할을 담당할 수 있겠지요. 이번 전쟁이 민족으로서의 일본인을 깨기 위한 단순한 전쟁이 아니라, 그들의 군벌이 준비한 야만적인 기획을 격파해서 일본을 국제협력의 가치체계로 되돌리기 위한 전쟁이라는 것을 (일본계 미국인이) 우리나라에 지원하고 또 기꺼이 싸웠다고 하는 사실만큼 일본인에게 보여 줄 증거가 되는 것도 없겠지요.

일본계 미국인을 (우리나라의) 부채가 아니라 자산으로 삼기 위해서는 필시 많은 방법이 있을 수 있겠지요. 그러나 가장 효과적인 방법으로 그들에게 군대 참가를 권해 정치사상을 훈련시키거나, 나아가 전후에는 군대에서든 민간에서든 간에 필요하게 될 전문 기량을 훈련시키는 것이 포함되어 있습니다. 만약 자신들이 필요하다고 여겨지고 승진의 길이 그들에게도 열려 있음을 안다면, 젊은 일본인 대부분이 기뻐하며 지원할 것임은 확실합니다. 일본계 미국인 그리고 그들과 함께 임무에 나서고자 하는 다른 미국인을 합쳐, 유럽 및 아프리카 전선에서 나란히 전투 임무를 담당할 특별지원병 부대를 조직하는 것은 어렵지 않을 것입니다. 유럽 및 아프리카 전선에서라면 특별지원병 부대는 다른 부대처럼 효과적일 것이고, 훈련 혹은 조직상의 곤란함을 낳는 일도 없을 것이라고 생각됩니다.

전투부대에 다수의 일본계 미국인을 포함시키는 것은 일본계 미국인 사회 전체의 사기를 진작시키고 미국에 대해 일본계 미국인 사회의 충성을 확보하는 데 도움을 줄 것입니다. 더 중요한 것은 태평양전쟁이 끝났을 즈음 이러한 부대가 우리와 우리 군대에 대한 일본인의 적의를 약화시켜 줄 둘도 없는 귀중한 자산이 될 수 있다는 겁니다. 우리나라가 일본에 파견하는 점령군 속에 충분한 수의 일본계 미국인이 있고, 혹은 일본군 항복에 입회하는 군대 속에 포함되어 있다면, 일본인에게는 다소간 패배의 쓴맛이 감소되어, 일본인이 전승국에 쉽게 협력하게 될 것이라고 생각합니다. 10만 일본계 미국인, 나아가 일본계 미군이 국제연합의 이념에 기꺼이 또 적극적으로 참여하는 것은 아시아의 평화를 쟁취하기 위한 이 위대한 투쟁에서 예외적인 전략상의 유리함으로 변환될 수 있을 것입니다.

1942년 9월 14일
하버드대학 극동언어학과
에드윈 라이샤워